KB189816

창의성에
집착하는
시대

창의성에 집착하는 시대

새뮤얼 W. 프랭클린 지음
고현석 옮김

The Cult of Creativity

창의성은 어떻게
현대사회의 중요한 가치가
되었는가

해나무

일러두기
- 각주는 모두 옮긴이 주다.

차례

서론

　성인이 될 무렵 나는 내가 창의적이라는 사실을 거의 확신하고 있었고, 이를 긍정적인 자질로 여겼다. 내가 자란 1980년대는 창의성이 권장되던 시대였기 때문이다. 부모님은 나로 하여금 도예 수업, 음악 레슨을 받게 했고, '오디세이 오브 더 마인드'라는 이름의 수업에 참여시켰다. 이 수업에서는 학생들이 다른 학교의 학생들과 짧은 연극을 하거나, '붉은 벽돌을 특이하게 사용하는 방법이 뭐가 있을까?' 같은 질문에 빠르게 답을 나열하는 활동을 하곤 했다. 나중에야 깨달았지만, 창의성은 내 정체성에 내재되어 있었고 나와 잘 어울리는 것이었다. 나는 수업 중에 딴생각을 하면서 낙서를 하곤 했다. 에세이를 작성하라는 과제가 주어지면 모형 장난감을 만들었고, 색소폰을 배워 밴드에서 연주를 하기도 했다. 내가 창의적이라는 평가에 가장 근접했던 시기가 그때였던 것 같다. 창의성은 내가 가진 바람직하지 않은 자질들을 긍정적으로 평가받게 만들어주는 것 같았다. 사람들은 내가 수업에서 방해가 되어도, 수학을 못해도, 운동에 서툰 약골이어도 내가 창의적이라는 점을 높게 평가했다.

다행히도 내가 대학을 졸업할 때쯤에는, 기존의 지혜를 거부하는 사람들 사이에서 창의적인 것은 좋은 것일 뿐만 아니라 창의적인 사람들이 세상을 지배하게 될 것이라는 통념까지 자리 잡고 있었다. 당시에는 '우뇌형 인간', '부르주아 보헤미안', '창의적 계층' 같은 개념들을 다룬 가벼운 논픽션들이 인기를 끌고 있었다. 이런 책들은 규칙을 중시하는 '조직형 인간'의 시대는 지나갔으며, 기존 질서를 거부하는 이들이 주도권을 잡을 것이라고 예언했다. 이런 책들에 따르면, 당시 미국에 있던 공장들이 해외로 이전되고, 컴퓨터가 점점 더 많은 화이트칼라 업무를 자동화하면서, 점점 '비물질적인' 후기 산업 경제로 변화하고 있는 미국 경제의 원재료는 더이상 철강이나 석탄이 아닌 아이디어가 되고 있었다. 또한 이 '비물질적이고 점점 더 복잡해지는 세계'에서, 한때 다락방과 보헤미안 카페에 갇혀 있던 창의적인 사람들은 마침내 밝고 새로운 미래의 지도자로 자리 잡을 것이라는 전망이 제기되고 있었다. 당시는 순수 예술 석사(MFA)가 경영학 석사(MBA)보다 더 높은 평가를 받던 시대였다.[1]

밀레니엄 전환기의 이런 예언들은 곧 교리처럼 자리 잡았다. 실리콘밸리의 기술 기업들을 중심으로 미국의 대기업들은 창의적인 작업 방식을 지원하기 위해 유연 근무제, 무료 점심 제공, 탁구대 같은 것들을 도입하기 시작했다. 미국의 도시들은 창의적인 인재를 유치하기 위해 라이브 뮤직 스튜디오, 작업 및 주거를 한곳에서 할 수 있는 스튜디오 아파트 같은 문화적 편의 시설을 앞다투어 파격적으로 지원했다. 건축가, 디자이너, 음악가들이 캐주얼한 복장에 문신을 한 채 광고와 기타 미디어에 등장하기 시작했다. 2010년, 1500명의 CEO를 대상으로 한 설문 조사에서는 창의성이 성실성이나 글로벌 마인드 같은 미덕들을 제치고 "비즈니스 성공을 위한 가장 중요한 리더십 자질"로 꼽혔다.[2] 전미 교육 협회, 교육부, 애플, 마이크로소프트, 시스코 같은 주요 기술 기업들로 구성된 위원회인 '21세기 핵심 역량 파트너십Partnership for 21st Century Skills'은 창의성을 소통Communication, 협력Collaboration, 비판적 사고Critical Thinking와 함께 "4Cs"로 꼽았다. 2020년에는 세계 경제 포럼이 창의성을 "미래 고용 시장에서 경쟁력을 유지하기 위한 유일한 역량"이라고 선언했다.[3] 사실 사람들은 그 이전에도 이와 비슷한 생각을 했던 것 같다. 이미 2011년에도 링크드인에서 구직자들이 자신을 묘사할 때 가장 많이 사용한 형용사가 바로 '창의적'이었으니 말이다.

　이 모든 일은 대체로 긍정적으로 받아들여졌다. 당시의 새로운 경제가 의미 있는 일, 자기표현, 사회적 제약으로부터의 해방에 대한 절실한 욕구와 맞아떨어진다는 생각 때문이었다. 하지만 한편으로는 새로운 불안감을 조성하기도 했다. TED 역사상 가장 많이 시청된 강연인 〈학교가 창의성을 죽이는가?Do Schools Kill Creativity?〉에서 케네스 로빈슨Kenneth Robinson은 서구 교육 시스템이 자유로운 표현과 실험을 위한 공간이 거의 없는 산업 모델에 기반하고 있다고 한탄했다. 1997년에 저명한 심리학자 미하이 칙센트미하이Mihalyi Csikszentmihalyi는 『창의성의 즐거움Creativity』에서, 과거에 창의성은 "극소수를 위한 사치품"이었지만 "지금은 모든 사람의 필수품"이라고 주장한 바 있다.⁴

점점 더 많은 사람이 책, 블로그, 기사, 워크숍, 심지어는 석사 학위 논문에서 이런 괴리감을 해소하기 위한 해결책을 제시하고 있다. 이들은 자신들의 생각이 사람들이 창의성을 '활용하거나', '촉발하거나', '드러내거나', '강화하거나', '활성화하는' 데 도움을 줄 수 있을 것이라고 장담한다. 경영대학에서는 창의성 관련 강의가 매번 초만원을 이룬다. 온라인 교육 서비스 코세라에는 창의성을 다룬 강좌가 수십 개나 있다. 조너 레러Jonah Lehrer의 『이매진: 초일류들의 뇌 사용법Imagine』이나 스콧 배리 코프먼Scott Barry Kaufman과 캐럴린 그레구아르Carolyn Gregoire의 『창의성을 타고나다Wired to Create』 같은 책들은 레오나르도 다빈치, 피카소, 마틴 루서 킹 주니어, 밥 딜런, 스티브 잡스의 삶에서 얻은 일화와 최첨단 신경과학, 심리학을 결합해 "창의적인 사고의 신비를 풀어내며", "매우 창의적인 사람들의 열 가지 특성과 습관"을 밝혀냈다고 주장한다.⁵ 이런 책들은 하나같이 창의성이 천재나 예술가의 전유물이 아니라 누구나 타고나는 능력이며, 창의성은 신비로운 것이 아니라 이해될 수 있고 의식적으로 사용할 수 있는 것이라고 주장한다.

여기서 창의성은 업무 능력 이상의 의미를 지닌다. 비즈니스 중심의 실용서나 공항 서점에서 흔히 볼 수 있는 자기 계발서조차도 창의성이 개인의 행복과 자기실현의 열쇠이며, 그 자체로 인간적인 가치를 지닌다고 본다. '정신질환 진단 및 통계 편람Diagnostic and Statistical Manual of Mental Disorders(DSM)'이라고도 불리는 미국 심리학회의 매뉴얼 『성격의 강점과 미덕Character Strengths and Virtues』은 창의성을 첫 번째 장에 배치하고 있다.[6] 창의성 관련 문헌에는 매우 영적인 색채를 띠는 것들도 있다. 불교 명상법과 알코올 의존자 익명 모임의 12단계 회복 과정을 결합한 줄리아 캐머런Julia Cameron의 베스트셀러 『아티스트 웨이The Artist's Way』는 창의성이 신성한 존재와 우리의 연결 고리라고 주장한다. 창의성이 일과 관련된 것이 아니라, "즐거운 지성"의 한 형태라고 말하는 사람들도 있다.[7] 창의성은 예비 고용주들이 가장 바라는 능력으로 손꼽히면서도, 여전히 실용적이고 상업적인 세계 바깥에서 비롯된다는 인상을 준다. 그래서 창의성이 비즈니스의 영역에 억지로 끌려 들어올 때면, 본래의 순수함이 훼손되는 듯한 느낌을 지울 수 없다. 칙센트미하이는 창의성을 "우리 삶에 의미를 부여하는 가장 중요한 원천"이자 인간을 다른 동물들과 근본적으로 구분 짓는 요소라고 썼다.[8]

심지어 창의성은 개인적인 능력이나 직업적 능력을 크게 넘어서는 어떤 것으로 간주되기도 한다. 또한 창의성은 세상을 구할 수 있다고 생각되기도 한다. 두 명의 저명한 심리학자는 이렇게 썼다. "우리의 학교와 의료 시설, 도시와 마을, 경제, 국가 그리고 세계가 직면한 수많은 문제를 해결할 수 있는 것은 오직 창의성뿐이다. 창의성은 문명을 앞으로 나아가게 하는 핵심 요인 중 하나다."[9] 아디다스의 2018년 광고 캠페인 슬로건은 창의성에 대한 우리의 관점을 잘 드러낸다. 이 광고에서 축구 슈퍼스타 리오넬 메시와 음악

제작자 퍼렐 윌리엄스는 "창의성이 답이다"라고 말한다. 이 광고는 창의성이 **무엇에 대한** 답인지는 확실하게 밝히지 않으면서도, 창의성이 수비수를 제치는 방법에서부터 새로운 히트곡 제작, 심지어는 가장 거대한 사회적 문제에 이르기까지 **모든 것에 대한** 답이 될 수 있다고 암시한다.

창의성에 대한 이 모든 주장—비즈니스, 개인, 인류, 지구에 대한 만병통치약이라는 주장—은 반박하기가 어려워 보이며, 의문을 제기할 여지 없이 자명하게 느껴지기도 한다. 하지만 이 모든 주장은 하나로 모아보면 다소 과장되고 혼란스럽게 다가오기도 한다. 피카소, 아인슈타인, 간디, 스티브 잡스 같은 사람들과 붉은 벽돌의 특이한 용도에 대해 생각했던 열 살의 내가 정말 같은 원재료를 가지고 있었던 것일까? 춤을 배우는 것이 나중에 아이들이 후기 자본주의의 소용돌이 속에서 성공하는 데 도움이 될까? 창의성이 성스러운 것인 동시에 누구에게나 주어진 경험이며 경제성장의 엔진이라면, 모두가 최소한 잠재적으로 창의적인데도 불평등이 여전히 인종과 계급의 기존 노선을 따라 심화되는 이유는 무엇인가? 그리고 현대의 문제 중 상당수가 새로운 것들이 너무 빨리 등장하면서 발생했다는 점을 고려할 때, 우리가 정말 창의성이 부족하다고 믿을 이유가 무엇이겠는가? 혹은 창의성을 더 장려하는 것이 그런 문제를 해결할 것이라고 믿을 이유가 무엇이겠는가?

결국 이런 질문은 창의성이 꽤 모호한 개념이라는 결론으로 이어질 수밖에 없다. 창의성은 때로는 배울 수 있는 기술로, 때로는 타고난 성격적 특성으로 간주된다. 어떤 경우에는 예술이나 디자인과 마케팅 같은 비즈니스의 '창의적' 측면을 지칭하지만, 다른 경우에는 사회의 모든 영역에 걸쳐 확장된다. 위대한 천재들의 걸작뿐만 아니라 초등학교 3학년생들의 일상적인 행동도 창의성에 포함될 수 있다. 그리고 가장 혼란스러운 점은, 이렇게 때로는 상충되는 의미들이 한 텍스트 안에서도 나란히 등장하는 경우가 매우 많다는 사실이다.[10]

그럼에도 불구하고 우리는 여전히 창의성을 믿는다. 창의성은 유쾌하면서도 도움을 줄 수 있고, 특별하면서도 모든 사람이 가지고 있다. 인류 진보의 원동력이면서 동시에 우리를 그 진보로부터 구원할 수 있다는 생각은 창의성을 숭배의 대상으로 만든다. 우리는 아무런 비판 없이 신비에 가까운 힘을 창의성이라는 숭배의 대상에 부여하면서 우리의 모든 욕망과 불안을 그 대상에 투영한다. 지금 같은 분열의 시대에 창의성에 대해 부정적으로 말하는 사람이 거의 없다는 것은 매우 놀랍다. 유치원 교사에서 시장市長, CEO, 디자이너, 엔지니어, 활동가 그리고 굶주린 예술가들까지, 사람들은 모두 창의성이 좋은 것이며 더 많이 있어야 한다는 데 기본적으로 동의한다.

빅뱅

창의성에 관한 문헌들은, 우리가 최근에야 일상생활에서 창의성의 중요성을 인식하기 시작했지만 이 주제는 오래전부터 시인과

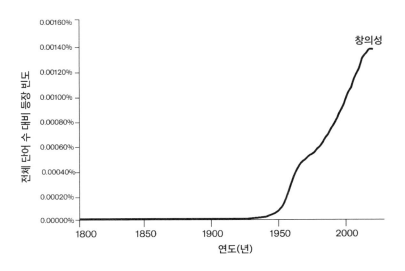

1800년부터 2019년까지 영어로 쓰인 책에서 '창의성'이라는 말이 사용된 상대빈도.*
(출처: 구글 북스)

철학자들이 깊이 고민해온 것이라고 말한다. 사실 '창의성creativity'
이라는 단어는 20세기 중반에 들어서야 일상적으로 사용되기 시
작했다. 이 단어가 최초로 기록된 시점은 1875년으로, 단어의 역
사로 따지면 아직 유아기에 해당한다.[11] '창의적임creativeness'이라는
단어는 창의성보다 조금 먼저 생겨났으며, 1940년경까지는 그보
다 널리 사용되었다. 하지만 이 두 단어 모두 특별한 경우에만 매
우 드물게 사용되었다. 놀랍게도, 1950년경 이전에는 창의성이라

---

* 모든 단어 중에서 이 단어가 사용된 비율을 말하며, 절대빈도를 전체 사례 수
로 나눈 비율이다.

는 주제를 명시적으로 다룬 기사, 책, 에세이, 논문, 시, 강의, 백과사전 항목 등은 전무했다(내가 조사한 바에 따르면 이 말이 처음 사전에 표제어로 등장한 것은 1966년이다).[12] 흥미롭게도, 플라톤이나 아리스토텔레스의 저작(번역본 포함), 칸트의 철학 책(역시 번역본 포함) 워즈워스나 셸리의 작품, 혹은 랠프 월도 에머슨, 윌리엄 제임스, 존 듀이 같은 미국 사상가들의 저작 어디에서도 창의성이라는 주제를 찾을 수 없었다. 지성사학자 폴 오스카 크리스텔러Paul Oskar Kristeller에 따르면 흔히 사람들은 창의성이 시간을 초월한 개념이라고 생각하지만, 사실 창의성은 "철학적 또는 역사적 배경이 빈약한" 말이다.[13]

하지만 제2차 세계대전이 끝날 무렵부터 창의성이라는 말의 사용은 마치 빅뱅처럼 폭발적으로 늘어났다.[14]

어떻게 우리는 창의성이란 말을 거의 사용하지 않던 상태에서 그 말을 끊임없이 사용하고 심지어 그 개념을 우리 시대를 지배하는 가치로 여기는 상태로 이렇게 빠르게 전환된 것일까? 왜 그렇게 되었을까? 전후 시대의 시작 시점에 이 단어가 보편적으로 사용된 이유는 무엇이었을까? 이 개념은 특정한 사회적 영역에서 발생했을까, 아니면 여러 곳에서 동시다발적으로 발생했을까? 당시의 더 큰 사회적·문화적 변화와 이 개념은 어떤 관계가 있었을까? 이 개념은 누구의 이익에 봉사했을까?

이 책은 우리가 창의성을 믿게 된 과정, 즉 창의성을 거의 모든 문제의 해답이라고 생각하게 된 과정과 무엇보다도 창의성이라는 현상이 존재한다고 믿게 된 과정을 설명하는 책이다. 이 책은 창의성이 어떻게 작동하는지, 혹은 더 창의적이 되는 방법을 알려주는 책이 아니다. 또한 이 책은 예술과 발명 같은 것들에 대한 우리의 생각이 오랜 세월을 지나면서 어떻게 변화했는지를 탐구하는 책도 아니다.[15] 이 책은 제2차 세계대전 이후 미국에서 창의성이라는 것이 어떻게 그리고 왜 논의의 대상, 즉 학문적 연구와 논쟁의 대상이 되었고, 성격의 특성으로 공식적으로 자리 잡았으며, 교육정책과 경제정책의 목표이자 개인적인 변화를 추구할 때 이상적인 상태로 간주되기 시작했는지를 다루는 책이다. 다시 말해, 이 책은 창의성이 어떻게 여러 가지 의미에서 하나의 실체가 되었는지에 관한 책이라고 할 수 있다.

이 책에서 우리는 이전에 생각하지 못했던 사실들을 다루게 될 것이다. 창의성의 빅뱅에 대한 연구를 시작했을 때 나는 그 뿌리를 젊은이들의 반문화, 즉 1960년대에 절정을 이루며 그 시대를 독특하게 만든 자기표현, 실험 정신, 반항 정신에서 찾게 될 것이라고 예상했다. 하지만 이런 예상과 달리, 나는 창의성 열풍이 그보다 조금 앞선 1950년대, 즉 획일성의 시대이자 관료주의, 교외화* 같은 개념으로 특징지을 수 있는 시대에 시작되었다는 사실을 발견했다. 게다가 당시의 창의력 열풍은 자유분방한 예술가들이나 사회의 주변부에 위치한 사람들로부터 시작된 것도 아니었다. 제2차 세계대전 이후 창의성 열풍이 정점에 달했던 1958년에 미국의 시인이자 풍자 작가인 도러시 파커Dorothy Parker는 작가가 실

---

* 도시의 중심부에서 주변 지역으로 인구와 자원이 이동하는 현상.

제로 앉아서 글을 많이 쓸수록 "'창의성'이라는 단어를 들먹이는 작은 집단에 소속될 가능성은 줄어든다"고 꼬집었다.[16] 전후 미국 예술계의 많은 이가 다양한 자기표현과 실험적인 시도를 했지만, '창의력', '창의적인 성격', '창의적인 과정' 같은 개념을 아우르는 창의성이라는 개념을 깊이 파고들려는 노력은 예술 분야보다는 과학, 기술, 상품 광고와 판매 분야에서 주로 이뤄졌다. 그럼에도 창의성이라는 말은 여전히 예술적인 뉘앙스가 강한 말이었다. 전후의 창의성 숭배는 예술가들이 대체로 가지고 있다고 생각되는 특성, 즉 획일성 탈피, 일에 대한 열정, 인간적이면서 심지어 도덕적이기까지 한 감수성 그리고 새로운 것에 대한 선호를 과학, 기술, 소비문화에 적용하고자 하는 열망에서 비롯된 것이었다.[17]

이 책은 창의성이라는 개념을 현재 우리가 알고 있는 개념으로 확립한 심리학자, 경영학 전문가, 광고 회사 임원, 엔지니어 등 다양한 인물의 생각을 추적한 결과다. 그들은 창의성이라고 불리는 인간의 능력을 정량화하고 설명하고, 그 능력을 체계적으로 재현하려는 다양한 시도를 하는 과정에서 그들 고유의, 때로는 내적으로 상충하는 욕망을 이 개념에 담아냈다. 이 과정에서 그들은 개인과 대중사회, 비범함과 평범함, 영적 요소와 세속적 요소, 반항과 현상 유지 등 대립적인 개념들 사이의 근본적인 긴장을 해소하고자 했다. 이렇게 다양한 형태의 긴장을 하나로 묶는 주축 개념을 만드는 일은 결코 쉽지 않았다. 이 개념은 끊임없이 무너지는 듯 보였다. 하지만 대체로 그들은 성공했다고 할 수 있다. 그들이 그 시대에 존재했던 본질적인 모순을 진정으로 해결하지는 못했더라도, 이를 해결하기 위한 청사진을 제시함으로써 오늘날 우리가 기술, 소비주의 그리고 자본주의를 바라보는 방식에 영향을 미치고 있기 때문이다.[18]

창의성이라는 개념은 이전에 뭐라고 불렸을까?

내가 '창의성'이라는 용어가 새로운 것이라고 말하면, 사람들은 으레 "그렇다면 그 개념을 이전에는 뭐라고 불렀나요?"라고 묻는다. 그러면 나는 항상 "'그 개념'이 무엇을 뜻하지요?"라고 진지하면서도 약간은 귀찮다는 듯이 반문한다. 첫 번째 질문에는 두 가지 가정이 포함되어 있는데, 둘 다 옳은 가정이다. 첫 번째는 단어와 개념은 같지 않다는 것이다. 즉, 새로운 단어가 등장하거나 대중화되는 것이 완전히 새로운 개념의 탄생을 의미하지는 않는다. 예를 들어, 주정뱅이와 알코올의존자는 같은 사람, 즉 습관적으로 술을 지나치게 많이 마시는 사람을 서로 다른 시대 사람들이 부르는 말이다. 두 번째 가정은 사람들이 창의성에 대해 이야기할 때 늘 동일한 개념에 대해 이야기해왔다는 것이다. 주정뱅이라는 말을 썼든, 알코올의존자라는 말을 썼든, 사람들이 이야기하는 개념은 늘 같았다. 창의력이 상상력, 영감, 환상, 천재성, 독창성과 같은 오래된 개념들을 새롭게 표현한 용어라고, 혹은 최소한 특정한 경우에 그렇게 볼 수 있다고 말하는 것이 완전히 틀린 것은 아니다. 심지어 창의적인 상상력이나 창의적인 힘과 같은 표현도 창의성이라는 개념이 등장하기 훨씬 이전부터 존재해왔다.

하지만 현대적 의미에서 창의성이라는 개념은 이렇게 오래된 단어 중 그 어느 것으로도 대체가 불가능하다. 예를 들어, **기발한 재주**나 **발명성**이라는 말은 너무 실용적인 의미가 강하며 예술적인 분위기가 부족하다. 창의성이라는 말은 예술이나 과학 분야의 위대한 업적을 떠올리게 한다. 하지만 이와 비슷한 말인 **천재성**이라는 말은 어딘가 너무 배타적이고 거창한 느낌을 준다(창의력은 특정한 집단이나 위대한 업적에만 국한되지 않고 누구에게나, 심지어 아이들에 의해서도 발휘될 수 있는 능력이다). 반면 **영리함**이라는 말은 너무 평범해 보이며, 돼지가 우리를 탈출하는 모습을 묘사할 때나 쓸 법하다. **독창성**이라는 말은 더 적확한 표현으로 보이지만, 어딘지 영혼이 부족해 보인다. 독창성을 두고 충만한 삶의 열쇠라고 말하는 사람은 아무도 없다. **상상력**은 창의성과 가장 자주 혼용되는 용어지만, 생산성 개념을 포함하지 않는다는 한계를 지닌다. **상상력**은 **환상**처럼 머릿속에만 머물 수 있으며 완전히 비현실적일 수도 있다. 창의성 전문가들은 대체로 창의성을 "새롭고 유용한 것을 만들어내는 능력"으로 본다(이 표현은 미국 특허법 조항에서 의도적으로 따온 것이다. 자세한 내용은 뒤에서 다룰 것이다).[19] 다시 말해, **창의성**이라는 용어는 기존의 용어로는 불가능했던 생각과 표현을 가능하게 해준다. 따라서 **창의성**이라는 용어는 오래된 아이디어들을 표현하는 새로운 용어가 아니라, 이전에는 표현할 수 없었던 생각을 표현하는 수단이라고 할 수 있다. 전후 시대에 점점 더 많은 사람이 '창의성'이라는 단어를 사용하게 된 이유는, 이 단어가 기존의 거의 모든 오래된 단어와는 미묘하게 다른 의미를 내포하고 있었기 때문이다. 창의성이라는 용어는 정확하지 않을 수 있지만, 그 모호함은 의미 있고 정교한 방식으로 존재한다. 빛이 입자인 동시에 파동일 수 있는 것처럼, 창의성은 정신적이면서 물질적이고, 유희적이면서 실용적이며, 예술적이면서 기술적이고, 비범하면서도 평범한 것으로 동시에 존재할 수 있다. 이처럼 상반되는 의미와 함축이 공존하는 특성은 전후 미국에서 창의성이라는 개념이 매력적으로 받아들여진 이유를 그 어떤 정의나 이론보다도 잘 설명해준다. 당시 미국에서는 바로 이러한 요소들 간의 균형이 심각하게 위협받고 있는 상황이었다. 창의성이라는 용어의 모호함은 단점이 아니라 오히려 장점이었다.

창의성의 빅뱅 시점으로 돌아가 가능한 한 많이 창의성에 대한 에세이, 책, 강연을 살펴보면(독자 여러분, 내가 바로 그렇게 했다), 거의 모든 텍스트의 첫 몇 줄 안에 다음과 같은 내용이 등장하는 것을 알게 될 것이다.

창의성은 과학자와 예술가의 작업에서, 사상가와 미학자의 활동에서 반드시 발견되어야 한다. 또한, 현대 기술의 선구자들뿐 아니라 어머니가 자녀와 맺는 일상적인 관계에서도 창의성이 존재해야 한다는 것을 잊어서는 안 된다.[20]

그림을 그리거나, 교향곡을 작곡하거나, 새로운 살상 무기를 고안하거나, 과학 이론을 발전시키거나, 인간관계에서 새로운 절차를 발견하거나, 자신의 성격을 새롭게 만드는 과정은 모두 창의적인 과정이라는 점에서 근본적으로 동일하다.[21]

예술과 과학에서의 [창의성]은 유사하며, 동일한 형태의 근본적인 심리적 과정을 바탕으로 한다.[22]

아마도 창의성의 과정은 그 분야와 종류를 막론하고 본질적으로 동일할 것이며, 새로운 예술형식, 새로운 도구, 새로운 과학 원리의 진화는 공통적인 요소들을 포함할 것이다.[23]

인간은 그림을 그리거나 시를 쓰거나 과학 이론을 발견할 때뿐만 아니라 요리를 하거나 목공을 하거나 축구를 하거나 사랑을 나눌 때도 창의적일 수 있다.[24]

이런 문장들은 매일 하는 기도처럼 반복적으로 등장했지만, 이는 경험적 연구의 결과라기보다는 하나의 출발점, 가정 또는 바람이었다. 지난 75년 동안 창의성이 중요한 주제가 된 이유를 이해하려면, 예술과 기술, 비범한 것과 일상적인 것을 동시에 설명할 수 있을 만큼 포괄적이면서도, 모든 것을 사회적 현상보다는 개인적 현상으로 축소하는 좁은 개념이 어떤 유용성을 지니고 있는지 의문을 가져야 하며, 이 의문에 대한 답을 찾으려면 전후 미국의 핵심에 혼란스럽게 자리했던, 이념적 신념과 현실적 필요가 뒤섞인 시대적 명령을 이해해야 한다.

대중사회와 영구 혁명

　미국은 제2차 세계대전을 승리로 마무리함으로써 정치적으로 나 경제적으로 세계에서 가장 강력한 국가로 부상했다. 하지만 이 승리는 새롭게 갖게 된 엄청난 힘을 어떻게 활용할 것인가에 대한 고민과, 그 힘의 행사가 미국에 어떤 영향을 미칠 것인가에 대한 불안을 불러일으켰다. 대공황의 기억이 생생하게 남아 있었고, 공산주의 소련이 미국에 전례 없는 위협을 가하고 있었다. 이런 상황에서 미국의 정책 입안자들, 노동조합 지도자들, 기업인들은 소비주의, 안정된 노사 관계, 군사 지출을 기반으로 지속적인 경제성장과 광범위한 번영을 실현하기 위한 계획을 세웠다. 1951년에 『포춘Fortune』이 "영구 혁명Permanent Revolution"이라고 표현하기도 한 미국의 이런 체계적인 노력은 오직 미국 자본주의만이 제공할 수 있는 생활수준의 꾸준한 향상이 그 목표였다.[25] 미국은 이런 노력을 통해 높은 임금, 높은 수익, 새로운 소비재와 군사기술을 지속적으로 개발했고, 전후의 정책 설계자들은 미국 안팎에서 사회주의를 저지하고 현대성의 엄청난 가능성을 완전히 실현하고자 했다.[26]

　전후 경제는 미국의 블루칼라 노동자들에게 전성기와도 같은 시기를 선사했다. 제철소, 건설 현장, 자동차 공장의 노조에 가입한 노동자들이 그 주역이었다. 하지만 동시에 화이트칼라 직업군도 급격히 확대되었다. 대기업들은 공장 운영, 공급망 관리, 신제품 설계, 중산층을 대상으로 하는 광고 및 마케팅을 담당할 대졸 남성(때로는 여성)들을 대거 채용했다. GI 법안*과 고등교육에 대한 대규모 정부 투자 덕분에 1940년에서 1964년 사이 전문직 및 기술 학위를 소지한 사람의 수는 두 배 이상 증가했으며, 이는 전체 노동력 증가율의 두 배에 달했다. 그중에서도 과학자와 엔지니어는 가장 빠르게 증가한 직업군이었다. 1930년에서 1955년 사이 과학자의 수는 다섯 배로 증가했으며, 이들 대부분은 군대나 산업 분야에서 고용되었다. 1956년에는 미국 역사상 처음으로 화이트칼라 노동자의 수가 블루칼라 노동자의 수를 넘어섰다.[27]

전후에 이렇게 엔지니어와 광고 인력이 급증하고 기업 조직이 거대해지자 미국인들은 '대중사회'의 도래에 극도의 공포를 느끼기 시작했다. 1960년대 중반에 이르자 이 공포는 미국인 거의 모두가 느낄 정도로 확산했다. 미국인들은 생활수준의 향상이 악마와의 거래에 의한 결과일 수도 있다고 생각했다. 당시 미국의 칵테일파티에서는 데이비드 리스먼David Riesman의 『고독한 군중 The Lonely Crowd』, 매디슨가街의 광고 회사들과 자동차 업체들의 기만 행위를 비판한 밴스 패커드Vance Packard의 책들, 허버트 마르쿠제Herbert Marcuse의 『일차원적 인간: 선진 산업사회의 이데올로기 연구 One-Dimensional Man』 같은 책들이 대화 주제가 되곤 했다. 또한 당시 사람들은 홀로코스트, 히로시마 원폭 투하, 스탈린의 강제수용소를 떠올리면서, 자신들이 신뢰하던 현대사회의 체제와 조직이 이런 사건들로 인해 불길한 모습을 띠게 되었다고 생각했다. 전쟁 이전 세

---

* 제대군인의 사회 복귀를 지원하기 위해 제정된 법.

대가 관료제와 기술관료제technocracy*를 전쟁 이전 세대가 자유 시장**의 광기를 진정시킬 수 있는 수단으로 본 반면, 전후 시대의 비평가들은 이를 통제 불능 상태에 빠진 현대적 합리성의 사례로 간주했다. 효율성 추구는 사람들을 영혼 없는 기계로 변모시키고 있었고, '과학'에 대한 절대적인 믿음은 영성과 도덕성을 잠식하고 있었다. '풍요로운 사회'는 편안하긴 했지만, 직장에서 느끼는 소외감, 가정에서의 수동적 소비, 사회적으로 옳은 일에 대한 감각의 침식을 기반으로 세워진 것이었다. 당시 사람들 사이에서는 당대의 모든 진보가 본질적으로 무의하거나 심지어 비도덕적이라는 인식이 매우 강했다. 사회학자 시어도어 로샤크Theodore Roszak는 현대 사회가 "인간의 삶이 전통적으로 추구해온 초월적인 목표들"을 모두 없애고 그 자리에 "사치스러운 풍요를 만들어내거나 대량 살상 무기를 생산하는 데만 능숙한 기술적 수단들"을 심어 넣었다고 비판했다.[28]

거의 모든 사람이 보기에 대중사회의 가장 심각한 문제는 '획일성'이었다. 당시 심리학자 오벌 호바트 모러Orval Hobart Mowrer는 "이 시대의 흐름은 개인이라는 최고의 가치를 부정하는 **무리 상태** herd state를 향해 나아가고 있다"고 경고했다.[29] 『포춘』편집장이었던 윌리엄 화이트William Whyte는 자작농의 시대까지 거슬러 올라가는 미국의 전통적인 개인주의가 무너지고 있으며, "300년 동안 '개인

---

* 과학적 지식과 기술을 가진 사람, 즉 기술관료가 관리하는 사회 경제 체제.
** 시장에 대한 국가의 간섭이 배제되어 경제활동의 자유가 최대한 보장되는 시장.

주의'(독립성과 자립)가 표어였던 이 나라에서 이제는 개인 자체가 무의미하다는 관점이 점점 받아들여지고 있다"고 썼다.[30] 데이비드 리스먼은 "내면 지향적인" 개인주의자들이 "타자 지향적인" 사회적 존재들로 대체되고 있다고 썼다. 우파는 뉴딜 정책과 집단주의를 지지하는 지식인들을 비난했고, 전체주의에 대한 생생한 기억을 가지고 미국으로 이주한 지 얼마 되지 않은 유럽인들을 비롯한 좌파는 무기력한 관료제와 대중매체가 주도하는 소비주의 그리고 끊임없는 실용주의를 특징으로 하는 기업 자본주의를 비난하는 경향이 있었다. 자유주의 성향의 중도층도 대체로 획일성이 민주주의를 위협하는 독이며, 공산주의 국가들의 특성이 반영된 것이라고 생각했다. 전후 미국 사회 전반에서, 우파에서 좌파에 이르기까지, 사회학자와 소설가, 페미니스트와 흑인 해방운동가에 이르기까지 다양한 사람이 대중사회라는 수렁에서 자율적인 개인을 구해내기 위해 같은 목소리를 냈다.[31]

대중사회를 이끄는 사람들조차 획일성이 혁신에 미칠 영향에 대해 우려의 목소리를 냈다. 세계적인 전략 컨설팅 회사 맥킨지*의 이사 존 코슨John Corson은 "오늘날 대기업을 경영하는 사람들이 매일 직면하는 딜레마는 질서, 안정성, 예측 가능성을 유지하면서도 동시에 모든 기업의 성공과 발전이 달려 있는 혁신을 자극하고 육성하는 방법을 찾는 것"이라고 썼다. 윌리엄 화이트는 "사회윤리"가 미국 자본주의의 창의성과 활기를 저하시킨다고 경고했다. 그는 오스트리아 경제학자 조지프 슘페터Joseph Schumpeter를 언급하며 과거의 경제적 진보는 외로운 천재들에 의해 주도되었다고 주장했다. 슘페터는 1940년대에 조합주의corporatism*가 창의적일 수 있는 사람들을 월급쟁이로 전락시킴으로써, 자본주의 성장을 이끌던 모험적인 기업가 정신을 파괴했다고 지적한 바 있다. 당시 화이트는 "창의적인 개인"이 아니라 "관리자"가 기업의 책임자가 된 현실을 개탄했다. 그에 따르면 관리자는 "질서, 객관적인 목표, 합의"를 최우선으로 생각하며, 창의적인 과정에 수반되는 "혼란스러운 직관, 목적이 없는 생각, 비실용적인 질문"에 적대적인 입장을 취한다. 코슨도 화이트의 이런 의견에 동조하며 "아이디어는 조직이 아니라 사람, 특히 '조직을 중시하는 사람'이 아니라 획일성에서 탈피하고자 하는 혁신가로부터 나온다"고 주장했다.[32]

　기업의 획일성에 대한 이런 비판은 냉전 시대에 특히 강한 반향을 일으켰다. 당시 소련은 '재능을 징발하는' 방식으로 국민을 국가에 봉사하게 만들면서 기술적 우위를 확보하고 있다는 비판을 받았다. 반면, 1950년에 미국 정부가 비밀리에 작성한 냉전 정책 선언문인 NSC-68(국가안전보장회의 보고 제68호)은 "자유세계는 모든 개인이 자신의 창의적 역량을 실현할 수 있는 환경을 창출하고 유지하기 위해 노력한다"고 못 박고 있었다. 1957년 스푸트니크 발사 이후 매파**들은 수학과 과학 교육을 강화해야 한다고 요구했지만, 자유주의 교육 개혁가들은 교과과정에 예술과 인문학을

---

*　이익집단이 서로 결탁해 일종의 과두 지배 체제를 형성하는 것을 말한다.

**　매파(hawk)란 주로 정치·외교 분야에서 강경한 입장을 취하며 군사적 대응과 힘을 통한 문제 해결을 선호하는 사람이나 집단을 의미한다. 이에 반해 온건파 (dove)는 평화적 협상과 타협을 중시한다.

포함시키고 학생이 자신만의 길을 찾도록 허용할 것을 주장하며 진보적인 접근 방식을 고수했다. 소련에서는 목적이 수단을 정당화한다는 말이 자주 회자되었다. 이와는 대조적으로, 미국의 위대함은 개인에 대한 존중을 기반으로 확립되어야 했고, 기술적 역량은 문화적 목적에 의해 뒷받침되어야 했다. 미국의 패권은 미국이 전 세계에 내세운 자유주의적 가치들과 조화를 이뤄야 했다. 요약하자면, 당시 미국이 직면한 질문은 '공산주의자들처럼 되지 않으면서 공산주의자들을 이길 수 있는 방법은 무엇인가?'였다.

하지만 개인의 운명에 대한 우려에도 불구하고, 대중사회가 지속될 것이라는 데는 모두가 동의했다. 1961년에 작성된 록펠러 브라더스 재단 보고서는 "현대사회의 복잡한 상호 연결성은 우리의 미래에서 피할 수 없는 부분"이라며, 만약 미국의 개인주의 정신이 이 세계에서 자리를 잡으려면 "조직의 맥락 속에서 개인주의 정신을 유지하는 방법을 배워야 한다. (……) 복잡한 대규모 조직에서 일하면서 희망을 잃은 채 지루해하며 적당한 능력만을 발휘하고 있는 재능 있는 개인들을 어떻게 구해낼 수 있을까?"라고 질문을 던졌다.[33] 전후 시대의 과제는 질서를 유지하면서도 개인주의를 구현하는 방법, 현대 기업의 미로 속에서 외로운 발명가의 정신을 되살릴 수 있는 방법을 찾아내는 것이었다.

게다가 당시에는 산업의 요구 사항도 변화하고 있었다. 산업계의 생산 능력이 모든 사람의 기본적인 필요를 충족시키기에 충분한 수준을 달성하자, 경영자들은 갑자기 효율성보다 마케팅, 혁신, 적응성에 더 큰 관심을 갖게 되었다. 피터 드러커Peter Drucker가 지적했듯이, 생산이 아니라 '혁신과 마케팅'이 경영자들의 새로운 우선순위가 된 것이었다. 특히 컴퓨터가 단순 사무 업무를 처리하기 시작하면서, 직원에게 합리성과 질서의 가치를 주입하고 전문화를 장려한 반세기가 새로운 현실에 대비하지 못한 노동력을 길러냈다는 우려가 제기되었다. 전쟁 기간 동안 공장들이 소비경제의 요구를 충족시키기 위해 재정비되어야 했던 것처럼, 화이트칼라 노동자들도 재교육이 필요했다.

창의성이라는 개념은 예술가나 천재와 막연하게 연관된 특성이나 과정으로 흔히 정의되지만, 이론적으로는 누구나 지닐 수 있고 어떤 분야에도 적용될 수 있다고 여겨진다. 이 개념은 전후 질서의 구조적·정치적 모순에 대한 심리학적 해법으로 떠올랐다. 심리학자들은 주로 군대와 기업의 연구 개발(R&D) 요구에 따라 '창의적인 사람들'을 식별하기 위한 테스트를 개발했다. 하지만 심리학자들의 이런 시도는 현대성이라는 심리적 억압 기제에서 개인을 구하기 위한 더 큰 열망에 기초한 것이기도 했다. 이와 마찬가지로, 산업 분야에서는 브레인스토밍과 같은 초기 창의적 사고 기법들이 처음에는 산업 개선과 신제품 개발을 목표로 개발되었지만, 이런 기법들은 직장에서의 소외감을 해소하는 방식으로 효과를 냈다. 광고업계는 침체된 매출을 해결하는 동시에 개인의 비전을 업계에 다시 가져오는 방법으로 '창의적 광고'를 내세웠다. 많은 기업이 창의성을 수용한 이유는 혁신을 촉진하기 위해서뿐만 아니라, 군산복합체에 대한 반발 속에서 좀 더 인간적인 이미지를 드러내기 위한 것이기도 했다. 이 모든 사례에서, 연구 개발 실험실에 인력을 충원해 새로운 제품 아이디어를 구상하게 하고 그 결과물을 판매하는 실질적인 문제들은 획일성, 소외감, 노동의 도덕성과 같은 더 큰 관심사와 공존했다.

　창의성은 한편으로는 실용적인 것과 인간적 혹은 초월적인 것 사이의 긴장을 완화할 수 있었다. 1962년, 저명한 심리학자 제롬 브루너Jerome Bruner는 "창의성에 대한 이 시대의 관심은 과장된 측면이 있다"고 지적했다. 심리학자들은 단순히 과학자로서가 아니라, "도덕론자들의 보조자"로서 "창의적인 사람들"의 속성을 규명하라는 요구를 받고 있었다. 브루너는 창의성 연구에 대한 갑작스러운 관심의 이면에는 과학자와 기술자 사이에서 특히 두드러진 화이트칼라 노동의 본질에 대한 불안이 자리 잡고 있다고 의심했다. 그는 화이트칼라 노동자들이 전문성과 효율성이라는 교리에 길들여져 있으며, 자신을 거대한 사회적 기계의 일부로 여기고 있다며, "자신의 기능을 사회적 기계에 맞추면 존엄성을 잃게 된다. 사회적 기계는 유용하고, 사회적 시스템은 (……) 효율적이다. 하지만 인간이란 존재는 무엇인가?"라고 물었다.[34] 이어서 그는 상업적·기술적·과학적 작업이 창의적인 작업이라는 생각은 "그 과정에 존엄성을 부여한다. 따라서 창의적 광고, 창의적 공학, 창의적 문제 해결은 이 시대에 우리가 존엄성을 유지하기 위한 투쟁에서 핵심적인 부분이다"라고 주장했다. 엔지니어나 광고인이 창의적이라는 것은 단순히 **생산적이라는** 의미를 넘어 그들이 기계가 아니라 예술가나 시인을 모델로 삼고 있다는 의미를 지니고 있었다. 창의적 작업은 창의적인 행위에 대한 내재적 동기와 열정을 추구하는 것이었고, 이는 더 **인간적**이 되는 것이었다. 이런 작업은 노동자들이 발명하고 설계하며 판매하는 실제 제품에 직접적인 변화를 가져오지는 않았지만, 제품이 아닌 창의적 과정 자체에 초점을 맞춤으로써 그들의 일에 자연스럽게 도덕적 의미를 부여했다.

심리학자들과 창의적 사고 전문가들이 창의성이라는 개념을 발전시키면서 '창의적인 사람'이라는 새로운 형태의 주체성이 등장했다. 창의적인 사람은 소비자의 세계에서 생산자였다. 창의적인 사람은 무기력한 배빗*이나 단조로운 서류 작업을 하는 노동자가 아니라, 반항적이고 자유로운 생각을 하는 사람이었다. 창의적인 사람은 무언가를 만들어내기 위해 사는 사람이었다. 창의적인 사람은 대개 남성으로 여겨졌지만, 과거에 비슷한 역할을 하던 남성들보다는 감정적으로 더 섬세하다고 생각되었다. 또한 창조적인 사람은 대개 백인으로 여겨졌지만, 새롭게 등장한 창의적인 사람은 "지나치게 교양 있는" 백인 남성들보다 "원초적인" 특성이 더 강하다고 생각되었다. 이렇게 단순한 묘사에도 불구하고, 창의적인 사람에 대한 묘사는 누구의 정신노동이 가치 있을 수 있는지에 대한 생각의 범위를 넓혔다.[35] 1960년대 해방운동에서, 국가의 공적인 주요 영역에 참여할 권리에 대한 주장이 때로는 창의성의 언어로 이뤄진 것은 놀라운 일이 아니다. 예를 들어, 1963년에 베티 프리던Betty Friedan은 여성들이 "창조적 일"을 통해서만 자기실현을

---

* 교양 없고 속물적인 중산층 직장인을 상징하는 표현. 미국 작가 싱클레어 루이스가 쓴 소설 『배빗Babbitt』의 주인공에서 유래함.

달성할 수 있다고 썼는데, 여기서 그녀가 의미한 것은 저널리즘과 같이 전통적으로 남성의 영역으로 여겨지던 일, 즉 보상과 명성을 받을 만한 가치가 있다고 인정되는 일이었다.[36]

　프리던은 낙관주의와 비관주의 사이의 긴장이라는 또 다른 핵심적인 문제도 제기했다. 프리던은 당시의 세상에 대해서는 매우 비판적이었지만, 세상이 어떤 곳이 될 수 있을지에 대해서는 매우 희망적인 생각을 가지고 있었다. 탁월함과 흥분 그리고 심지어는 기쁨을 이야기하는 창의성에 집중하는 것은 많은 이에게 희망의 행위였다. 예를 들어, 많은 심리학자는 자신들의 창의성 연구가 정신질환과 기능장애에 초점을 맞췄던 기존의 연구와 대비된다고 생각했다. 한편, 창의성 관리 컨설턴트들은 자신들이 더 인간적인 작업 환경을 조성하는 데 선구자 역할을 하고 있다고 믿었다. 이들은 자동화와 풍요로움이 인간의 번영을 위한 더 많은 기회를 제공하고, 나아가 인간을 전통적인 자본주의로부터 벗어나게 할 수도 있으리라 희망했다.[37] IBM의 토머스 왓슨Thomas Watson이 말했듯이, 인류는 "페리클레스의 새로운 시대"에 접어들고 있었던 것일까? 물질적 필요가 충족되고, 우리의 정신이 더 높은 예술적·지적 추구에 몰두할 수 있는 시대 말이다. 아니면, 역사가 아널드 토인비Arnold Toynbee가 경고한 대로, 과도한 부와 정체로 인해 몰락한 과거의 문명들처럼 미국도 몰락의 운명을 맞이하게 될까? 창의성을 둘러싼 모든 낙관주의에도 불구하고, 이 개념을 명명하고 이해하며 지배하려는 시도는 그 자체가 이미 창의성이 심각하게 부족하다는 깊은 두려움을 드러내는 것이었다.

마지막으로, 개인과 대중사회, 낙관주의와 비관주의 사이의 전반적인 긴장 외에도, 창의성은 엘리트주의와 평등주의 경향을 조율하는 역할을 했다. 한편, 전후 시대는 강력한 복지국가, 확대된 소수자 권리 그리고 광범위한 번영을 내세우며 민주주의가 심화하는 시대였다. 미국인들은 자신들이 민주주의의 이름으로 전쟁을 치르고, 이제는 전 세계를 적극적으로 순찰하고 있다는 메시지를 끊임없이 주입받았다. 대공황 시절을 견뎌낸 영웅적 '보통 사람'의 이미지는 여전히 매력적이었다. 그러나 다른 한편으로는, 특히 소련의 스푸트니크 발사 이후 '평범함'에 대한 불안이 커지면서 종종 보수적인 방식으로 '탁월함'에 대한 새로운 집착이 나타났다. 토인비는 미국이 "창의적인 소수"를 소홀히 여기고 있으며, 그로 인해 과거의 모든 위대한 제국이 겪었던 쇠퇴의 운명을 맞이할 위험에 처해 있다고 한탄했다. 1961년 존 W. 가드너John W. Gardner의 책 제목처럼, 당시의 질문은 "우리가 평등하면서도 탁월할 수 있는가?"였다. 가드너는 카네기 재단의 임원으로서, 초창기에 가장 영향력 있는 창의성에 관한 심리학적 연구를 후원한 사람이다. 창의성은 위대한 인물뿐만 아니라 초등학생이나 평범한 엔지니어에게까지 적용할 수 있을 만큼 포괄적인 주제였다. 천재성과 달리, 창의성은 모든 사람에게 존재한다고 할 수 있었으며, 그런 점에서 더 민주적이고 (아마도 더 중요한 점은) 수백 또는 수천 명의 직원을 관리하는 관리자들에게 더 유용했다. 창의성은 과거 천재 발명가와 기업가의 시대에 대한 향수를 충족시키면서, 대중사회의 이념적이고 실용적인 현실에 부합하는 형태로 제공되었다.

이 책의 다음 여덟 장에서는 전후 시대에 창의성을 열렬히 옹호했던 사람들을 통해 이러한 역학이 어떻게 작용했는지 살펴볼 것이다. 9장에서는 앞선 이야기를 오늘날의 상황과 연결하면서, 창의성을 실증적으로 연구하려고 했던 사람들과 창의성을 실제로 적용하려 했던 사람들을 번갈아가며 살펴볼 것이다. 첫 번째 그룹에는 유명 작가들의 정신을 탐구하거나 해군 생도들을 대상으로 '벽돌의 용도 찾아내기' 같은 테스트를 시행하며 창의성의 본질을 탐구하려 했던 심리학자들이 포함된다. 이들 중 일부는 최고의 과학 인재를 식별하기 위한 더 나은 테스트를 개발하려 했고, 다른 이들은 현대 생활에 적합한 '새로운 유형의 인간'을 만들고자 했다. 두 번째 그룹에는 브레인스토밍을 발명한 광고계 출신의 창의성 전문가, 세계 최초의 창의성 컨설팅 회사를 설립한 제품 개발 전문가들의 학제 간 팀 그리고 광고의 본질을 두고 전쟁을 벌인 매디슨가 사람들이 포함된다. 학계와 산업계를 대표하는 이 두 그룹은 항상 서로 얽혀 있었다. 이들은 서로의 연구를 인용하고, 서로의 회의에서 발표했으며, 창의성에 관한 책, 잡지, 전시회 등 다양한 매체에서 나란히 등장했다. 이러한 사람들 간의 교류—그리고 많은 사람이 헌신했던 삶의 프로젝트—에서 우리는 그들이 창의성이라는 개념을 통해 그 시대의 긴장을 해결하려고 얼마나 필사적이었는지 알 수 있다. 이러한 해결책은 창의성에 부과된 모든 기준을 만족시킬 수 있는 일관된 정의를 내리는 것만큼이나 유지하기 어려웠다.

이 역사를 탐구하는 것은 창의성에 대한 기존의 통념들을 뒤집는다. 여기에는 창의성이 항상 우리와 함께했다거나 신, 예술가 그리고 천재들만의 용어였다는 가정도 포함된다. 창의성이 얼마나 최근에 등장했는지, 그것이 얼마나 혼란스럽고 실용적인 세계에서 발생했는지를 이해하는 것은 우리가 어떻게 현재의 상황에 도달했는지를 이해하는 것이다. 이 책은 오늘날의 창의성이 지닌 전문성의 뿌리를 밝혀줄 뿐만 아니라(누구나 적어도 한 번쯤은 브레인스토밍 세션에 참여한 적이 있을 것이다), 최근 문화사의 광범위한 흐름을 조명하는 데 도움을 준다. 9장에서 설명하겠지만, 오늘날 숨 가쁘게 이야기되는 기업가 정신에 대한 담론, '긱 경제'의 해방적이고 파괴적인 가능성, '내가 사랑하는 일을 하겠다'는 고집스러운 결의와 9시부터 5시까지 근무하는 것에 대한 경멸, 틀 밖에서 사고하고, 선을 넘어 색칠하고, 기존 질서에 반하는 것이 이제는 거의 도덕적 의무라는 사실, 단순히 '창의적인 사람' 또는 '창작자'로 알려진 계층의 존재 그리고 현대 자본주의의 가혹한 현실에도 불구하고 지속되는 낙관주의……. 이 모든 것은 어떤 식으로든 전후의 창의성 숭배에서 그 기원을 찾을 수 있다. 우리가 여전히 이러한 모순들에 직면하고 있다는 사실은 왜 우리가 이 개념에 매혹되고, 창의적이기를 절박하게 원하는지 설명하는 데 도움을 준다.

천재성과
평범함
사이에서

"정말 멋진 초대였습니다." 샌프란시스코의 반항적 시인이자 에세이스트인 케네스 렉스로스Kenneth Rexroth가 약간 비꼬는 투로 말했다. 그가 『더 네이션The Nation』에 쓴 글에 따르면, 1957년 초, 그는 트루먼 커포티Truman Capote, 윌리엄 칼로스 윌리엄스William Carlos Williams 등 다른 문학계 저명인사들과 함께 "창의적 성격"에 대한 연구에 참여해달라는 요청을 받았다. 초대 장소는 캘리포니아 대학교 버클리 캠퍼스의 옛 남학생 사교 클럽이 있었던 건물에 위치한 성격 평가 및 연구 기관Institute for Personality Assessment and Research(IPAR)이었다. 3일간의 일정 동안, 렉스로스는 철저한 심리검사를 받았다. 첫날 저녁, 그는 다른 참가자들과 함께 칵테일과 만찬으로 환영받았고, 이후 "모두가 짝을 지어 로르샤흐테스트를 받았다". 다음 날, 그들은 색깔 타일을 사용해 그림을 만들고, "기호를 해석하며", "사물을 분류하고", 어떤 그림을 좋아하는지 말하고, 심리학자들과

"오랜 시간 동안 친밀하고 심도 있는 대화를 나눴다"고 한다.[1]

렉스로스는 전후 시대의 창의성 연구 열풍에 휘말린 것이었다. 1950년 미국 심리학회 연례 회의에서 당시 회장이었던 조이 폴 길퍼드Joy Paul Guilford는 창의성 연구가 "놀라울 정도로 심각하게" 부족하다고 비판했다. 그의 주장에 따르면, 심리학 논문과 서적 중 단 0.2퍼센트만이 "창의적 행동"—발명, 설계, 고안, 작곡, 기획 같은 활동—을 다루고 있었으며, 심리학자를 양성하는 데 사용되는 교과서에서는 그런 내용을 전혀 찾아볼 수 없었다. 길퍼드는 동료들에게 이 문제를 해결하자고 촉구했고, 그들은 실제로 행동에 나섰다. 그 결과, 이후 10년 동안 창의성에 관한 새로운 책과 논문의 수는 심리학이라는 학문이 시작된 이래 집필된 모든 심리학 서적의 총량에 필적했다. 이 수는 1965년까지 두 배로 증가했고, 그 다음 해에 또다시 두 배로 늘어났다.[2] 주요 심리학 학술지에는 '창의적 능력', '창의적 행동', '창의성'에 관한 논문이 넘쳐났다. 이런 연구들은 미국 국립 과학 재단, 다양한 군사 부서(길퍼드의 연구는 해군 연구소에서 자금을 지원받았다), 교육 기관, 카네기 재단 같은 자선 재단에서 쏟아져 들어오는 자금으로 뒷받침되었다. 이에 따라 동료 심리학자, 군사 및 산업 연구 책임자, 교육자뿐만 아니라, 화려한 잡지를 통해 창의성의 작동 원리에 대한 기사를 읽을 수 있었던 수백만 명의 일반 미국인들까지 폭넓은 청중이 형성되었다. 1960년대가 끝날 무렵에는 『창의적 행동 저널Journal of Creative Behavior』이 창간되었고, 여러 연구 센터가 설립되었으며, 수십 개의 회의와 토론회가 개최되었다. 가장 주목할 만한 것은 1955년부터 유타 대학교에서 2년마다 열린 정기 회의다. 이런 행사에는 마거릿 미드Margaret Mead, 허버트 사이먼Herbert Simon, 티머시 리리Timothy Leary 같은 당시의 유명 인사 또는 이후에 유명 인사가 된 사람들이 참석하기도 했지만, 무엇보다도 이런 행사는 창의성 연구에 평생을 바친 연구자들에게 학문적 거점을 제공했으며, 현재까지도 번창하고 있는 창의성 분야를 확립하는 데 발판을 마련했다.

심리학자들이 히스테리, 동성애, 우울증과 같은 개념을 다룬다는 것은 이들이 이런 개념들에 사회적 무게를 실어준다는 뜻이다. 그들은 명목상 과학자로서 경험적 관찰 도구를 사용하기 때문에, 이들이 수용하는 특정 용어는 단순한 묘사적 단어 이상으로 여겨지며, 실제로 세상 어딘가에—주로 다른 사람들의 머릿속에—존재하는 무언가처럼 보이게 된다. 이 과정을 물화物化라고 한다. 심리학자들은 창의성이라는 개념을 구축하고, 홍보하며, 어느 정도는 물화하는 데 중심 역할을 했다. 그들은 심리학 분야 밖에서도 그렇게 했다. 그들이 창의성을 발명했다고 말할 수는 없다. 사실 그 단어는 그들 눈에 연구하기에 충분할 만큼 안정적인 개념으로 보였을 만큼 이미 자명한 것으로 느껴졌다. 길퍼드의 연설 이전에는 창의성이 심리학 전문용어가 아니었다. 그 연설 이후로 심리학 연구자들은 창의성에 관한 체계적 지식을 처음으로 생산하고, 이를 정의하며, 정량화했다. 이를 통해 그들은 오늘날 우리가 알고 있는 창의성이라는 개념을 '실재하는 대상'으로 만드는 데 일조했다.

따라서 심리학자들이 '창의성'이라고 부르는 이 개념을 어떻게 구축했는지 이해하는 것은 매우 중요하다. 심리학자들에게 창의성

프랭크 배런Frank Barron(오른쪽)과 존 A. 스타크웨더John A. Starkweather가 잉크 얼룩과 그림 선호 테스트를 시뮬레이션하는 모습(1954년). "창의적인" 피험자들은 추상미술과 비대칭적 이미지를 선호하는 경향을 보였으며, 이는 그들이 받은 교육이나 그들의 배경 때문이 아니라 그들이 가진 "모호성에 대한 관용" 때문인 것으로 설명되었다.(출처: 캘리포니아 대학교 버클리 캠퍼스)

은 무엇을 의미했을까? 그들은 실험을 설계하고 창의성으로 간주할 기준을 선택하는 과정에서 창의성을 명시적으로나 실용적으로 어떻게 정의했을까? 그 과정에서는 명백한 천재성의 사례만 고려되었을까? 아니면 일상적인 문제 해결 같은 평범한 사례도 포함되었을까? 어떤 결과를 창의적인 결과물로 정의하려면 그것이 얼마나 새롭거나 독창적이어야 했을까? 아무런 결과물이 창조되지 않았더라도 창의성을 식별할 수 있었을까? 이런 질문에 대한 답변은 창의성 연구의 목적을 애초에 어떻게 이해했느냐에 따라 달라질 수 있다. 창의성 연구를 처음 시작한 사람들이 곧 깨닫게 된 것은, 창의성이라는 개념이 극도로 모호하고, 공통된 합의를 도출하려는 시도를 쉽게 거부하는 개념이라는 점이었다.

하지만 여기서 또 다른 차원의 질문을 할 수 있다. 왜 이런 질문을 던졌는가? 심리학자들에게는 정의하기 어려운 이 모호하고 문제적인 개념이 왜 그토록 매력적이었을까? 그 답은 창의성이 이미 심리학 전통을 확립한 오래된 개념들, 즉 **천재성, 지능, 상상력, 발명성** 같은 개념들 사이에서 새로운 공간을 차지했다는 사실에 있다. 창의성은 영웅적이면서도 민주적이고, 낭만적이면서도 실용적이며, 사회적 문제와 심리학 내부의 문제 모두에 대한 해답처럼 보였다.

결국, 심리학자들이 창의성이라는 개념을 구축한 **방식**과 **이유**는 긴밀하게 연결되어 있다고 할 수 있다. 창의성을 연구한 심리학자들은 과학 및 기술 체계의 매우 구체적인 문제—예를 들어 유망한 엔지니어를 어떻게 식별할 것인가—를 연구했지만, 동시에 그들은 개인의 행복을 위해 그리고 획일성과 평범함에 맞서 자유주의 사회를 위해 일하고 있다고 믿었다. 이런 다양한 목적은 그들이 고안한 이론과 방법에 반영되었다. 이 모든 요소를 결합한 결과, 그들은 새로운 존재, 즉 '창의적인 사람'이라는 개념을 만들어냈다. 이 개념은 특정한 인지능력과 성격 특성의 다소 불안정한 조합이었다. 그럼에도 표면적으로는 특정 인종, 성별, 계급과는 무관하게 전체 인구에 적용이 가능한 보편적인 개념으로 보였다. 하지만 결

국 심리학자들은 이 개념에 자신은 물론 주요 후원자들의 생각과 관
심사를 반영하게 되었다.

심리학의 영향력

창의성 연구가 이렇게 갑작스럽게 활발해진 데는 당시 미국
사회 전반에 드러나고 있던 긴장을 반영한 심리학 분야 내의 긴장
이 원인으로 작용했다. 제2차 세계대전이 끝날 무렵, 미국이라는
나라 자체가 그랬던 것처럼 미국의 심리학도 그 영향력이 절정에
달해 있었다. 당시 심리학자들은 공학 다음으로 가장 빠르게 성장
하는 직업군의 일원으로, 국가 생활의 거의 모든 분야에서 등장했
다. 그들은 퇴역 군인들이 민간 생활에 적응하도록 돕는 것에서부
터 대기업 직원 채용에 관해 조언하거나 청소년 비행을 설명하는
데 이르기까지 미국 국민의 거의 모든 생활 영역에서 존재감을 드
러내고 있었다. 전후 시대는 여러 가지 측면에서 심리학의 시대였
다. 당시 사람들은 적색공포 red scare*가 미친 문화적 영향으로, 유물
론적인 느낌과 공산주의를 연상시키는 구조적 설명보다는 심리학
적 설명을 선호했다. 사회적 문제, 심지어는 정치적 문제의 뿌리를
소외, 불안, 권위주의 같은 심리학적 개념으로 설명하는 것은 이런
문제가 구조적 차원보다는 치료적 차원에서 해결될 수 있음을 의

* 공산주의에 대한 극도의 공포.

미했다. 결과적으로 심리학자들은 문화적으로나 일상생활의 관리 측면에서 막대한 권력을 가지게 되었다.

이와 동시에, 심리학 분야는 때때로 상충되는 새로운 압박을 받고 있었다. 그중 하나는 심리학을 산업 자본가들과 정부에 더욱 유용하게 만들어야 할 필요성이었다. 사회과학이 공산주의를 물리 치겠다는 약속에 따라 제공된 정부 자금에 점점 더 의존하게 되면 서, 심리학자들은 자신들의 학문이 '실용적'이고 실생활에 적용할 수 있는 과학임을 증명해야 했다. 이를 위해 사용한 핵심 방법 중 하나는 '재능'을 식별하고 육성하는 문제를 해결하는 것이었다. 유 타 회의Utah conferences를 조직했던 캘빈 테일러Calvin Taylor는 미국 국 립 과학 재단 후원자들에게 바로 이 점을 강조했다. 그는 "국제 경 쟁에서 살아남으려면 창의성이 뛰어난 사람들을 식별해 양성하는 데 특별한 주의를 기울여야 한다"며 "소수의 창의적인 사람들만으 로도 우리가 과학 분야에서 확실한 우위를 점할 수 있다"고 주장 했다(또한 그는 창의적인 사람들이 훨씬 적은 비용으로도 새로운 아이 디어를 효율적으로 창출할 수 있다고 주장했다).[3] 길퍼드는 창의성 연 구에 이런 실용주의적 뿌리가 있었다는 점을 나중에 다음과 같이 인정했다. "냉전 시대는 지적 경쟁에서 점점 더 가열한 노력을 요 구했다. 당시는 창의적인 인재가 가장 높은 평가를 받았으며, 그런 인재는 항상 부족했다."[4] 길퍼드가 창의성 연구를 심리학 분야의 최우선 과제로 제시한 것은 아마도 실험적 증거에 근거해 심리학 의 신뢰성을 증명하려는 시도였을 것이다. 그는 창의성 연구를 우 주만큼 신비롭고 경이로운 영역, 즉 과거의 심리학자들이 "발을 들이기를 두려워했던" 영역에 대한 탐구로 치켜세웠다.[5] 정교한 통계 기법과 방대한 데이터 세트를 활용하여, 그들은 낭만적 사고라는 혼란스러운 숲을 제거하고, 테일러가 말했듯이 창의성에 "과학적 방법을 집중시켜 인간의 창의적 재능 개발에 도움이 되는 세부 지식을 축적하고 그 지식을 현실에 적용"하려 했다.[6]

하지만 창의성 연구는 전후 심리학의 상반되는 또 다른 경향, 즉 심리학을 실용적 목적 이상의 것에 봉사하게 만들려는 노력에도 부응했다. 이런 노력은 '행동주의'에 대한 반발로 가장 두드러지게 나타났다. 1920년대부터 지배적 패러다임이었던 행동주의는 경험적으로 관찰 가능한 행동의 연구에 뿌리를 둠으로써 심리학에서 이념과 형이상학을 제거하려고 시도했다. 행동주의자들은 인간 행동을 예측 가능하고 심지어 프로그래밍 가능한 일련의 '자극-반응'으로 보는 거의 기계적인 모델을 구축하며 의미와 영성에 대한 추측을 피했다. B. F. 스키너B. F. Skinner가 1948년에 발표한 유토피아 소설 『월든 투Walden Two』에서 묘사했듯이, 행동주의자들에게 인간이 유연하다는 개념은 인간이 진보할 수 있고 사회에서 조화를 이루며 살아갈 수 있다는 증거였다. 하지만 전쟁의 그림자 속에서 도덕적 확실성을 찾으려 했던 많은 학자는 행동주의가 인간을 동물로 환원했으며, 홀로코스트와 강제수용소를 초래한 도구주의를 불러들였고, 심지어 한국전쟁 당시 미국인 포로들에게 사용되었다고 알려진 '세뇌' 기술에도 책임이 있다고 비판했다. 3장에서 더 자세히 다루겠지만 전후 심리학의 주요 신흥 운동―인지과학과 인본주의 심리학―은 대부분 인간 존재의 모델을 동물적 수준보다 높은 지위로 끌어올리고, 행동주의가 부정했던 존엄성, 복잡성, 자유의지를 인간에게 되돌려주려는 시도였다.[7]

많은 창의성 연구자는 자신들의 연구가 행동주의에 대한 직접적인 반박이라고 여겼다. 테일러는 행동주의가 심리학에 "역병처럼 내려앉아" 창의성처럼 숭고하고 "파악하기 어려운" 주제를 신뢰할 만한 연구 대상으로 삼는 것을 어렵게 만들었다고 말했다.[8] 그들은 심리학이 지나치게 협소하고 이성적이 되어버린 현실을 개탄하며, 20세기 초 철학자들이 탐구했던 거대한 실존적 질문들을 되찾고자 열망했다. 인간을 독특하게 만드는 것은 무엇인가? 예술, 인간의 고차원적 성취, 전반적인 번영의 근원은 무엇인가? 창의성 연구를 촉진한 직접적인 계기와 1950~1960년대에 이 연구가 풍부한 자금을 지원받을 수 있었던 주요 이유는 기술적 우위를 차지하기 위한 경쟁이었지만, 이 연구는 또한 기술과 물질적 목표에 집중된 사회에서 심리학이 개인의 복지를 그 자체로 회복시키는 역할을 해야 한다는 인식에서 비롯된 것이기도 했다.

창의성 연구는 심리학의 이러한 다양한 흐름을 포괄했기 때문에 많은 심리학자에게 매력적으로 다가왔다. 예를 들어, 전후 수십 년 동안 창의성 연구의 가장 중요한 거점이었던 유타 회의에서는 "사색과 학문 간 협력의 정신"을 느낄 수 있었다.[9] 테일러는 "행동 과학, 교육학, 물리학 및 생물학 그리고 예술을 대표하는 연구자들을 초청"하려 했다고 밝혔다.[10] 초창기부터 그는 유타 대학교의 영문학 교수 브루스터 기슬린Brewster Ghiselin을 핵심 협력자로 끌어들였다. 인문학 교수, 아동 심리학자, 테스트 전문가, 정신분석가, 국방부 관리, 주요 제조업체의 연구 관리자 등도 테일러의 협력자로 참여했다. 이들은 학교 아이들의 그림부터 엔지니어들의 특허 생산, 수학 천재들의 강박적 성향, 대학 신입생들의 언어 유창성에 이르기까지 다양한 주제를 탐구했다. 창의성 연구는 말 그대로 '빅 텐트'였다. 길퍼드가 인정했듯, 창의성은 확실히 복잡하고 다면적인 현상이었으며, 이를 제대로 이해하려면 모든 분야의 노력이 필요했다.

창의성 연구가 빅 텐트 프로젝트로서 매력적이었던 이유는 심리학자들이 냉전 후원 체계에서 필수적인 존재로 자리 잡을 수 있도록 하면서도, 인간을 중시하는 시대의 흐름에 부응해 개인에게 자율성을 되돌려주는 동시에 물질적 진보를 유지할 수 있는 더 광범위한 사회 개혁을 위한 의제를 제공했기 때문이다. 이러한 목적의 통합은 미국 지도자들이 중앙집권적 권력이 아니라 개성을 강조했던 냉전 시대에 필수적이었다. 냉전을 승리로 이끌기 위해, 미국은 기술적 진보와 개인적 자유를 균형 있게 조화시켜야 했다. 창의성은 그 해답이었다.

창의성 대 지능

창의성 연구는 매우 실용적인 목표에서 시작되었다. 더 나은 테스트를 고안하는 것이었다. 길퍼드는 심리측정학자, 즉 정신 평가 전문가였고, 유타 회의의 기원(이후에 훨씬 더 포괄적인 주제를 다루게 되었지만)은 1950년 캘빈 테일러 박사가 당시에 새롭게 설립된 미국 국립 과학 재단으로부터 받은 보조금이었다. 이 보조금의 목적은 대학원생 장학금 프로그램을 위한 평가 기준을 마련하는 것이었다. 당시 이를 위한 표준 도구는 이른바 일반 지능 테스트였으나, 테일러는 이 테스트와 이를 기반으로 한 과학 이론에 심각한 결함이 있다고 생각했다.

"일반 지능general intelligence"이라는 개념은 1900년대 초 미국 심리학자 찰스 스피어먼Charles Spearman이 처음 제안했다. 그는 정교한 통계적 방법을 사용해, 공간 추론, 언어능력, 수리 계산과 같은 모든 정신 능력이 g로 표현되는 일종의 근본적인 정신 능력에 종속된다고 주장했다. 이러한 근원적 지능의 존재를 의심하는 반대자들이 있긴 했지만, 1950년까지 스피어먼과 그의 추종자들은 상당한 성공을 거두었다. 이는 단일 지능 g를 믿는 것이 대규모 인원을 평가하고 분류하는 문제를 놀라울 정도로 간단하게 만들어주었기 때문이다. 표준 지능검사는 개인에게 "정신박약", "둔함", "보통", "우수" 같은 범주에 대응하는 아이큐 숫자를 부여할 수 있었다. 많은 사람은 지능검사를 진보적인 도구로 여겼다. 그것은 가문이나 인맥과 같은 전통적이고 계층에 얽매인 능력 평가 방식에 비하면 과학적이고 민주적인 대안이었다.[11] 하지만 표준 지능검사는 심리학적 개념에 자주 수반되는 순환 논리의 일종으로, '지능'이라는 개념 자체를 제약하고 물화하는 데 일조하기도 했다. 실제로 이런 지능검사는 수많은 미국인의 기회를 제약했고, 사회에서 정신적으로 가치 있는 사람이란 어떤 사람인지를 양적으로 표시함으로써 그 수치를 객관적인 기준으로 삼도록 만들었다. 그럼에도 군대, 산업계, 정부, 교육기관 등에서 다목적 평가 도구로 활용될 수 있는 효용성 덕분에 표준 지능검사는 산업사회의 발전과 함께 확산되었으며, 길퍼드와 테일러는 이런 심리측정학 연구를 이어받아 현대적 연구로 발전시켰다.

하지만 길퍼드와 테일러는 인간의 지능을 단일한 일반 지능으로 설명하는 이론에는 반대했다. 그즈음에는 점점 더 많은 심리측정학자가 인간의 지능을 다양하고 다면적으로 보는 관점을 선호하면서 이 이론에 반대 목소리를 높이고 있었다(당시 길퍼드는 지능을 16가지 요소로 설명하는 모델을 연구 중이었다). 특히 그들은 기존의 지능 모델과 이를 기반으로 한 테스트가 창의적 능력을 배제하고 있다는 점을 우려했다. 길퍼드는 1950년에 한 강연에서 "창의성과 창의적 생산성은 지능의 영역을 훨씬 넘어선다"고 말하기도 했다.[12]

초기 심리측정학자들, 예를 들어 루이스 터먼Lewis Terman 같은 이들은 실제로 "독창성", "기발한 재주" 같은 능력을 인정했고, 1910년대에는 이런 능력을 평가하는 다양한 테스트가 시행되기도 했다. 하지만 1920년대에 지능검사가 표준화되고 대중적으로 사용되기 시작하면서 이런 테스트들은 지능 평가에 일반적으로 포함되지 않았고, 터먼도 이런 능력들이 일반 지능 모델 구축에 필수적이지 않다고 생각했다.[13] 이런 테스트들이 배제된 이유 중 하나는 순전히 실용적인 것이었다. 해석의 여지가 다양한 이런 테스트들의 점수를 표준화하기 위해서는 필연적으로 주관적 판단이 개입되어야 했고, 따라서 이런 테스트들은 대규모 조직에서 실용적으로 활용하기 어려웠다. 하지만 창의성 연구자들은 이런 배제 뒤에 이념적 문제가 숨어 있다고 보았다. 그들은 독창성이나 기발한 재주 같은 특성들이 심리학자들, 현대의 조직들 그리고 문화 전반에서 의심되고 경시되고 있다고 생각했다.

국가적으로 절실한 과학 및 기술 진보의 필요성을 고려했을 때, 이런 태도는 큰 실수라고 그들은 판단했다. 테일러는 이런 능력이야말로 국립 과학 재단 후원자들이 반드시 주목해야 하는 핵심적인 능력이라고 생각했고, 길퍼드의 연구에서 기회를 보았을 것이며, 더 구체적으로 '창의적인' 능력에 대한 연구가 필요하다고 결론지었다. 테일러는 국립 과학 재단에 상당히 많은 예산과 인내심을 요청했고, 이를 바탕으로 2년마다 열리는 대규모 학술회의를 기획했다. '창의적 과학 인재 식별을 위한 유타 회의Utah Conferences on the Identification of Creative Scientific Talent'는 이렇게 탄생했다.

창의성 연구는 기존의 일반 지능 이론이 얼마나 단순화된 것인지 증명할 수 있는 완벽한 기회로 보였다. 만약 창의성이 단순히 일반 지능의 하위 현상에 불과하다면, 기존의 지능검사로 가장 창의적인 사람들을 식별할 수 있을 것이고, 새로운 테스트 개발이나 추가적인 심리 측정 연구는 필요하지 않을 것이었다. 하지만 만약 길퍼드와 테일러의 주장이 옳다면, 심리학자들은 창의성을 독립적인 개념으로 규명하기 위해 새로운 연구의 영역에 직면하게 될 것이고, 창의성을 구성하는 구체적인 특성들을 밝혀내야 하는 거대한 과제를 안게 될 것이었다.

창의성 대 천재성

창의성 연구자들은 현대 심리학의 주요 성과 중 하나이자 대중사회의 대표적인 기술 중 하나인 지능검사를 비판했다. 하지만 한편으로 이들은 지능검사를 완전히 부정하기보다는 오히려 개선하고자 했다. 그들의 가장 기본적인 목적은 조직이 원하는 개인을 식별하고 관리할 수 있는 도구를 제공하는 것이었기 때문이다. 이런 도구를 완성하기 위해 또는 냉전과 영구 혁명이라는 새로운 압력에 맞춰 지능검사를 개선하기 위해 그들은 심리측정학의 기원으로 돌아갔다. 그것은 바로 천재성 연구였다.

우연히도, 천재성에 대한 실증적 연구와 심리측정학이라는 학문은 모두 영국의 심리학자이자 스피어먼의 스승인 프랜시스 골턴 Francis Galton으로부터 시작된 것이었다. 심리학을 형이상학과 철학의 모호한 추측에서 벗어나게 하려는 열망에 사로잡혀 있던 골턴은 통계적 방법을 활용해 인구 집단에서 심리적 현상을 관찰하는 방식을 개척했다(그는 이 방식을 법의학적 지문 분석에도 적용했다). 또한 유럽 문명의 미래에 깊은 우려를 품고 있던 그는 "인간들 중에서도 위대한 본성을 지닌 존재들, 태생적으로 고귀하며 인간의 왕이 될 운명을 타고난 이들"을 연구 대상으로 삼았다.[14] 1869년에 발표한 『유전적 천재 Hereditary Genius』에서 그는 역사가 말해주는 300명의 "천재"를 나열했다. 여기에는 "가장 빛나는 군사 지도자들과 문학, 과학, 시, 회화, 음악 분야의 인물들"이 포함되었다.[15] 그는 이들의 개인 전기를 연구하고 가족 계보를 그려 공통점을 찾아냈다. 많은 천재가 뛰어난 친척을 두고 있다는 사실을 관찰한 그는, 천재성이 유전적 특성이라고 결론지었다. 하지만 골턴은 이렇게 뛰어난 가족 집단들이 인맥이나 부 또는 가족 문화의 영향을 받은 결과일 가능성은 진지하게 고려하지 않았다. 또한 그의 목록에 여성이 없는 이유를 기회의 부족 때문이라고 보지 않았다. 게다가 (명성, 즉 상이나 훈장을 수상한 이력, 문헌에 이름이 언급된 횟수를 기초로 목록을 작성했음에도 불구하고) 문화적 유행이나 명성의 가변성 같은 교란 변수를 전혀 고려하지 않았다. 골턴은 이 모든 것을 생물학적으로 설명할 수 있다고 생각했고, 이런 편향은 이후 지능 연구와 창의성 연구에 이르기까지 정신 능력 연구에 깊이 뿌리박히게 되었다.

골턴이 진정으로 꿈꿨던 것은 어린 천재들을 식별할 수 있는 테스트를 개발하고 이를 이용해 그들이 서로 유전적으로 짝을 이루도록 장려함으로써, 산업화와 세계화가 유럽 인종에 미치는 부정적 영향을 줄이려는 것이었다(골턴은 다른 무엇보다 우생학 운동의 창시자로 유명하다). 골턴의 후계자들은 결국 이런 테스트를 만들어냈다. 1904년, 알프레드 비네Alfred Binet는 골턴의 통계적 방법 중 일부를 활용해 프랑스 교육부를 위해 군사와 공무에서 '정신박약자'를 배제하기 위한 테스트를 개발했다. 이 테스트는 각 참가자에게 '정신연령'을 부여했고, 후대 연구자들은 이를 지능지수(아이큐) 개념으로 발전시켰다. 비네는 자신이 개발한 테스트가 단지 집단을 구분하기 위한 거친 도구에 불과하다고 여겼지만, 스탠퍼드 대학교의 루이스 터먼 교수를 중심으로 한 미국 연구자들은 제

1차 세계대전 동안 아이큐 테스트를 활용해 장교를 선발함으로써 심리측정학과 군대의 긴밀한 관계를 공고히 하고 아이큐 테스트의 권위를 확립했다. 1925년, 골턴과 마찬가지로 백인 인종의 약화에 깊은 우려를 품고 있던 터먼은 자신의 첫 저서인 『천재성에 대한 유전학 연구 *Genetic Studies of Genius*』에서 현대의 심리학이 "타고난 능력의 차이가 보편적 현상이라는 것을 결정적으로 증명했으며, 이를 평가하는 것이 가능하다는 점을 입증했"고 주장했다. 그다음 해, 터먼의 제자인 캐서린 콕스 Catherine Cox 는 골턴의 기념비적 연구를 기리기 위해 사후에 '300명의 천재들'이 지녔을 아이큐를 계산했다. 터먼의 연구는 1921년에 시작된, '터마이트 Termites'라는 별명으로 불리던 팰로앨토 지역의 고지능 어린이들을 대상으로 한 종단 연구에 중점을 두었다. 이 연구의 목적은 아이큐 테스트가 미래의 천재들을 정확히 예측할 수 있다는 것을 증명하고, 그들이 서로 결혼하도록 장려하려는 것이었다.

하지만 1950년경에 길퍼드는 터먼의 실험이 정반대의 결과를 증명하고 있다고 생각했다. '터마이트'로 불린 고지능 아이들은 매우 높은 수준의 교육을 받고, 사회에 잘 적응했으며, 직업적인 성공을 거두고 있는 것으로 보였지만, 그들 중에서 "다윈, 에디슨 또는 유진 오닐과 같은 진정한 천재가 될 가능성"은 거의 찾아볼 수 없었기 때문이다. 다시 말해, 이들 중에 진정한 천재는 없었다. 길퍼드는 "천재"라는 용어 자체가 원래는 "창의적 생산성으로 두각을 나타내는 사람"을 의미했지만, 터먼과 그의 추종자들 덕분에 단순히 "아이큐가 매우 높은 아이"를 뜻하게 되었다고 지적했다.[16]

이는 창의성보다 아이큐 수치가 우선시되는 상황에 대한 지적이었다. 심리학자들이 개발한 도구가 오히려 미국의 과학 및 기술 능력을 위협하고 있었던 것은 아닐까? 이런 도구들이 최고로 똑똑하고 재능 있는 사람들을 체계적으로 배제하고, 그들의 대학 입학이나 직장 취업을 좌절시키며, 창의적 잠재력을 활용하지 못하게 방해하지는 않았을까? 길퍼드는 최고의 인재를 식별하는 것은 분명히 고귀한 목표라고 생각했지만, 이 목표는 궁극적으로 중요한 능력, 즉 "창의적" 능력에 초점을 맞춰 설정되어야 한다고 주장했다.

창의성 연구는 이전의 천재성 연구들과는 여러 가지 측면에서 달랐다. 우선, 대체로 창의성 연구는 유전이나 인종에 초점을 두지 않았다. 이는 심리학의 전반적인 흐름과도 일치했다. 홀로코스트 이후, 지적 능력의 유전적 기반에 대한 연구는 사실상 중단되었기 때문이다. 심리측정학은 전간기*에 횡행했던 극심한 인종차별에 매우 중요한 역할을 했었다. 남유럽인과 동유럽인의 아이큐가 낮다는 20세기 초반의 연구 결과는 1920년대에 반이민법이 제정되는 데 지적인 기반을 제공했으며, 흑인의 아이큐가 낮다는 연구 결과들은 미국 전역에서 짐 크로 법Jim Crow laws**과 인종차별 정책을 정당화하는 데 지속적으로 이용되었다. 하지만 1940년대에 들어서면서 프랜츠 보애스Franz Boas, W. E. B. 듀보이스W. E. B. DuBois 같은 학자들의 노력으로 심리학자들은 좀 더 온건한 관점으로 전

---

* 제1차 세계대전과 제2차 세계대전 사이의 기간.
** 공공장소에서 흑인과 백인의 분리와 차별을 규정한 법.

환하게 되었다. 그들은 집단 간 차이보다 집단 내에서의 선천적인 개인 간 차이가 더 중요하다고 보았으며, 인종 간 차이는 대부분 환경적 요인에 의한 것이라는 점을 인정하기 시작했다.[17] 주류 사회사상에서 과학적 인종주의가 배제된 데는 애슐리 몬터규Ashley Montague 같은 학자들의 공로도 컸다. 그는 1945년에 발표한 『인류의 가장 위험한 신화: 인종의 오류Man's Most Dangerous Myth』를 통해 과학적 인종주의 논리를 비판했다. 또한 앨리슨 데이비스Allison Davis는 아이큐 점수에 결정적인 영향을 미치는 요인이 인종이 아니라 사회적 계급이라는(따라서 생물학적 요인이 아니라 환경적 요인이 더 큰 영향을 미친다는) 점을 입증했다.[18] 제2차 세계대전 직전까지 많은 주류 심리학자가 여전히 인종에 따라 선천적 지능이 다르다고 생각했지만, 인종차별적이고 우생학적 이념을 맹신한 정권(미국의 짐 크로 법에서 영감을 받은 나치 정권)과 싸운 경험은 결국 우생학 지지자들을 학계와 사회 주류에서 물러나게 만들었다.

심리측정학 분야가 오명을 뒤집어쓰고 혼란 속에 방치되던 바로 그 시기에, 많은 심리측정학자가 지능처럼 인종적 논란이 많은 주제를 벗어나 창의성 연구로 방향을 틀며, 냉전 시대가 요구하던 재능 탐구를 이어갈 수 있는 새로운 돌파구를 찾았을 가능성이 있다. 창의성 연구에서는 인종과 유전에 대한 논의가 거의 이뤄지지 않았기 때문이다. 하지만 회개하지 않은 몇몇 우생학자들도 창의성 논의에서 환영을 받았다. 특히 창의성에 관한 여러 글을 발표하고 당시에 매우 큰 영향력을 발휘하던 요인 분석학자 레이먼드 커텔Raymond Cattell과 반도체의 공동 발명자이자 실리콘밸리의 선구자로 노벨상을 수상한 윌리엄 쇼클리William Shockley가 그들이다. 이 두 사람은 유타 회의에 발표자로 참여했지만, 유전에 대한 언급은 하지 않았다.[19] 그러나 창의성을 연구하는 심리학자들은 굳이 골턴과 거리를 두려는 노력을 하지 않았다. 오히려 그들은 골턴을 일종의 정신적 아버지로 받아들였다. 캘빈 테일러는 골턴이 "개인 간의 상상력 차이를 연구하는 현대적인 방법을 창시한 인물"이라고 평가하기도 했다.[20] 길퍼드도 1967년에 창의성 연구의 역사에 관한 논문 서두에서 자신을 골턴의 전통을 이어가는 기수로 묘사했다(오늘날에도 프랜시스 골턴의 이름을 딴 창의성 연구 분야의 공로상이 존재한다).[21] 따라서 초기 창의성 연구에서는 인종차별적인 생각을 노골적으로 드러낸 사례를 찾아볼 수 없지만, 심리측정학의 명백히 인종차별적인 토대를 제거하려는 노력 또한 찾아보기 어렵다.

초기 창의성 연구는 유전에 크게 관심을 두지는 않았지만, 여전히 생물학적 접근 방식을 취하며 골턴의 생각, 즉 능력이 어느 정도 타고난 것이라는 관점을 공유하고 환경적 요인은 배제하는 태도를 보였다. 골턴과 마찬가지로 당시 대부분의 창의성 연구자들도 평판에 기초해 연구 대상자를 선정했다. 예를 들어, 길퍼드는 "자극 또는 기회의 불평등"이라는 요인을 인정하면서도 "환경적 조건이 동일하다 해도 개인 간 창의적 생산성에는 여전히 큰 차이가 있을 것"이라고 믿었다.[22] 또한 당시의 창의성 연구자들은 아이큐가 매우 높은 것과 천재성은 같은 것이라고 주장하는 골턴의 후계자들과 의견 차이가 있었음에도 불구하고, 골턴의 심리측정학 연구에 내재된 본래의 정신과 목적, 즉 현대를 지배하는 평범성으로부터 정신적 엘리트를 구하려는 사명을 적극적으로 이어받았다.

하지만 그들이 천재성을 연구한다고 말하지 않았고, 자신들의 연구를 '천재성 연구'라고 부르지 않은 데는 더 중요한 이유가 있다. '천재성'이라는 용어는 그들이 연구하고자 하는 대상을 제대로 담아내지 못했기 때문이다. 그들에게 천재성은 어떻게 정의를 한다고 해도 매우 희귀한 어떤 것으로 보였지만, '창의성'은 더 보편적인 무언가를 의미하는 것처럼 보였다. 길퍼드는 "창의적인 행위는 아무리 미약하거나 드물지라도 거의 모든 사람에게서 기대할 수 있다"고 말했다.[23] 또한 캘빈 테일러의 지도 교수였던 L. L. 서스톤L. L. Thurstone은 창의적 능력이 "모든 수준에서 질적으로 동일하다"며, 이는 장인이나 전문직 종사자들에게서도, 우리가 천재라고 부르는 드물고 극단적인 형태에서도 마찬가지라고 설명했다.[24] 다시 말해, 어느 정도 발명에 능한 기업 엔지니어와 갈릴레오의 차이는 단지 본질이 아니라 정도에 있었다. 창의성 연구의 핵심 전제는 길퍼드가 말했듯이 "창의적 재능의 본질이 무엇이든, 창의적이라고 인정받는 사람들은 우리 모두가 가진 것을 단지 더 많이 가진 것일 뿐"이라는 믿음에 기반을 두고 있었다.[25]

창의성이 인구 전반에 걸쳐 분포한다는 이 생각은 역설적인 결과를 낳았다. 앞에서 언급한 두 학자의 주장대로 "일상생활의 창의성과 위대한 과학자나 예술가의 창의성 사이에 유사성이 있다고 가정한다면, 창의성 연구는 저명하거나 비범한 사람들에게 국한될 필요가 없다"고 할 수 있었다. 하지만 연구자들이 주목할 만한 성취 수준에서 점차 벗어나기 시작할 때, 과연 그들이 목격한 것이 진정한 창의성인지 어떻게 확신할 수 있었을까? 그들은 "만약 연구에 '일상적인 창의성'을 포함한다면, 창의성이라는 개념이 상상력, 기발함, 재치, 기상천외함, 심지어 단순히 운이 좋은 경우와 구분되지 않으면서 의미를 잃어버릴 위험이 있다"고 우려했다. 따라서 그들은 "진정한 탁월함은 극단적인 경우에만 합리적으로 확신할 수 있다"라는 결론을 내렸다. 하지만 다른 한편으로, 연구가 매우 중요한 과학적 발견과 누구나 인정하는 예술적 걸작만을 다룬다면, 이는 결국 천재성 패러다임으로 회귀하는 일이 되며, "일상적인 것과 숭고한 것 사이를 연결할 방법이 없는 '위인 이론great-man theory'에 갇히게 된다"라는 지적이 일기도 했다.[26]

실용적인 문제도 존재했다. 심리측정학자들이 정신 능력을 측정하기 위해 사용한 복잡한 통계 기법인 요인 분석은 많은 수의 실험 대상이 필요했다. 길퍼드는, "진정한 창의적 성취"는 상대적으로 드물기 때문에 연구자들이 "기준을 수정해 더 낮은 수준의 성취를 사례로 받아들여야 할지도 모른다"고 인정했다.[27] 창의성 연구가 단일 지능 g에 도전하려면 천재적인 행위만 고려해서는 안 되었다. 창의성은 천재성보다 민주적이라는 점에서 이념적으로 구미에 맞을 뿐 아니라 연구하기도 쉬웠다. 따라서 교육기관, 기업, 군대에서 심리 테스트를 활용하는 사용자들에게 연구 결과가 더욱 가치 있게 활용될 가능성을 열어주었다.

발산적 사고

초기 창의성 연구에서 가장 흥미로운 가설 중 하나는 창의적 능력의 핵심이 비교적 평범한 인지능력인 '발산적 사고'에 있다는 가설이었다. 지능검사에 대한 비판의 핵심은, 지능검사가 정답이나 오답이 명확히 나뉜 질문만을 포함하고 있는 반면 정의상 발명은 아직 알려지지 않은 해답을 제시하는 행위라는 사실에 기초한다는 것이었다. 캘빈 테일러는 아이큐 테스트에 대한 이런 비판을 1930년대부터 일반 지능 이론에 가장 비판적이었던 L. L. 서스톤으로부터 계승했다(서스톤은 1933년에 미국 심리학회 회장이었다). 서스톤은 토머스 에디슨의 연구실에서 엔지니어로 일하면서 심리학에 관심을 갖기 시작했다. 당시 그는 특정 직원들이 왜 다른 직원들보다 더 발명적—그는 '창의적'이라는 단어를 사용하지 않았다—으로 보이는지를 궁금해했다. 1930~1940년대에 걸친 일련의 연구에서 서스톤은, 과학자들은 문제의 정답에 빠르게 도달하는 경향을 보였고, 여러 해결책을 생성해낸 사람들은 매우 많은 특허를 보유하게 된다는 결론을 내렸다. 서스톤은 이런 능력을 "발산적 사고"라고 명명했다.

창의성 연구자들은 발산적 사고를 창의성의 핵심 요소 중 하나로 적극적으로 받아들였다. 서스톤의 발명성 테스트는 실험 대상자들에게 벽돌 같은 평범한 물체를 제시하고, 제한된 시간 안에 해당 물체의 다양한 사용법을 최대한 많이 나열하도록 하는 방식이었다. 흔히 떠올릴 수 있는 문 받침대와 같은 일반적인 용도에서부터 고기 연육기와 같은 독특한 용도까지 다양한 응답이 나왔으며, 이는 유창성(응답의 총 개수), 독창성(일반적인 응답과 비교했을 때의 독특함) 그리고 실행 가능성(연구자들의 판단 기준)에 따라 평가되었다. 길퍼드는 서스톤의 벽돌 테스트를 발전시켜, 애너그램* 나열, 잉크 얼룩 해석, 극적인 상황이 담긴 그림을 바탕으로 이야기 만들기 등 다양한 개방형 과제로 구성된 독자적인 테스트들을 잇달아 개발했다. 이 과제들은 유창성, 독창성 그리고 길퍼드가 추가한 "재치" 요소를 조합해 평가되었다.

기술적인 측면에서, 이런 테스트는 실제로 창의적인 사람들을 식별하는 데 사용되기 전에 반드시 검증 과정을 거쳐야 했다. 다시 말해, (대개 평판이나 결과물에 대한 평가로) 이미 창의적이라고 알려진 사람들이 일반인들보다 발산적 사고 테스트에서 높은 점수를 받는다는 사실이 입증되어야 했다. 그런 다음 연구자들은 아이큐 점수가 높은 사람들과 낮은 사람들의 창의성 테스트 점수를 비교해, 창의적인 사람들이 아이큐가 높은 사람들과 유사성이 있는지를 확인했다. 만약 두 집단 사이에 뚜렷한 차이가 있다면, 이는 창의성이 지능과는 별개의 것임을 의미했다. 1950~1960년대에 걸쳐 이런 결과를 얻었다고 주장하는 논문이 여러 편 발표되었다. 이런 연구 결과들은 곧 의심의 대상이 되었다. 하지만 발표 당시에 이 논문들은 창의성 연구의 근본 가설을 확인했다는 평가를 받았다. 따라서 창의성 연구는 이 논문들을 바탕으로 본격적으로 진행

* 철자 순서를 바꿔 만든 낱말.

될 수 있었으며, 그 존재와 지속적인 자금 지원의 정당성을 확보할
수 있었다.

1950년대 후반에는, 길퍼드가 개발한 다양한 테스트가 창의성
연구의 표준으로 자리 잡았고, '창의적인' 실험 집단을 분리할 필
요가 있을 때마다 활용되었다. 길퍼드를 비롯한 테스트 설계자들
은 발산적 사고가 전반적인 창의적 능력에 기여하는 여러 요소 중
하나일 뿐이라고 주장했다. 이 요소들에는 인지적 능력, 성격, 동
기, 심지어 환경적 요소도 포함되었다. 하지만 발산적 사고는 이해
하기 쉽고 측정하기도 비교적 쉽다는 점 때문에 창의성과 거의 동
의어로 여겨지게 되었다. 발산적 사고 개념은 심리학자들에게 거
의 모든 실험 대상의 창의적 잠재력을 대규모로 테스트할 수 있는
통제 가능하고 재현 가능한 방법을 제공했다. 이를 통해 창의성을
독립적인 현상으로 간주할 수 있도록 하는 통계 분석이 가능해졌
으며, 이는 정부를 포함한 연구 자금 지원자들에게 창의성이 지속
적으로 연구할 가치가 있는 주제임을 설득하는 데 기여했다.

창의적인 사람의 식별

연구자들은 창의성의 본질에 대해 일반적인 결론을 내리거나,
아직 창의적인 성과를 내지 않은 사람들 중 창의적인 사람을 선별
하기 위한 테스트를 개발하려면 두 가지 단계가 필요하다고 생각
했다. 첫 번째 단계는 명백히 창의적인 사람들을 식별해 연구 대상

으로 삼는 것이고, 두 번째 단계는 그들이 공통적으로 지닌 특성을 규명하는 것이었다. 겉보기에는 첫 번째 단계가 가장 단순해 보였지만, 실제로는 여러 측면에서 가장 어려운 과제로 드러났다. 많은 연구자가 창의성을 보면 알 수 있다고 자신했지만, 창의성이 무엇인지, 즉 논의의 출발점이 되는 정의를 내리는 과정에서 수많은 모순이 드러났다.

창의적인 사람을 식별하기 위한 한 가지 접근법은 평판에 의존하는 것이었다. 일부 연구자들은 골턴이 그랬던 것처럼 비판적인 사람들의 평가를 집계했으며, 다른 연구자들은 교사, 상사, 동료 또는 전문가 집단의 추천을 요청했다. 예를 들어, 렉스로스가 참여한 IPAR 연구에서는 연구자들이 창의적이라고 판단한 분야에서 언론 보도와 동료 설문 조사 결과를 조합해 평판을 평가했다.

1949년에 "현대 산업사회에서 성공적이고 행복한 적응을 가능하게 하는 성격 특성을 식별하는 기술 개발"을 목표로 IPAR을 설립한 도널드 매키넌Donald McKinnon은 뛰어난 성과를 내는 사람들을 식별하는 데 뛰어난 능력을 보였다.[28] 매키넌은 전쟁 중 전략정보국(OSS)에서 스파이를 선발하는 일을 했으며, 전쟁 이후에는 록펠러 브라더스 재단과 국방부의 지원을 받아 고위 군사 인사 등 "매우 효과적인 사람들"에 대한 연구를 이어갔다. 1955년경 연구 초점이 "매우 창의적인 사람들"로 이동한 것은 작지만 의미 있는 변화였다. 이는 그 무렵 록펠러에서 카네기 재단으로 자리를 옮긴 전 OSS 심리학자 존 가드너의 제안 덕분이었다. 가드너는 창의성 연구의 성장 가능성을 보았고, 매키넌은 그의 제안에 따라 카네기 재

단에 지원서를 제출해 "매우 창의적인 사람들"에 대한 5년 동안의 연구비를 지원받았다.[29]

매키넌의 방법은 "심층 평가"로 불렸으며, 지능 및 성격 평가를 결합한 방식이었다. 여기에는 마이어스-브리그스 성격 유형 지표, 생애와 가치관에 관한 인터뷰 그리고 비공식적인 집단 상황에서의 관찰 등이 포함되었다. 창의성 연구에서는 "독창성, 창의성, 미적 감수성 및 예술적 반응성"을 측정하는 항목들이 추가되었으며, 여기에는 새롭게 개발된 길퍼드 창의성 테스트와 배런-웰시 예술 척도도 포함되었다. 이 척도는 응답자에게 추상적 이미지와 구상적 이미지, 비대칭적 도형과 대칭적 도형 중 선호하는 것을 선택하도록 요구했다.[30] 연구자들은 이 테스트를 먼저 창의적이라고 판단된 그룹에 시행한 뒤, 그보다 덜 창의적이라고 여겨진 그룹에 시행해 결과를 비교했다.

그렇다면 창의적인 그룹은 어떻게 선정되었을까? 이전 연구에서 다룬 "매우 효과적인 사람들"과 "매우 창의적인 사람들"의 차이는 본질적으로 직업에 있었다. 연구자들은 창의성을 측정하기 위해 서로 다른 분야에서 창의성을 비교할 수 있는 세 가지 직업군을 선정했다. 첫 번째 그룹은 시인, 소설가, 극작가와 같은 문학 작가들로, 이들의 작품은 객관적인 성공 기준으로 환원될 수 없으며, 인간 대 인간의 표현 영역에서만 작동한다고 간주되었다. 이에 대조되는 그룹은 수학자들이었다. 이들은 "예술적" 의미의 창의성은 아니었지만, 특히 새로운 정리를 탐구하는 과정에서 최고 수준의 비범한 상상력을 발휘한다고 가정되었다. 문학 작가와 학문적 수학자는 모두 순수한 아이디어의 영역에서 활동한다고 여겨졌다.

마지막으로 건축가들이 있었다. 문학 작가들의 미적 감각과 수학자들의 논리적 엄격함 사이에서 균형을 이루는 건축가들은 창의성의 본질을 가장 완전하게 구현한 직업군으로 보였다. 그들은 아름다움을 추구하면서도 구조적 안정성을 고려하며, 인간 세상을 구체적이고 의미 있는 방식으로 "창조"한다고 여겨졌다. 일반적으로 건축가들의 작업은 스튜디오에서의 고독한 예술가적 노동과 팀워크 및 비즈니스적 영업 활동 사이를 오간다. 철저히 독립적이면서도 고객의 요구를 충족시키는 데 충실한 건축가들은 인문학적 이상과 실용주의, 현대 대중사회 속에서 번영하는 개인주의를 완벽히 조화시킨 이상적인 모델로 간주되었다.

이처럼 서로 다른 세 직업군을 선택한 것은 창의성이 일반적인 특질이라는 가설을 검증하기 위해서였다. 또한 연구자들은 직업 간 비교를 통해 특정 직업에만 해당하는 요인을 배제하고자 했다. 예를 들어, 공간적 추론 능력이 건축가들 사이에서 높고 작가들 사이에서는 그렇지 않다면, 이는 창의성과 무관한 것으로 간주되었을 것이다. 하지만 세 직업군 모두가 비대칭적 도형을 선호한다면, 이는 창의적인 사람의 공통적 특질로 간주될 수 있었다. 연구의 목적은 뛰어난 건축가, 작가, 수학자가 되게 하는 특정 요인을 찾는 것이 아니라, 각 분야에서 가장 창의적인 이들을 만들어내는 공통된 특성을 규명하는 데 있었다.

연구자들은 단순히 '창의적인' 분야에서 일한다고 해서 모두가 매우 창의적인 사람이 되는 것은 아니라고 인정했다. 창의적이기 위해서는 우수함이 필수였다. 따라서 연구자들은 해당 분야의 정상에 있는 사람들과 중간 또는 하위에 있는 사람들을 비교했다. 이는 약 1세기 전 골턴의 기법을 반영한 것으로, 주로 출판 및 인용 기록, 수상 내역, 언론 보도를 통해 측정되었다. 연구자들은 이러한 지표들이 재능을 비교적 정확히 나타낸다고 보았다. 다만, 과대 평가된 명성과 연구자들의 전문성 부족을 보완하기 위해 각 분야의 전문가로 자문단을 꾸려 창의성이 높은 인물을 추천받았다.

여기서 문제가 발생했다. 자문단은 '창의적'이라는 것을 어떻게 정의할 것인가? 건축 비평가들과 교수들에게는 다음과 같은 기준을 충족하는 후보자를 추천하라는 지침이 주어졌다. "건축 문제에 대한 사고의 독창성과 접근 방식의 참신함, 창의적 기발함, 필요할 경우 기존 관습과 절차를 벗어날 수 있는 능력 그리고 건축의 주요 요구를 효과적이고 독창적으로 충족시키는 재능." 그러나 이러한 기준이 실제로 적용되었는지는 불분명하다. 후보자를 평가하는 데 사용된 점수표에는 건축의 이른바 "주요 요구" 네 가지― "견고함", "즐거움", "편리함" 그리고 "사회적 목적"― 만 포함되었다. 결과적으로 후보자들은 "독창성", "참신함", "기발한 재주" 같은 특성보다는 일반적인 건축적 우수성을 기준으로 선정된 것으로 보인다(이 네 가지 요구 사항 중 첫 세 가지는 1624년의 한 논문에서 제시된 개념이었다).[31]

건축가와 심사 위원 모두 모더니스트가 주를 이뤘던 점을 고려하면, 동료들이 우수하다고 평가한 건축가라면 어느 정도 독창성이 보장되었을 것이라고 가정하는 것이 합리적이었을지도 모른다. 그러나 이 후보들이 매우 독창적이거나 혁신적인 실무자라고 믿을 만한 특별한 이유는 없었다. 마찬가지로, 덜 창의적인 통제 집단을 선택할 때 연구자들은 언론과 동료들의 평가에서 낮은 순위를 받은 이들을 기준으로 삼았다(창의성이 높은 그룹에 속했던 베이 에어리어의 건축가 헨리 힐Henry Hill은 연구자들이 통제 집단 참가자를 선택한 이유에 의문을 제기하며 "별로 좋지 않다는 이유로 선정했나?"라고 말했다).

IPAR 연구자들은 주로 저명성을 창의성의 증거로 간주하는 경향이 있었다. 1950년대 초반, 앤 로Anne Roe는 주로 과학 분야에서 다양한 직업에 종사하는 저명한 인물들의 전기적·성격적 유사성을 연구했다. 이런 일련의 연구들은 창의성 연구에서 자주 인용되었다. 그러나 이 연구들은 엄밀히 말해 '창의성'을 주제로 삼은 것이 아니었고, 성취 자체에 대한 질적 평가를 포함하지도 않았다.[32] 캘빈 테일러는 점점 확장되는 창의성 연구 분야에 대해 "창의적인"이라는 단어가 작업의 유형을 지칭하는지, 아니면 작업의 질적 속성을 의미하는지 명확하지 않은 경우가 많다고 지적했다. 예를 들어, "연구 대상이 창의적인 과학자인지, 아니면 단순히 일반적인 과학자인지조차" 불분명한 경우가 흔했다. 테일러는 창의성 연구의 소비자들에게 다음과 같이 경고했다. "창의적인 분야에서 활동하는 **전형적인** 사람들에 대한 묘사가 반드시 그 분야의 창의적인 사람들에게도 적용되는 것은 아니다. 연구 대상이 **창의적** 성과인지, 아니면 **전반적인** 성과인지를 파악하기 위해 연구를 검토하는 것이 중요하다."[33]

계층, 인종, 성별과 창의적인 사람

IPAR 연구자들이 저명성을 기꺼이 뛰어난 창의력을 측정하는 지표로 삼은 데는 몇 가지 함정이 내포되어 있었다. 우선, 연구자들은 저명한 건축가들 중 다수가 자신들의 평판을 적극적으로 관리한다는 사실을 간과했다. 연구자들이 언론 보도와 비평가들의 호평에 의존하면서, 비평가들의 목록에 포함되지 않은 건축가들은 연구 대상에서 배제되었다.[34] 또한 실질적인 능력주의가 작동하고 있다는 그들의 믿음은 계층, 인종, 성별과 같은 사회적 요인이 무시되는 결과를 초래했다. 창의성의 기준을 창의성이 정의된 공동체에 맡기는 실용적인 접근 방식은, 어떤 면에서는 현실과 인식을 분리하기보다는 오히려 '창의성'에 대한 기존의 아이디어를 강화하는 결과를 낳았다.

연구자들이 창의적 성격에 대해 도출한 결론의 대부분은 연구 대상자들과 연구자들 자신이 속한 지식계급의 당시 취향을 반영한 것으로, 이는 예상된 일이었다.[35] 예를 들어, 연구자들은 창의적인 사람들이 추상미술을 선호하는 현상을 그 당시 사회 계층과 시대가 만든 20세기 중반의 고급 취향 문화에 적응한 결과로 보지 않고, 좀 더 근본적으로 심리학적인 "모호함에 대한 관용"과 "순간적 무질서"의 표현으로 해석했다.[36] 이는 계층, 인종, 성별 그리고 노동 조건이 타고난 성격적 특질로 자연화되고 보편화되는 방식 중 하나였다. 이로 인해 창의성은 미묘하게도 성취나 행동 같은 결과에서 심리적 상태라는 원인으로 변형되었다.

결국 배런은 이러한 자기 미화적 예언 과정을 인정했다. 그는 다음과 같이 회상했다.

효과적으로 제 역할을 하는 사람에 대한 묘사에는 두 가지 추가적인 제한, 즉 특정 환경이나 맥락에서 결정된 조건이 부과된다는 것을 나는 깨달았다. 그는 연구소의 모든 직원과 마찬가지로 여성이 아니라 남성이었고, 청소년보다는 중년에 더 가까운 사람이었다. 그 첫 번째 편안한 토론이 끝났을 때, 우리는 캘리포니아 버클리의 늦여름에 중년에 접어든, 효과적으로 제 역할을 하고 도덕적으로 뛰어난 남성의 훌륭한 초상을 완성한 셈이었다. (……) 모든 직원은 같은 사람을 묘사하면서 각기 다른 형용사를 사용했지만, 그들은 효과적인 사람들을 묘사할 때 놀라울 정도로 일관되게 자신을 묘사할 때 사용하는 바로 그 형용사들을 사용했다. (……) 요컨대 우리는 각자 좋다고 여기는 대상에 자신의 모습을 투영하고 있는 것이다.[37]

IPAR 연구는 창의성 연구를 이끌어온 서술적 주장과 규범적 주장 사이의 복잡한 얽힘을 보여준다. 다른 모든 인문과학과 마찬가지로 성격심리학은 주관성에서 자유롭지 않으며, 돌이켜보면 이를 수행한 연구자들의 편향이 반영되었다고 해석되는 것들이 많다. 창의성 연구의 경우, 전문가들은 자신들이 객관적으로 인간의 영원한 특성을 밝혀내고 있다고 믿었지만, 실제로는 창의성이라는 개념을 자신들의 이상과 자아상을 투영해 구성하고 있었음이 분명

하다.[38]

　그 결과, 창의성의 이미지는 고숙련, 고학력 직업에서의 성공과 연결되었고, 창의성은 역설적으로 보편적이면서도 희소한 것이 되었다. 이론적으로는 누구나 창의적일 수 있었지만, 실제로는 창의적인 직업으로 인정받는 분야에 종사하는 사람만이 창의성을 증명할 수 있었다. 심리학자들이 아무리 가정주부도 창의적일 수 있다고 주장해도, 가정주부의 창의성을 연구한 사례는 거의 없었다. 대부분의 연구자들과 연구 자금을 지원한 사람들에게 '창의적'이라는 개념은 주로 가정 밖에서의 생산적 노동과 연관되었다. 특히, 당시에는 거의 백인 남성에게만 허용된 고학력의 '정신노동'과 깊은 관련이 있었다. 이러한 창의성의 개념은 직장에서의 평등을 추구하던 많은 여성에게도 받아들여졌다. 1920년대부터 여성들이 대거 사무직에 진출했지만, 여성들은 정신적 차이에 대한 고정관념에 기반한 노동 분업에 직면해야 했다. 여성은 서류 정리, 타이핑, 전화 연결 등 일관성과 세부적인 주의가 요구되는 작업에 적합하다고 여겨졌으며, 남성은 그보다 높은 수준의 "창의적인 업무, 판단이 필요한 업무, 경영 업무"를 맡아야 한다고 간주되었다.[39] 1935년에 『포춘』은 "남성의 창의적 능력과 여성의 세부적 효율성이 조화를 이뤄 상업의 톱니바퀴를 더욱 매끄럽게 움직이게 만든 미국 사무실의 여성화"를 높이 평가하는 기사를 실었다.[40] 하지만 여성들이 점차 대학과 전문직으로 진출하면서, 여성이 지적으로 열등하다는 근거 없는 생각은 서서히 무너지고 있었다.

　제2차 세계대전 중에 여성 노동력이 미국 내 산업 분야에 대거 진입하면서, 많은 여성은 가정 밖에서의 일이 제공하는 경제적 독립과 삶의 의미를 갈망하게 되었다. 물론 노동 계층의 여성들에게 가정 밖에서 일하는 것은 새로운 일이 아니었지만, 이제는 수백만 명의 중산층 여성들이 전쟁이 끝난 뒤 여성들을 다시 가정으로 복귀시키고 '전통적인' 성 역할을 회복하려는 움직임에 저항하며 이들과 함께하게 되었다. 이른바 제2세대 페미니스트들은 새롭게 부상하는 화이트칼라 체제에서 자신들이 남성과 동등한 정신 능력을 갖추고 있다는 점에서 기회를 발견했다. 1966년에 베티 프리던은 전미 여성 기구의 「목적 선언문Statement of Purpose」에 다음과 같이 썼다. "오늘날의 기술 발전은 대부분의 직업에서 근육의 힘이라는 기준을 사실상 제거했으며, 동시에 미국 산업의 창의적 지능에 대한 요구를 심화시켰다."[41] 프리던에게 여성들이 이러한 창의적 지능을 보유하고 있다는 점은 의문의 여지가 없었다.

천재성이라는 개념은 로마 시대로부터 현대에 이르기까지 강하게 남성 중심으로 정의되었으며, 일반적으로 '활력'과 연결되어 있었고, 대린 맥마흔Darrin McMahon이 언급한 대로 "남성적 카리스마와 권력, 때로는 노골적으로 성적인 표현"으로 의인화되었다(오랫동안 여성의 몸은 비어 있는 그릇으로 간주되었으며, 생식과 관련된 물질은 모두 남성에게서 온다고 여겨졌다).[42] 비록 간헐적으로 논쟁이 있었지만, 골턴 이후 낭만주의자들과 실증적 심리측정학자들 사이에서는 오직 남성만이 천재가 될 수 있다는 생각이 지배적이었다.[43] 창의성은 이전의 천재성 개념과 유사하다는 점에서는 이러한 남성 중심주의 색채를 띠었지만, 다른 측면에서는 여성에게도 허용될 여지가 있었다. 천재성이라는 개념이 심리학자들에게 인종 차별적 유산을 벗어날 기회를 제공했듯이, 창의성이라는 개념은 성별에 대한 새로운 인식을 열 수 있는 가능성을 제시했는지도 모른다.

성별 차이에 대한 문제는 초기부터 유타 회의의 주요 의제였다.[44] 한때 배런을 포함한 많은 심리학자는 여성의 창의성이 남성보다 낮다고 주장했다.[45] 1962년에는 놀라울 정도로 두드러진 성차별 사례가 있었다. 애리조나의 한 학교에서 심리 상담 교사인 로버트 페이히Robert Fahey는 길퍼드가 창의성 연구를 위해 개발한 창의적 사고 테스트를 수정해 중학교 1~2학년 학생 248명을 대상으로 테스트를 진행했다. 그 결과, 2년 만에 남학생들의 점수가 여학생들을 크게 앞지른 것으로 나타났다. 그는 결론적으로 "내가 보기엔 의심의 여지가 없다. 남성이야말로 정신적으로 창의적인 성별이다. 사실, 창의성은 남성을 남성답게 만드는 것이다"라고 주장했다. 그는 이어 "여성은 본질적으로 순응적이며, 사실을 찾아내 이를 그대로 되풀이하는 경향이 있다"고 덧붙였다. 또한 그는 "물론, 여성도 자신만의 창의성을 지니고 있다. 아이를 낳는 것은 모든 창의성 중에서도 가장 위대한 창의성이다. 그러나 여성이 아이디어를 창조하려면 자신의 본성을 왜곡해야 할지도 모른다"고 말했다. 이 논리에 기초해 그는 "위대한 창의적 사상가들이 모두 남성인 이유"를 설명할 수 있다고 주장했다. 페이히는 현대 세계, 특히 적대적인 여성 교사들과 기업 환경이 창의적인 남성에게 "여성화 과정"을 가해 문명을 근본적으로 위협하고 있다고 비판했다.[46]

그러나 대부분의 창의성 연구는 베티 프리던의 주장을 뒷받침했다. 1967년 길퍼드의 연구를 비롯한 일부 연구에서는 여성이 더 창의적이라고 결론지었지만, 대부분의 연구는 성별에 따른 창의성의 차이가 없다는 결과를 제시했다. 여성해방운동이 한창이던 1974년에 『창의적 행동 저널』이라는 학술지는 1950년 이후의 연구 대부분이 남성과 여성의 창의성에는 차이가 없음을 보여준다는 내용의 논문을 "안도의 한숨을 내쉬며" 실었다.[47] 특히 발산적 사고 테스트로 창의성을 측정했을 때 여성은 남성과 동등한 성과를 보였으나 사회적 환경의 영향을 더 쉽게 받는 경향이 있는 것으로 나타났다.[48] 여성들과 소녀들이 발명에 도움을 줄 수 있는 대담하고 경쟁적이며 반대 의견을 지향하는 사고방식에서 멀어지도록 사회화되는 경향은 때때로 여성들이 창의적 성과에서 낮은 성취를 보이는 이유로 흔히 설명되었다. 심리학자 제롬 케이건Jerome Kagan 은 "여성 예술가와 과학자의 창의적 성과가 우리가 기대할 수 있는 수준에 미치지 못하는 것은, 소녀들이 어린 시절부터 또래와의 유사성을 갈망하고 의견 불일치를 회피하도록 교육받기 때문"이라고 썼다.[49] 제2세대 페미니즘 활동가들이 억압의 원인을 지목하기 시작하면서, 연구자들은 좀 더 근본적인 구조적 장벽을 언급하기 시작했다. 『창의적 행동 저널』에 한 연구자는 다음과 같이 썼다. "진정한 창의적 성취에는 전념하는 태도가 필요하다. 개인이 사회적 맥락, 예컨대 육아와 가사 노동처럼 쉴 새 없이 반복되는 리듬으로 인해 주의가 분산된다면, 창의성은 필연적으로 저해될 수밖에 없다."[50]

특히 화이트칼라 정신노동에 대한 접근은 베티 프리던에게 경제 정의의 문제일 뿐만 아니라 자기실현의 문제이기도 했다. 프리던은 이렇게 썼다. "여성이 남성과 마찬가지로 자신을 찾고, 한 인간으로서 자신을 이해하는 유일한 방법은 자신만의 창의적인 일을 하는 것이다."[51] 반면, 반페미니스트 필리스 슐래플리Phyllis Schlafly는 정반대의 입장을 취했다. 슐래플리는 기술 발전이 여성을 노동력에 합류하도록 해준 것이 아니라, 가정생활을 누릴 수 있도록 해주었다고 주장했다. 1972년에 그녀는 이렇게 썼다. "현대의 기술과 기회는 여성에게 있어 결혼과 모성보다 더 고귀하고 만족스러우며 창의적인 경력을 발견하지 못했다." 또한 '위인 이론'을 적극적으로 수용했던 그녀는 이렇게 말했다. "여성들을 수백 년 동안의 고된 노동에서 해방시킨 것은 미국의 자유 기업 시스템이다. 이 시스템은 발명 천재들이 그들의 재능을 발휘하도록 독려했다. (……) 여성해방의 진정한 영웅은 TV 토크쇼와 시위에서 보이는 머리가 헝클어진 여성들이 아니라 에디슨이나 하우* 같은 사람들이다."[52] 유명한 육아 전문가 벤저민 스폭Benjamin Spock 박사 역시 사회가 "아이를 키우는 일이 흥미롭고 창의적인 작업임을 이해해야 한다"고 주장했다. 그는 모든 여성이 대학에 가고 일을 하게 되면 아이를 키울 사람이 없을 것이라고 우려하며, "남성들은 소아과나 산부인과가 흥미롭고 창의적이라서 그 분야들로 진출하는데, 미국 여

---

* 1846년에 재봉틀을 발명한 미국의 발명가 일라이어스 하우(Elias Howe)를 말한다.

성들은 출산과 육아를 거부한다는 것이 말이 되지 않는다"고 말했다.[53] 심지어 좌파 성향의 작가 폴 굿맨Paul Goodman조차도 1960년에 약간의 질투를 드러내며 이렇게 썼다. "여성은 스스로를 '무언가'로 만들어야 할 필요도 없고, 그럴 것으로 기대되지도 않는다. 여성은 사회적 경력으로 스스로의 존재 가치를 증명할 필요가 없다. 왜냐하면 여성은 아이를 가질 것이기 때문이다. 이는 다른 자연적이거나 창의적인 행위와 마찬가지로 그 자체로 완전히 정당화된다."[54] 이에 대해 급진적 페미니스트 슐라미스 파이어스톤Shulamith Firestone은 이러한 이중적 언설에 질렸다는 듯, 1970년에 이렇게 풍자했다. "아, 사랑하는 이여, 아이를 키우는 것보다 더 창의적인 일이 어디 있겠어요?"[55]

"창의적 작업"의 의미를 둘러싼 이 모든 논쟁은 '창의적'이라는 용어의 진화에서 흥미로운 순간을 보여준다. 필리스 슐래플리와 벤저민 스폭 같은 반페미니스트들은 이 단어를 생산적이거나 건설적이라는 의미로 사용한 반면, 베티 프리던은 이를 가정 밖에서의 자율적인 전문적 노동, "사회에서 할 수 있는 더 높은 수준의 일"을 통해 얻을 수 있는 정신적 경험을 설명하는 데 사용했다. 이는 창의성 심리학자들의 개념과 훨씬 더 맥락이 통하는 의미였다.[56] 이는 물론 스폭의 남성 동료들이 자신들의 일을 "창의적"이라고 표현할 때 의도한 의미였을 것이다. 하지만 남성 의사들의 경험은 바로 앞에서 출산을 하고 있는 여성들의 경험과는 매우 다른 것이었다.

프리던은 기자이자 작가였지만, 그녀가 말한 "창의적 작업"은 예술이나 문학에만 국한되지 않았다(사실, 그녀는 "집에서 그림을 그리거나 조각을 하거나 글을 쓰는 행복한 주부"의 이미지를 여성 신화가 만들어낸 일종의 환상으로 간주했다).[57] 프리던은 "창의적 작업"에 사회적 또는 정치적 작업도 포함된다고 생각했다. 이는 여성을 넘어선 그리고 분명히 그녀들의 가족을 넘어선 "더 큰 인간적 목적"을 위해 봉사하는 모든 일을 의미했다.[58] 이 점에서 그녀가 사용한 '창의적'이라는 용어는 여전히 건설적이고 긍정적이라는 과거의 정신을 유지하고 있었다. 하지만 동시에 가정 밖에서의 일이 가사 노동보다 근본적으로 더 "인간적"일 수 있다는 프리던의 생각이 반영된 것이기도 했다. 프리던에게 창의적 작업이 진정으로 창의적인 이유는 반드시 특정한 결과물을 내기 때문은 아니었다(물론, 사회적으로 인정받을 수 있는 형태의 결과물을 포함하는 경향은 있었다). 오히려 창의적 작업이 정신적으로나 개인적으로 자극을 주며, 개인의 가장 고차원적인 능력을 활용하고, '정체성' 또는 '자기실현'을 위한 도구가 되기 때문이었다. 그녀는 이렇게 썼다. "아이디어에 대한 헌신을 경험하지 못한 사람들, 미지의 세계를 탐구하려는 모험을 하지 않은 사람들, 남성과 여성이 잠재적으로 가능할 창의적 행위를 시도해본 적 없는 사람들에게는 인간다움이 부족하다."[59] 후대의 비평가들은 일을 '단지 생계를 위한 수단'으로 여기는 노동 계층 여성들이나 육아를 경제적으로 감당할 수 있도록 만들고자 했던 노동 계층 페미니스트들에 대해 프리던이 보였던 무시하는 태도를 정당하게 비판했다. 그렇지만 프리던은 자신이 이론적으로 크게 의존했던 에이브러햄 매슬로Abraham Maslow처럼, 육체노동이 아닌 정신노동이 지배하는 화이트칼라 사회와 의미 있는 노동을 통해 자기실현을 이룰 수 있는 부유한 사회를 꿈꿨다. 프리던은 생물학적으로 고유한 여성적 창의성이라는 개념에 만족하지 않고, 남성들이 이야기하던 바로 그 창의성의 영역에 자신도 포함되기를 원했다.

판단 기준의 문제

일부 연구자들은 창의적인 사람들을 "창의적"이라는 평판을 바탕으로 식별하는 것은 명백히 비과학적이며, 사실상 동어반복에 불과하다고 생각했다. 유타 회의에서 응용과학계의 발제자로 나선 미 육군 인사 연구소의 휴버트 E. 브록든Hubert E. Brogden과 웨스턴 일렉트릭 컴퍼니의 토머스 B. 스프레처Thomas B. Sprecher는 "궁극적인 기준"은 결국 산출물 그 자체여야 한다고 주장했다. 즉, 창의적이라는 평가를 받으려면 반드시 그 사람이 그림, 모델, 논문, 이론 또는 기술 등 "생산자와 분리된 독립적인 존재"로 간주될 수 있는 무언가를 명확히 만들어냈어야 한다는 것이다.[60] 브록든과 스프레처는 이러한 산출물의 창의성을 평가하기 위한 체계적인 기준을 제안했다. 다우 케미컬의 연구 책임자 조 맥퍼슨Joe McPherson은 직원들이 취득한 특허의 수와 품질을 기반으로 하는 "발명 수준inventive level"이라는 지표를 제안하기도 했다.

하지만 산출물 중심의 이런 판단 기준은 또 다른 문제를 야기했다. 무엇이 산출물을 창의적으로 만드는가? 모두가 동의한 것은 우선 "새로움"이라는 조건이었다. 그러나 얼마나 새로워야 할까? 특히 심사 위원회를 만족시킬 정도만 새로우면 될까? 아니면 전문가 집단을 놀라게 할 정도로 새로워야 할까? 대부분의 연구자는 질량보존의 법칙이 사실이라면 절대적으로 새로운 것을 만들어내기란 불가능하며, 따라서 새롭다는 개념은 궁극적으로 상대적이고 불가피하게 주관적일 수밖에 없다는 데 동의했다. 결국 연구자들은 근본적인 질문을 명확히 해야 했고, 교육심리학자 존 E. 앤더슨John E. Anderson은 다음과 같이 그 질문을 구체화했다. "결과물이 사회나 다른 사람들에게 독창적이라고 인식된다는 것을 의미하는가? 아니면 그 독창성은 단지 개인적인 차원을 의미하는가?" 저명한 창의성 연구자 모리스 스타인Morris Stein은 후자에 동의했다. 그는 "세발자전거에 처음으로 벨을 단 아이는 천재의 작업을 특징짓는 단계들과 구조적으로 유사한 과정을 겪었을 수 있다"며 "아이의 최종 산출물이 이미 존재하던 사물의 구성과 유사하기 때문에 사람들이 새롭다고 인식하지 않는다고 해도" 그 과정을 고려했을 때 창의적 행위로 간주할 가치가 있다고 주장했다.[61] 하지만 앤더슨은 창의성이 개인에게 새롭게 느껴지는 모든 것을 포함한다면, "모든 학습 행위가 창의적 과정이 되고 모든 삶이 창의적인" 극단적 상황으로 치닫게 된다고 반박했다. 그가 보기에 이것은 지나친 주장이었다. 창의성이라는 단어의 "관습적인" 의미와 창의성 연구의 핵심 목적은 "사회적으로 독창적이고 가치 있다고 인정받으며 사회적 찬사를 받을 만한" 무언가를 생산하는 데 있었다.[62] 영문학 교수 기슬린도 이에 동의하며, 창의적 산출물은 "우리의 이해 구조를 재구성하는 정도"로 평가되어야 한다고 제안했다. 미국 항공우주국(NASA)의 인사 담당 국장 로버트 래클런Robert Lacklen 또한 창의성은 "기여하는 내용이 과학의 한 영역에 미치는 정도"로 측정되어야 한다고 보았다.[63]

하지만 사회적 영향력을 판단 기준으로 삼는 접근 방식은 연구 대상을 극단적으로 좁힐 뿐만 아니라 매우 주관적인 것이었다. 연구자들은 역사적으로 매우 창의적이었던 사람들 중 다수가 생전에는 제대로 평가받지 못했다는 점을 지적하곤 했다. 창의성 연구에서 자주 인용된 저명한 과학자들에 대한 심리 전기적 연구를 수행한 앤 로는 이렇게 선언했다. "그 과정 자체, 즉 개인 내부에서 일어나는 일은 산출물에 부여될 수 있는 어떤 가치와도 직접적인 연관이 없다. 예술 작품이나 과학 이론 중에는 처음 제시되었을 때 거부되었다가 후대에 찬사를 받은 경우도 있으며, 반대로 찬사를 받았다가 이후에 거부된 경우도 있다. 하지만 개인 내부에서 발생한 과정은 어느 경우든 똑같이 창의적이었다."[64] 물론, 몇 세기 앞서 너무 일찍 타자기를 발명한 사람을 창의적이지 않다고 평가할 수는 없을 것이다. 그는 단지 시대를 너무 앞서갔을 뿐이다. 하지만 동시에, 단지 특이하기만 한 것과 잠재적으로 가치 있는 것을 구분하려면 현재 시점에서 어느 정도 그 산출물을 이해할 수 있어야 하지 않을까?

이런 역설적인 상황은 끊임없이 발생했다. 설령 창의적인 산출물이 무엇인지 합의한다고 해도, 그것이 정말 '창의성'의 결과인지, 아니면 단순한 운이나 더 나은 장비 혹은 우수한 교육의 결과

인지 어떻게 알 수 있을까? 창의적인 산출물에 도달하는 데 오랜 시간이 걸리거나 여러 번 시도해야 했다면 그것이 문제가 될까? 그것이 그 사람의 유일한 창작물이라면 문제가 될까? 아마도 그렇지 않을 것이다. 연구자들은 **생산성**이 아니라 **창의성**에 관심이 있었고, 역사상 위대한 창의적 사상가들 중 일부는 이름에 걸맞은 작품을 한두 개만 남기기도 했다. 하지만 만약 정부의 연구 자금을 효과적으로 활용할 가능성이 매우 높은 사람들을 식별하는 것이 목표라면, 효율성과 생산성은 분명히 중요한 요소일 것이다. 이를 인지한 실용주의적인 브록든과 스프레처는 연구자들이 "기회 변수"를 어떻게 통제할 수 있을지를 고민했다. 이는 "어려운 환경에서 작업하는 사람들"을 간과하거나 "풍부한 자원, 자극적인 환경 혹은 쉬운 문제들로 특별히 혜택을 받은 사람들의 성공을 정당화하는" 것을 피하기 위해서였다.[65]

반면 일부 연구자들은 산출물 자체를 기준으로 삼아서는 안 된다고 주장했다. 에이브러햄 매슬로는 연구자들이 "사회적으로 유용한 완성된 예술 또는 과학 작품"이 아니라 영감을 받은 순간, 즉 그가 "일차적 창의성"의 순간이라고 부른 것에 집중해야 한다고 말했다. 여기서 일차적 창의성의 순간은 산출물을 완성하는 지루한 2차적 과정과 대조되는 개념이다. 매슬로는 "완성된 산출물을 판단 기준으로 삼으면 좋은 작업 습관, 고집, 규율, 인내심, 우수한 편집 능력 등 창의성과 직접적인 관련이 없거나 창의성 고유의 특성이라고 할 수 없는 것들이 창의성에 대한 판단에 혼란을 야기하는 경우가 많다"고 말했다. 브록든과 스프레처와 같이 직업적인 성공을 이해하는 데 관심이 있었던 사람들에게는 이런 특성들이 중요할 수 있었다. 하지만 매슬로는 이런 실용적인 측면에는 전혀 관심이 없었다.[66]

'판단 기준의 문제'는 너무 복잡했기 때문에 유타 회의는 이 문제를 전담하는 특별 연구 그룹을 서둘러 구성했다. 브록든과 스프레처는 이 연구 그룹에 참여하면서, 창의성 연구에서 거의 모든 것과 모든 사람을 포함하려는 집착이 공통의 토대를 형성할 수 없도록 만들고 있다고 느꼈다. 결국 그들은 각자 자신의 길을 가자고 제안했다. "'창의성'이라는 논쟁적이고 모호한 용어는 사람마다 다른 의미를 지닌다"고 그들은 결론지었다.[67] 발명 능력이 뛰어난 엔지니어를 찾는 사람들은 그들만의 실용적인 기준을 개발해야 하며, 아동의 창의성에 관심이 있는 사람들은 자신들의 기준을 개발해야 한다는 것이다. 창의성 분야의 공통된 기준을 결정하는 것은 '모든 연구의 근본'이자 이 분야를 정당화하는 데 필수적인 일이었지만, 이는 실현 불가능한 목표처럼 보였다.

기슬린 역시 좌절감을 느끼며 이렇게 썼다. "창의성 연구는 매우 중대한 어려움 때문에 방해를 받고 있다. 연구 주제 자체가 명확히 정의되지 않았으며 모호하다. (……) 판단은 주로 인상과 그 인상을 합리화하는 논리에 의해 이뤄지고 있으며, 주로 신중하게 개발되고 사용되어온 근사 판단 기준에 기초하지만, 그런 판단 기준의 타당성을 보장할 수 있는 궁극적인 판단 기준에 따라 검증되지 못했다. 요컨대, 창의적인 것과 비창의적인 것 그리고 더 창의적인 것과 덜 창의적인 것을 구별하는 일은 여전히 추측에 지나지 않는 수준에 머물러 있다."[68]

　결국 판단 기준의 문제는 창의성 연구자들 자신이 만들어낸 것이었다. 그들은 창의성이 천재적인 행위와 일상적인 재주 그리고 예술 작품과 과학적 발견을 모두 포함한다고 주장했기 때문에 이러한 것들 사이의 중대한 차이점을 다뤄야만 했다. 게다가 이들은 창의적 성취의 심리적 요인에 대한 연구만을 고집하며 모든 사회적 요인을 배제함으로써 창의적 성취를 설명할 수 있는 매우 확실한 요소들 중 일부를 스스로 버렸다. 그 결과, 그들은 동어반복적인 악순환에 빠져 방향을 잃고 좌절하게 되었다.

* * *

　전후 심리학에서 등장한 창의성 개념은 심리학이라는 학문의 우선순위가 혼재되어 있음을 반영하는 매우 복잡한 개념이었다. 창의성 연구자들이 추구했던, 창의성의 순수하고 원형적인 형태가 위대한 천재의 작품에서 나타난다는 점에는 의심의 여지가 거의 없었다. 그러나 창의성 연구자들이 사회 변화를 이끄는 소수의 재능 있는 개인들을 중심으로 하는 '위인 이론'에 안주하기를 거부한 태도는 전후 심리학자로서 그들의 실질적이고 이념적인 입장을 보여준다. 민주주의 시대의 지식인으로서 그들은 그런 엘리트주의적 관점을 용납할 수 없었으며, 관료제 시스템의 조력자로서 그들에게 천재라는 개념은 유용하지 않거나 최악의 경우 반감의 대상이 되었다. 이에 비해 창의성은 적어도 '일상적인 것과 숭고한 것 사이에 존재할 수 있는' 개념이었다. 창의성은 지능이나 천재성과 구별되었지만, 항상 이 두 개념이 핵심 요소였다. 즉, 창의성이라는 개념은 지능의 행정적 실용성과 천재성의 낭만적 영웅주의를 결합한 것이었다.

새로운 심리학적 전문용어로서 '창의성'은 위대한 업적뿐만 아니라 일상적인 독창적 행위도 포함하는 개념적 공간을 열어주었다. 이 새로운 개념은 19세기와 20세기 초반에 천재성이라는 개념이 수행했던 많은 역할을 대신했다. 즉, 창의성은 인류의 진보를 이끄는 동력 그 이상의 어떤 것이었다. 하지만 그러면서도 창의성은 천재성의 본질적 속성, 즉 핵심 요소가 사람들 사이에 훨씬 더 흔하며, 지능과 마찬가지로 전 인구를 대상으로 연구와 개입이 가능하다는 점을 암시했다. 심리학자들은 행동주의와 산업 시대에 활용된 지능검사에 가려진 천재성의 정신을 되찾으려 노력하는 과정에서, 천재성이 몇백만 명 중 한 명에게만 있는 것이 아니라 수백만 명에게 널리 퍼져 있음을 재발견했다.

창의성 개념은 이렇게 민주적이었기 때문에 관료적 환경에 잘 맞았다. 천재는 한두 명을 발견할 수 있을 뿐이지, 실험실이나 대학원생 집단을 모두 천재로 채울 수는 없었기 때문이다. 심리학자 태허 A. 래직Taher A. Razik은 이를 다음과 같이 요약했다. "천재는 새로운 개발을 가능하게 하는 기본 아이디어를 제공할 수 있지만, 그 아이디어를 사람들에게 전달하는 데 필요한 추가적인 혁신에는 수천 명의 사람이 관여했다. (……) 소련의 위협이 존재하는 상황에서 '창의성'의 발견을 더 이상 천재의 우연한 발견에 맡길 수는 없었고, 완전히 신비롭고 손에 닿지 않는 영역에 남겨둘 수도 없었다. 사람들은 창의성을 관리할 수 있어야 했고, 식별할 수 있어야 했다. 창의성은 많은 사람의 속성이 되어야 했고, 노력의 일환으로 더 얻을 수 있는 것이어야 했다."[69]

래직은 창의성을 이해하려는 노력은 항상 그것을 증대시킬 수 있는 능력을 목표로 한다고 확신했다. 그리고 이는 근본적으로 관리의 문제였다. 창의성 연구는 처음부터 기업의 인사 문제와 깊이 관련이 있었고, 실제로 미국의 주요 제조업체들과 군사 기관들은 창의성 연구를 의제로 설정하고 연구 결과를 적용하는 데 밀접하게 관여했다.[70] 예를 들어, 유타 회의에서 핵심 역할을 했던 다우사의 연구 책임자 조 맥퍼슨은 동료들에게 주기적으로 창의성 분야의 발전을 요약한「창의성 리뷰Creativity Review」를 배포했다. 마찬가지로, 연구 개발 임원들을 대표하는 단체인 산업 연구 협회Industrial Research Institute는 창의성 소위원회Creativity Sub-Committee를 신설해 회원들에게 새로운 연구의 참고 문헌 목록을 주기적으로 배포했다. 1950년대 말까지 과학적 연구 결과를 요약한 새로운 책들이 몇 권 출판되기도 했다.

대체로 그동안의 심리학 연구는 맥퍼슨의 논문 제목을 빌리자면 "창의적인 사람을 효과적으로 활용하는 방법"에 초점이 맞춰져 있었다.[71] 하지만 관리자 관점에서 전망은 암울했다. 1962년, 매킨지 경영 연구 재단과 시카고 대학교 경영대학원은 자문단을 소집했다. 여기에는 심리학자 프랭크 배런, 모리스 스타인, 제롬 브루너, 광고 전문가 데이비드 오길비David Ogilvy 그리고 채용 과정에서 창의성 테스트를 활용했다고 알려진 우생학자이자 실리콘밸리의 선구자인 윌리엄 쇼클리가 포함되었다. 심리학자 게리 스타이너Gary Steiner의 연구에 따르면, 이들의 합의는 고도로 창의적인 사람들은 덜 창의적인 동료들보다 "판단의 독립성"이 높고, "덜 전통적이며 비순응적"이라는 것이었다. 창의적이지 않은 사람들은 권위에 "무조건적인 복종"을 하는 경향이 있는 반면, 창의적인 사람들은 "현재의 권위를 일시적인 것으로 보는" 경향이 높았다.[72] 창의적이지 않은 직원들은 사회 지향적이며, "자신의 미래를 주로 한 조직 내에서만 보려 하고, 조직의 문제와 자신의 승진에 주로 관심이 있으며, 지역사회 내에서 광범위한 인간관계를 발전시키는 경향"이 있었다. 반면 창의적인 사람들은 "세계시민적" 성향이 강하고, "특정 조직에 대한 '충성심'이 낮은" 것으로 평가되었다.[73] 실제로 그들은 자신에게만 충실했으며, 급여나 지위와 같은 "외부적 보상"보다는 "과업 자체에 대한 흥미와 몰입"에 따라 움직였다.[74] 자신의 열정에 의해서만 동기를 부여받는 창의적인 사람은 "운 좋게 외부 동기가 잘 맞은 극소수의 경우를 제외하고는" 기업의 목표를 위해 사용되는 당근과 채찍의 영향을 거의 받지 않았다.[75] 에인 랜드Ayn Rand의 소설 『파운틴헤드The Fountainhead』에 등장하는 주인공 건축가 하워드 로아크처럼, 창의적인 사람은 단순한 "아이디어맨" 이상의 존재였다. 그는 대중사회의 압박에 용감히 맞서는 개인주의자였으며, 자기 비전의 순수성을 고집했다. 그는 기업가 정신을 공유하는 자본가에게 반감을 품지는 않았지만, 그를 관리하는 임무를 맡은 관료적 관리자에게는 본능적인 경멸을 품고 있었다.[76] 창의적인 사람은 지시하기 어려울 뿐만 아니라 평가하기도 어려웠다. 그의 활동은 "무질서한 혼란, 목적 없는 방황, 심지어 완전한 비활동처럼 전혀 생산적이지 않은 행동과 구분하기 어려울 수 있기" 때문이었다.[77] 스타이너의 결론에 따르면, 창의적인 사람을 관리하는 것은 "행정적 난제"로 보였다.[78]

다행히도, 스타이너의 연구에 따르면, 창의적인 사람을 식별하고 그들에게 맞춰주는 방식이 아니라, 일반 직원들이 그들이 가진 창의적 재능을 최대한 발휘할 수 있도록 돕는 방법을 개발한 사람들이 있었다. 다음 장에서 처음으로 만나게 될 이러한 기술들은, 창의성이 고립적이거나 예측 불가능한 것이라는 개념을 거부했다. 대신 창의성은 그룹 내에서 그리고 일정에 따라 발생할 수 있다는 점이 강조되었다. 또한 이런 방법들은 산업 발전에 대한 새로운 비전을 제시했다. 이는 제너럴 일렉트릭의 창의적 사고 강사인 유진 폰 판게Eugene Von Fange가 『직업적 창의성Professional Creativity』에서 쓴 것처럼, "재능 있는 소수의 기여에만 의존하는 것이 아니라, 수천 명, 수만 명의 기여를 합산한 결과"에 기반한 것이었다.[79] 폰 판게는 창의적 사고 방법에서 얻을 수 있는 "가장 큰 교훈"은 "아이디어가 떠오르기를 무력하게 기다릴 필요가 없다는 것"이며, "필요할 때 원하는 결과를 의도적으로 계획하고 성취할 수 있다"는 점이라고 말했다.[80] 이는 관리자들에게는 반가운 소식이었다.

브레인스토밍의
탄생

알렉산더 페이크니 오즈번Alexander Faickney Osborn이 1950년, 조이 폴 길퍼드가 창의성 연구의 새로운 시대를 선언하는 연설을 했다는 소식을 들었다면 분명 자리에서 벌떡 일어났을 것이다. 오즈번은 아이디어맨, 즉 아이디어를 창출하는 방법에 대해 집중적으로 연구하는 사람이었다. 그는 사람들에게 "광고는 내 생업이고, 상상력은 내 취미입니다"라고 말하곤 했다. 광고업계의 거대 에이전시인 배튼, 바턴, 더스틴, 앤드 오즈번Batten, Barton, Durstine, and Osborn(BBDO)의 공동 창립자이자 회장이었던 그는 제너럴 일렉트릭, 제너럴 모터스, 럭키 스트라이크, 레버 브라더스, 듀폰 같은 대기업들의 광고를 관리했다. 그가 쓴 광고 문구 중에는 듀폰의 유명한 슬로건인 "화학으로 더 나은 삶을, 더 나은 제품을"도 포함되어 있었다.[1] 오즈번은 광고 카피라이터나 아티스트를 의미하는 업계 용어인 '크리에이티브 맨'으로 알려지지는 않았지만, 그는 자신이 창의적 사고의 비밀을 발견했다고 믿었다.

1942년에 그는 『아이디어 창출법 *How to Think Up*』이라는 소책자에서 "브레인스토밍"이라는 방법을 소개했다. 오즈번은 BBDO의 간부들이 새로운 슬로건이나 마케팅 콘셉트에서 막힐 때마다, "열댓 명의 젊은 직원들과 고위 간부들"이 퇴근 후에 회의실이나 그중 한 명의 집에 모이곤 했다고 말했다. 저녁 식사, 커피, 디저트는 "매력적인 영양사"가 제공했고, 모두가 편안하고 여유로운 상태에 이르면 지정된 "의장"이 문제를 제시하고 그룹에게 가능한 한 많은 아이디어를 빠르게 떠올려보라고 요청했다('브레인스토밍'이라는 용어는 군대가 해변을 기습 공격storm하는 이미지를 떠올리게 하기 위해 만들어졌다).[2] 이 세션 동안에는 회사 내 직급이 무시되었고, '모든 사람이 동등한 존재'로 여겨졌다. 하지만 몇 가지 규칙은 엄격히 지켜졌다. 비판이나 의문을 제기하는 것은 철저히 금지되었고, '자유로운 발상'이 장려되었으며, 어떠한 아이디어도 너무 어리석다거나 야심적이지 않다고 여기지 않았다. 또한 참가자들이 다른 사람의 아이디어를 발전시키거나 재조합하도록 격려되었다. 무엇보다도 브레인스토밍은 아이디어의 양을 중시했다. 쏟아지는 아이디어는 비서가 기록했고, 이 목록은 나중에 임원에게 전달되어 좋은 아이디어와 나쁜 아이디어로 분류되었다. 오즈번은 인간의 마음이 광고 에이전시와 마찬가지로 "창의적인" 또는 "상상력이 풍부한" 절반과 "합리적" 또는 "판단적인" 절반으로 이뤄져 있다고 생각했으며, 이 두 영역 모두 필요하지만 각자의 역할을 다하기 위해서는 서로 간섭하지 않아야 한다고 주장했다. 또한 그는 현대의 직장과 현대의 생각이 지나치게 판단적 사고에 치우쳐 창의적 사고를 해치고 있으며, 브레인스토밍은 이를 보완하는 한 가지 방법일 뿐이라고 보았다. 그는 『당신의 창의력: 상상력 사용법 *Your Creative Power*』(1948), 『마음을 깨워라: 창의력을 키우는 101가지 방법 *Wake Up Your Mind*』(1952) 그리고 창의적 사고의 '바이블'로 여겨지는 『응용 상상력 *Applied Imagination*』(1953) 등의 책을 통해 창의적 사고가 신비로운 것이 아니고, 소수의 특별한 사람들에게만 주어진 것도 아니며, 누구나 배양하고 의도적으로 적용할 수 있는 기술이라고 주장했다.

이런 접근법은 길퍼드를 비롯한 대부분의 창의성 연구자들과는 매우 다른 것이었다. 그들은 애초부터 잠재된 창의적 재능을 식별하는 데 주로 초점을 맞췄지, 이를 개발하는 방법에는 관심이 없었다. 오즈번은 1950년 이전에는 '창의성'이나 '창의적임'이라는 단어를 거의 사용하지 않았음에도, 길퍼드의 연설을 자신의 연구를 정당화하는 계기로 삼았고, 이를 통해 새로운 '창의성 운동'의 지도자로 자리매김하고자 했다. 그는 이 운동을 열정적으로 그리고 광고인의 감각으로 추진했다. 1954년, 오즈번은 66세의 나이로 BBDO에서 은퇴하고 창의성 교육 재단 Creative Education Foundation(CEF)을 설립했다. 이 재단은 "창의성의 중요성에 대한 대중의 인식을 높이기 위해" 관련 문헌을 배포했고, 브레인스토밍 강사를 전 세계로 파견했으며, 버펄로에서 매년 일주일간 창의적 문제 해결 연구소 Creative Problem-Solving Institute(CPSI) 연례 회의를 개최했다. 그의 주요 추종자들과 초기 수용자들은 주로 대기업, 정부, 군사

기관의 고위 관리자들이었지만, 오즈번은 미국 사회 전체에 혁명을 일으키겠다는 포부를 품고 있었다. 그는 미국인들이 창의성에 대한 지식을 실용적으로 활용할 수 있도록 돕는다면, 부부 갈등에서 냉전에 이르기까지 모든 문제를 해결할 수 있다고 믿었다.

학계와 비즈니스 분야의 일부 회의론자들은 브레인스토밍을 스케이트보드나 훌라후프처럼 단순한 유행으로 보거나, 심지어 진정한 창의성을 흉내 내기 위해 제시된 허울뿐인 방법으로 치부하기도 했다. 하지만 오즈번의 자유분방하면서 즐거움을 중시하는 방법과 실용적이고 고전적인 자기 계발 메시지를 결합한 이 접근법은 전후 미국 사회에서 큰 공감을 얻었다. "응용 상상력", "계획된 영감", "대중 창의성"과 같은 도발적이고 역설적인 언어로 표현된 브레인스토밍과 그로부터 파생된 창의적 사고 방법들은 대중사회에서 개인의 주체성과 창의력이 상실되고 있다는 우려를 완화시켰다.[3]

"당신의 부는 당신의 아이디어에 달려 있다"

1947년 가을, 오즈번은 연필을 집어 들고 자신이 '솔로 브레인스토밍'이라고 이름 붙인 방식으로 아이디어를 생각해내면서, 그의 두 번째 책 제목 후보들을 써 내려가기 시작했다. 그는 종이 한 장을 깔끔하게 두 부분으로 나눈 다음, 여러 쪽을 가득 채워, 총 589개의 제목을 나열했다. 그 목록은 다음과 같이 시작되었다.

아이디어 파워

당신의 아이디어 파워

당신의 창의적 에너지 발전소

당신은 아이디어를 만들어낼 수 있다

창의적으로 살아라

생각의 힘

당신의 상상력 파워

아이디어 능력

당신의 아이디어 파워

아이디어의 파워

당신의 마음속 황금

당신은 아이디어 부자입니다

당신의 사용하지 않은 재능

아이디어를 통한 더 풍요로운 삶

아이디어가 당신에게 해줄 수 있는 것들

아이디어로 더 부유해지는 법

아이디어는 당신의 삶을 더 나아지게 한다

아이디어로 자신을 채워라

생각하고 성장하라

당신의 부는 당신의 아이디어에 달려 있다

돈이 되는 상상력

오즈번은 자신이 심리학자가 아님을 독자들에게 자주 상기시켰다. 그는 본질적으로 자기 계발서 작가였다. 그의 글은 경구와 일화로 구성되었으며, 제목은 독자들에게 희망과 부를 약속했다. 실제로 사용되지는 않았지만 제목 후보 목록은 그가 무엇을 추구했는지에 대해 많은 것을 알려준다. 그의 이런 제목들에서는 몇 가지 주제가 반복되는데, 예를 들어, "공상으로 버는 돈", "아이디어가 담긴 바구니", "당신의 머리 안에 있는 보석들" 같은 제목은 아이디어를 돈이나 상품 또는 귀금속에 비유한 것이고, "당신의 생각을 활용하는 방법" 같은 제목은 생각을 힘 또는 자연의 힘에 비유한 것이었다. 그의 제목 중 상당수가 그의 교육적 접근 방식을 드러냈고("아이디어를 얻는 방법"), 독자들 또한 아이디어를 떠올릴 수 있다는 것을 강조하는 제목도 있었다("당신도 상상력을 가지고 있군요!"). 그의 제목 중 3분의 1 이상에 '아이디어' 또는 '아이디어들'이 포함되었고, 4분의 1에는 '상상력'이, 절반 이상에는 '당신' 또는 '당신의'라는 단어가 포함되어 있었다. 오즈번의 철학은 단순했다. 그는 대중이 생각하는 것과는 달리, 모든 사람에게 적어도 약간의 타고난 창의력이 있으며, 이는 의도적이고 체계적인 연습을 통해 향상되고 발휘될 수 있다고 생각했다.[4]

그는 자신을 긍정적 소식을 전하는 전도사로 여겼다. 그는 "창의적 상상력은 소수의 천재들에게만 주어지는 것으로 여겨졌지만, 사실은 '당신도 그런 상상력을 타고났다'"고 주장했다. 그는 자신의 방법이 "수레 제작자를 극작가로 바꿔줄 수 있다"고 주장하지는 않았다.[5] 그는 단지 사람들이 자신에게 잠재된 창의적 힘을 최대한 발휘하고, 이를 "점점 더 생산적으로 만들 수 있도록" 돕겠다고 약속했다.[6] 이러한 민주적 아이디어와 함께한 것은 바로 프로테스탄트 윤리였다. 오즈번은 창의적 사고가 노력의 문제라고 믿었다. 그는 "내게는 천재성이 없다. 하지만 상상력이 근육과 마찬가지로 훈련을 통해 강화될 수 있다는 것을 경험으로 배웠다"고 주장했다. 평생 동안 비즈니스에 종사한 공화당원이자 뉴딜 정책의 반대자였던 그는 근면과 주도성을 중시했다("아이디어로 스스로를 일으켜 세워라"). 소비자 편의를 중시한 경력을 쌓았으면서도, 그는 더 힘들었던 과거 시대가 사라진 것을 아쉬워하며 현대사회가 미국의 기반을 이뤘던 '상상력의 힘'을 약화시켰다고 믿었다. 하지만 그는 산업화 이전의 시대로 돌아가야 한다고 주장하기보다 대안을 제시했다. 현대인이 "과거에 창의적 강인함을 유지하도록 강요했던 환경적 영향의 상실로 생긴 공백을 메울 수 있는" 기법이었다.[7] 오즈번은 "그렇습니다. 바로 당신도 생각하는 속도를 높일 수 있습니다. 하지만 노력해야 합니다"라고 특유의 간결한 광고 카피 스타일로 썼다.[8]

벤저민 프랭클린Benjamin Franklin, 데일 카네기Dale Carnegie, 노먼 빈센트 필Norman Vincent Peale과 같은 자기 계발서 작가들의 전통을 따르며, 오즈번은 전통적인 부르주아 가치를 현대 기업 환경에 적용했다. 수십 년 동안 자기 계발서 작가들은, 점점 더 도시화되고 화이트칼라화되는 계층이 자신을 독립적인 자영업자로 인식하도록 도왔지만, 이들은 점점 더 자신이 통제하거나 이해할 수 없는 시스템의 노예라고 느끼고 있었다. 성공 신화를 통해 각자가 자신의 운명을 책임질 수 있다는 메시지를 전하는 이 자기 계발서 장르는 역설적이게도 민주적인 측면과 엘리트주의적인 측면 모두를 가지고 있었다. 이 장르는 체제의 불평등을 자연스럽게 받아들이게 하고, 비판의 범위를 개인의 행동 수준으로 좁히며, 실패를 개인적인 문제로만 간주하도록 만들었기 때문이다. 오즈번은 여러 가지 측면에서 공화주의적 이상이라고 할 수 있는 자작농의 삶(자립적인 삶)을 강조했지만, 땅 대신 사람들의 마음을, 작물 대신 아이디어를 중시했다. 그의 탈물질주의적 세계관에는 자원, 시간, 권력, 정치와 같은 요소들이 들어설 자리가 없었다. 심지어 이 세계관에는 교육, 전통적 의미의 노력, 요령, 통찰력, 용기, 운 같은 것조차도 포함되지 않았다. 그는 "사업 성공을 위한 사다리에서 아이디어는 디딤돌이 될 수 있다"며 "운보다는 아이디어가 당신이 원하는 직업을 얻게 해줄 것"이라고 썼다.[9]

오즈번은 위대한 업적이든 사소한 성취든 모든 것은 결국 아이디어에서 비롯된다고 생각했다. 바퀴에서 원자폭탄까지, 처칠에서 발명가 엘리 휘트니Eli Whitney, 화가 그랜트 우드Grant Wood, 도시계획가 로버트 모지스Robert Moses까지 다양한 예를 인용하며, 그는 "문명 자체가 창의적 사고의 산물"이라고 썼다. 이는 놀라울 만큼 당연한 주장이었다. 오즈번은 과학 이론에서 전쟁터의 전략, 소비자 가전제품, 육아 요령에 이르기까지 모든 것이 "창의적 사고"의 결과라고 주장하며, 각 업적을 누구나 떠올릴 수 있는 "아이디어"라는 교환 가능한 단위로 축소시켰다. 이것이 바로 오즈번의 공식 뒤에 숨겨진, 격려와 단순화를 통한 마법 같은 설득이었다. 그는 브레인스토밍을 셰익스피어의 소네트와 동일한 범주에 두었고, 아니면 적어도 셰익스피어가 소네트를 쓸 때 했던 일이 브레인스토 밍 중에 하는 일과 본질적으로 같다고 암시함으로써, 독자들에게 일상적인 문제 해결과 슬로건 창작을 문명이라는 위대한 행진에서의 작은 한 걸음으로 보라고 권유했다. 이는 심리학자들이 창의성이라는 특성을 이론화하며 추구했던 일반화와 본질적으로 같은 접근이었다. 심리학자들처럼, 오즈번도 평범한 것과 숭고한 것 사이에서 공통된 요소를 찾고자 했다. 하지만 오즈번의 목표는 누가 그 특성을 가지고 있는지, 누가 가지고 있지 않은지를 찾는 것이 아니라, 모두에게 그것을 사용하는 방법을 가르치는 것이었다.

오즈번은 창의적 사고가 누구에게나 어떤 문제에서든 도움을 줄 수 있다고 주장했다. CEF의 소책자 『당신의 머리 안에 있는 금광 *The Gold Mine Between Your Ears*』에는 다음과 같은 내용이 나온다.

분명 당신은 다음과 같은 일을 원할 것입니다.

- 승진해서 더 많은 돈을 벌고 싶다.
- 수익을 창출할 아이디어를 더 많이 떠올리고 싶다.
- 더 나은 부모이자 배우자가 되고 싶다.
- 삶에서 더 많은 즐거움을 얻고 싶다!

이 목표를 이루는 데 도움이 될 만한 방법이 있을까요?

물론 있습니다. 야구공을 던지거나 말굽을 던지는 데 요령이 필요한 것처럼 말이죠.

이 경우에 핵심은 당신이 타고난 재능―바로 **아이디어를 생**
각해내는 능력입니다. 그리고 이 소책자를 읽으면, 이 능력을
훨씬 더 효과적으로 활용하는 방법을 배울 수 있습니다.

하지만 "여성도 가장 유능한 남성과 마찬가지로 아이디어를
떠올릴 수 있다!"고 주장하면서도, 이 소책자 전면에 등장하는 작
은 만화 캐릭터는 전형적인 정장을 입은 남성의 모습이다. 또한
예시 대부분은 직장에서 가져온 것들이다. 『뉴욕 타임스 *The New York*
Times』는 오즈번이 쓴 『당신의 창의력: 상상력 사용법』에 대한 서평
에서 그가 보편성을 주장했음에도 불구하고, 저자는 "창의적 상상
력을 비즈니스에 한정시켰다"고 지적했다. 창의성의 풍부한 예시
는 주로 비누 세제에서 에스키모 파이*에 이르기까지 소비자 제품
에 치우쳐 있었다.**10**

사실 오즈번의 '아이디어' 개념―쉽게 소화할 수 있는 메시지
를 전달하거나 간단하게 실행 가능한 행동 계획을 나타내는 한두
줄의 텍스트―자체가 비즈니스 세계에서 비롯된 템플릿, 즉 매디
슨가의 광고 회사들과 당시 '사내 제안 시스템'으로 알려진 제도의
흔적을 담고 있었다. 사내 제안 시스템은 제2차 세계대전 동안 급
격히 확산된 제도였다. 당시 자재와 인력이 부족한 상황에서 야심
찬 생산 목표를 달성하기 위해 경쟁하던 많은 기업은 일반 직원들
의 아이디어를 활용해 생산 속도와 품질을 개선하려 했다. 전쟁 생

---

*   초콜릿으로 코팅된 아이스크림 바.

산 위원회War Production Board의 조정하에 공장 바닥에는 관리진에게 아이디어를 전달할 수 있도록 종이를 넣는 전용 상자가 설치되기 시작했다. 포스터에는 "엉클 샘이 당신의 아이디어를 원합니다!"라는 문구가 적혀 있었고, CEO들은 "승리를 위해 우리의 상상력을 초과근무 상태로 돌입시킵시다!"라고 외치곤 했다.[11] 일반적으로 노동자들은 자신들의 작업 지식이 관리자들에게 이용되어 작업 속도를 높이거나, 작업이 표준화되거나, 직무가 사라지는 데 쓰일 것을 우려해 이를 철저히 보호해왔다. 하지만 관리자들은 일시적인 전시 단결을 통해 노동자들이 작업 지식을 일부 공유할 의향이 있을지도 모른다고 기대했다.[12]

오즈번은 사내 제안 시스템을 언급하며 노동자에게 아이디어가 추가 수입을 얻거나 중산층으로 도약할 발판이 될 수 있다는 점을 열정적으로 강조했다. 제너럴 모터스는 유용한 아이디어를 제공할 경우 1000달러 가치의 전쟁 채권을 제공했고(엔지니어, 디자이너, 관리자 등 이미 아이디어 제공으로 대가를 지급받은 사람들은 제외되었다), 그 결과로 불과 5개월 만에 하루 200건의 제안이 쏟아지기도 했다. 오즈번은 수많은 공장 노동자가—즉 "프로페셔널 아이디어맨"이 아닌 "아마추어"들이—이미 혜택을 누렸다고 보고했다. 예를 들어, 애크런의 굿이어 공장 노동자는 제안 수익으로 의료 수술 비용을 지불할 수 있을 정도였다. 몇몇 여성은 "남성만큼 아이디어를 설명하는 데 능숙하지는 않았지만" 항공기 호스를 페인트칠하는 더 나은 방법을 발견했다. 또 다른 사람들은 감독직이나 설계직으로 승진한 것으로 알려졌다. 이 평범한 남성들과 여성들은 회사 역사에 자신들의 이름을 남기지는 못했지만, 오즈번은 "숨겨진 능력과 재능"을 활용함으로써 그들이 굿이어와 에디슨으로 대표되는 위대한 미국의 창의성 전통에 동참했다고 단언했다.

일부 독자들은 평범한 사람도 좋은 아이디어를 낼 수 있다는 이 최근의 '발견'이 다소 거만하고 귀족적인 뉘앙스를 풍긴다고 느꼈을 수도 있다. 그것은 자본가들과 그들이 고용한 관리자들이 지난 100여 년간 강압적으로 노동자의 숙련화를 저해하면서 이들을 단순한 작업자로 과소평가해온 과정을 간과한 생각이다.[13] 자신이 독창적으로 생각할 수 있다는 사실에 진심으로 놀란 사람은 별로 없었을 것이다. 그렇지만 적어도 직장에서 좋은 아이디어를 내라는 요구를 받은 지는 꽤 오래되었을 수 있다. 녹슨 상상력을 되살릴 제도가 있다는 오즈번의 주장에는 어딘가 신선하거나 적어도 희망적인 면이 있었을 것이다.

오즈번은 직원뿐만 아니라 고용주를 위해서도 글을 썼다. 그는 "고용주는 일반 직원들로부터 아이디어를 갈망하고 있다"며 "그런데도 직원들의 상상력을 끌어내기 위해 노력하지 않거나, 그것을 끌어내는 방법을 모른다면 좋은 고용주라고 할 수 없다"고 주장했다.[14] 결국 오즈번의 아이디어는 블루칼라 노동자들보다는 화이트칼라 노동자들, 그중에서도 특히 이들을 관리하는 계층에서 더 큰 주목을 받았다.

브레인스토밍의 도약

　1955년 말에서 1958년 사이, 브레인스토밍은 어디에서나 화제가 되었다. 1955년 12월 5일 자『월스트리트 저널_Wall Street Journal_』 1면에는 다음과 같은 기사가 실렸다. "브레인스토밍: 더 많은 기업이 자유로운 '생각' 자문단을 구성해 아이디어를 발굴한다. 에틸사는 45분 만에 71개의 아이디어를 얻었다. 레이놀즈 메탈스는 마케팅 계획을 개발했다." 한 임원은 "우리 경험에 따르면, 이 방법을 활용할 경우 조직의 하위 계층에서도 수익성 있는 아이디어를 확실하게 얻을 수 있습니다"라고 말했다.[15] 1956년 5월에는『뉴욕 타임스』,『뉴스위크_Newsweek_』,『뉴요커_The New Yorker_』,『라이프_Life_』 등 주요 언론들이 미 해군이 에틸사의 찰스 H. 클라크_Charles H. Clark_를 초빙해 "새로운 공산주의 전술에 대응하기 위해 워싱턴의 상상력을 자극"하도록 한 사실을 보도했다. 클라크는 브레인스토밍의 열렬한 옹호자로 오즈번과 긴밀한 관계를 유지하고 있었다.『타임』의 헤드라인은 "연방의 '두뇌들', 폭풍을 준비하다. 매디슨가 광고 기법의 사도가 둔한 사고를 흔들어놓으려 한다"였다. 1958년 1월에는 여성 잡지『매콜스_McCall's_』가 16명의 여성을 모아 CEF 직원의 진행으로 "'브레인스토밍'이라는 기법을 실험했다". 이들의 목표는 남편감을 찾아낼 수 있는 방법을 생각해내는 것이었다. 그 결과로 404개의 아이디어가 제시되었는데, 그중에는 "미리 생각해둔 장소에서 차가 고장 나게 만들기", "의대나 치대 또는 법대에서 일자리 구하기", "자신보다 더 매력적인 여자들과 어울리는 것을 두려워하

지 말기. 그들이 남긴 사람들을 만날 수도 있으므로" 등의 아이디어가 포함되어 있었다.[16]

이러한 기사들은 대부분 보도 자료 느낌이 난다. 그 배경에는 CEF의 꾸준한 활동이 있었다. 오즈번의 목표를 실현하기 위해 이들은 끈질긴 영업인의 근성과 광고인의 전략적 감각으로 홍보에 매진했다. 언론계의 지인들에게 도움을 요청하고, 기고문을 작성하며, 심지어는 '브레인스토밍'이라는 단어를 사전에 등재하기 위해 로비를 벌였다(이들의 로비는 1962년에 성공했고, 메리엄웹스터 사전으로부터 그들이 제안한 단어가 표제어로 사전에 포함될 것이라는 확답을 받았다).[17] CEF의 관계자들은 미국 전역을 돌며 브레인스토밍 시연을 진행했다. 대상은 퍼세이크 타운십 공립학교, 배브콕 앤드 윌콕스의 원자력 부서, 코넬 대학교 심리학과 그리고 예수그리스도후기성도 교회 등이었다. CEF의 한 직원은 현장에서 "고등학교 학생회, 네 개의 연방 관리 세미나, 여러 전문 협회, 파키스탄 정부 관계자 그룹 그리고 여러 봉사 단체"를 대상으로 브레인스토밍 시연을 진행했으며, 베벌리힐스시의 주요 관계자들과 만남을 앞두고 있다고 보고했다.[18]

이 캠페인은 확실하게 열기를 불러일으켰다. 미시간주 배틀크리크 출신의 철도 회사 문제 해결 담당자 아서 J. 페티그Arthur J. Fettig는 "제 창의적 상상력이 날아오르고 있으며, 이는 모두 당신 덕분입니다"라고 CEF에 편지를 썼다. 당시 그는 "배틀크리크 브레인스토머"라는 그룹을 만들어 "철도 산업을 혁신할" 계획을 세우고 있다고 말했다. 스피디마트/세븐일레븐은 가맹 희망자들에게 배포하기 위해 "브레인스토밍의 원칙과 절차" 사본을 요청했고, 한 신학교 교사는 『응용 상상력』과 몇 가지 추가 자료를 요청하면서, "창의력에 매우 관심이 많으며 학생들에게 이를 개발하도록 돕고 싶습니다"라고 말했다.[19]

매년 버펄로에서 열리는 CPSI 회의에 참석하는 것은 많은 사람에게 인생을 바꾸는 경험이었다. 이 중에는 시드니 패니스Sidney Parnes도 있었다. 그는 첫해에 참석한 이후 평생 매년 참석했으며, 처음에는 진행자로, 이후에는 오랜 기간 사랑받는 소장으로 활동했다. 제너럴 일렉트릭, 제너럴 모터스, 파이어스톤, B. F. 굿리치, 굿이어 등의 연구 책임자들도 초기 CPSI 회의 참석자들로, 이들은 자신이 배운 내용을 회사의 정규 교육 프로그램에 통합했다.[20] CPSI 회의 등록자는 세 번째 해에 500명에 달했다.[21] 당시 "와이프 클럽Wives Club"은 케이터링 업무를 하는 틈틈이 자체적인 창의적 사고 연습을 진행했으며, 몇 년 후 여성들도 CPSI 회의에 초대되었다.[22] 모토로라의 CEO인 로버트 갤빈Robert Galvin은 CPSI 회의에 참석한 뒤 오즈번의 『당신의 창의력: 상상력 사용법』을 새로 인쇄해 모든 직원에게 배포했다. 오즈번에 따르면, 1963년까지 경영진들은 CEF에서 발간한 소책자 『당신의 머리 안에 있는 금광』을 100만 부 이상 주문했다. 이 소책자는 오즈번의 『응용 상상력』을 삽화와 함께 24쪽 분량으로 요약한 것이었다. 1958년에 오즈번이 발표한 창의성 운동의 진전 보고서에는 창의적 사고 프로그램을 도입한 것으로 보고된 수십 개의 회사가 나열되어 있었다. 여기에는 알코아, 브리스틀 마이어스(당시 CEF의 회장을 맡았던 오즈번의 친구 리 브리

THE GOLD MINE
BETWEEN YOUR EARS

by
ALEX OSBORN

CEF가 주로 고용주를 통해 수십만 명의 독자에게 배포한 소책자 자료.
(출처: 뉴욕 주립 대학교 버펄로 캠퍼스 기록 보관소)

스틀Lee Bristol이 이끌었다), 카네이션 밀크, 시카고 트리뷴, 크래프트, 제너럴 푸드, 글렌 마틴, H. J. 하인즈, IBM, 후버, 크로거, 내셔널 캐시 레지스터, 피트니-보우즈, 레밍턴 암스, RCA, 레이놀즈 메탈스, 셸 오일 그리고 유니언 카바이드가 포함되어 있었다.

이 회사들 모두가 오즈번의 방법만을 독점적으로 사용한 것은 아니었다. 예를 들어, 제너럴 모터스의 AC 스파크 플러그 부문은 1953년에 메사추세츠 공과대학(MIT) 교수인 존 E. 아널드John E. Arnold의 도움으로 창의적 공학Creative Engineering 프로그램을 도입했다. 아널드는 첫 CPSI 회의에 참석했으며, 브레인스토밍뿐만 아니라 자신만의 창의적 공학 기법을 가르쳤다. 그의 기법 중 하나는 학생들에게 가상의 행성 아르크투루스 IV에서 온 외계 종족을 위한 제품을 설계하도록 요구하는 연습이었다. 이 외계 종족의 독특한 생리와 문화는 디자이너들이 창의적으로 사고할 것을 요구했다.[23] 이처럼 새로운 아이디어를 자극하기 위한 다양한 방법이 공존했던 CPSI 회의는 짧은 시간 내에 '창의적 사고' 혹은 '창의적 문제 해결' 흐름의 중심지가 되었다. 1950년대 후반에 이르러 오즈번의 이름은 창의적 사고와 거의 동의어로 여겨졌다. 한 연구자는 다음과 같이 썼다. "오즈번이 등장하기 전까지 창의적 과정에 대한 관심은 철학자, 심리학자, 수학자와 같은 소수의 전문가들 사이에 국한되어 있었다. 오즈번은 창의성에 관한 대중적인 책들로 많은 사람의 상상력을 자극했으며, 창의적 사고라는 주제에 주목하도록 만드는 데 그 어떤 사람보다도 크게 기여했다."[24]

하지만 브레인스토밍의 효과에 대해서 곧 의문이 제기되었다.

브레인스토밍 효과 논쟁

1956년 9월 13일, BBDO의 부사장이자 브레인스토밍 총괄 책임자인 윌러드 플로트너Willard Pleuthner는 델라웨어주 윌밍턴에 있는 듀폰 본사에서 "피시불 시연"*을 진행했다. 그는 이후에 이 시연에 대해 "브레인스토밍에 대해 듣고 직접 보기 위해 모인 최고경영진의 가장 뛰어난 집합체"라고 표현했다. 이 행사를 기획한 버질 심프슨Virgil Simpson과 제임스 매코믹James McCormick은 듀폰의 사내광고 부서 직원으로, 그로부터 몇 달 전 사내 브레인스토밍 태스크포스를 구성하라는 지시를 받은 뒤 CPSI 회의에 다녀온 상태였다. 플로트너 외에도 제네럴 일렉트릭, 제너럴 푸드 그리고 몇몇 다른회사의 대표들이 초대된 이 행사에서는 20쪽 분량의 새로운 소책자 『듀폰의 브레인스토밍 Brainstorming at DuPont』이 발표되었다. 태스크포스의 역할은 듀폰의 각 부서에 창의적 문제 해결 방법을 교육하고, 책자를 배포하는 것이었으며, 가장 중요한 임무로 특정 프로젝트를 위한 브레인스토밍 세션을 요청에 따라 진행하는 것이었다. 역사학자 카일 밴헤머트Kyle VanHemert에 따르면, 해결해야 할 문제가있는 참석자는 특별히 훈련받은 "의장"에게 요청해 뛰어난 브레인스토머들을 모으고, 회의실을 예약해 모임을 진행할 수 있었다.[25]

1956년 10월까지 이 그룹은 브레인스토밍 세션을 진행했다. 6월에는 섬유 부문 관리자가 자동차에 아직 의무화되지 않은 나일론 안전벨트를 판매할 아이디어를 구하기 위해 세션을 요청했다. 이 세션에서 99개의 아이디어가 나왔는데, 여기에는 형광 안전벨

---

* 참가자들이 중심에서 토론이나 활동을 하고, 그 주변에서 다른 사람들이 그것을 관찰하는 형식의 시연이나 워크숍을 말한다.

트, 신용카드와 담배를 보관할 수 있는 주머니가 달린 안전벨트 그리고 어린이를 위한 미키마우스와 미국의 서부 개척자 데이비드 크로켓David Crockett 테마의 안전벨트 같은 제안이 포함되었다. 또다른 세션에서는 듀폰 내부에서 사용할 브레인스토밍의 새로운 이름을 고민했다. 175개의 제안 중에는 "두뇌 세션", "두뇌 의회", "싱크아토리엄", "아이디어 포푸리", "생각 조련사", "생각 축제" 같은 것이 있었지만, 결국 참석자들은 "브레인스토밍"이라는 이름을 그대로 사용하기로 결정했다.[26]

플로트너의 방문 이후로 브레인스토밍에 대한 관심은 높아졌지만, 매코믹은 "지금까지 우리가 해온 브레인스토밍 작업은 작물을 심고 가꾸는 것과 비슷하다. 아직 수확은 하지 못했다"고 썼다. 1957년 3월, 시드니 패니스가 듀폰의 사례를 그해 여름 CPSI 회의에서 공유할 의향이 있는지 문의했을 때, 상황은 다소 지지부진해진 상태였다. 매코믹은 심프슨에게 이렇게 털어놓았다. "회의에 참여해 우리가 어떻게 작업하고 왜 그렇게 하는지에 대해 이야기할 수는 있습니다. 하지만 구체적인 결과에 대해 논의해야 한다면 아직 확신이 없습니다. 우리의 이야기는 몇 가지 측면에서 긍정적인 점이 있지만, 전반적으로 긍정적인 그림은 아닙니다." 심프슨은 패니스에게 유감스럽게도 자신과 매코믹 모두 참석할 수 없음을 알렸다.[27] 대신 그들은 플로트너에게 몇 가지 브레인스토밍 성공 사례(예를 들어, "새로운 특수 제품을 광고하는 방법—152개의 아이디어, 33개의 선별된 아이디어, 일곱 개는 사용되었거나 조정되었거나 검토 중임")를 간단히 정리한 목록을 보냈다. 이 내용은 실제보다 다소 긍정적으로 보이게 작성되었는데, 플로트너는 이를 CPSI 회의에서 발표하면서 듀폰의 태스크포스를 브레인스토밍의 두드러진 성공 사례 중 하나로 소개했다.

듀폰의 브레인스토밍 의장들은 관료제 내에서 창의성을 발휘하기 위한 시스템으로 설계된 브레인스토밍이 관료주의에 의해 방해받을 때가 많다는 사실을 빠르게 깨달았다. 수백 개의 아이디어 목록을 돌리고 검토하고 추리고 각 부서에 보고하기까지 몇 달이 걸릴 수 있었다. 그리고 그렇게 한다고 해도 아이디어의 양이 반드시 질로 이어지지는 않았다. 카일 밴헤머트는 "1950년대에 이뤄진 듀폰의 브레인스토밍 세션에 대한 자세한 기록들은 비즈니스 역사상 가장 철저히 기록된 형편없는 아이디어의 모음일 가능성이 크다"고 썼다.[28]

브레인스토밍에 대한 의구심은 점차 확산되었다. 1956년 가을의 헤드라인에는 "브레인스토밍: 치료인가, 저주인가?", "브레인스토밍: 헛소리인가, 혜택인가?", "왜 브레인스토밍은 항상 효과가 없는가?"라는 제목이 등장했다. 이듬해 『라디오 엔지니어 연구소 회보Proceedings of the Institute of Radio Engineers』에는 "브레인스토밍의 한계"에 대한 논문이 실렸다.[29] 가장 치명적인 것은 1958년 6월, 예일대 교수 도널드 테일러Donald Taylor가 최초로 브레인스토밍에 대해 상세한 과학 연구를 발표한 일이었다. 그는 예일대 학부생 네 명으로 구성된 팀이 브레인스토밍으로 생성한 아이디어의 양과 질을, 학생 네 명이 개별적으로 작업해 생성한 결과와 비교했으며, "브레인스토밍을 활용하는 그룹 활동은 창의적 사고를 저해한다"는 결론을 명

확하게 내렸다.[30] 그해 CPSI 회의 참석자는 전년도 500명에서 200명으로 급감했다.[31]

브레인스토밍에 대한 반발은 실용적인 이유뿐만 아니라 이념적인 면에서도 나타났다. 많은 사람에게 예일대 연구가 남긴 교훈은 단순히 브레인스토밍 자체에 대한 것이 아니라, 집단이 창의적일 수 있다는 개념 자체에 의문을 가져야 한다는 것이었다. 『뉴욕 헤럴드 트리뷴*New York Herald Tribune*』은 「예일대 연구, 개인을 지지하다*Yale Study Backs Individual*」라는 제목의 기사에서 마치 심오한 철학적 문제를 다루듯이 이 의문에 대해 다뤘다.[32] 『프린터스 잉크*Printers' Ink*』의 한 논설위원은 "창조는 집단이 아니라 개인이 한다"면서, 브레인스토밍 세션은 "개인을 집단에 종속시키기 때문에 피상적이고 기계적인 경향이 있다"고 주장했다.[33] 윌리엄 화이트는 자신의 저서 『조직 인간*The Organization Man*』에서 브레인스토밍을 직접 언급하지는 않았지만, 사회적 윤리에서 가장 "잘못된" 믿음은 "창의적 작업"이 "위원회에 의해" 이뤄질 수 있다는 것이라고 지적했다. 그는 "사람들은 집단 단위로 **사고하지** 않는다"며 "집단 내에서 그들은 함께 이야기하고, 정보를 교환하고, 조율하고, 타협하지만, 생각하거나 창조하지는 않는다"고 강조했다.[34]

브레인스토밍에 대한 가장 신랄한 비판은 이 방법이 탄생한 광고업계 내부에서 나왔다. BBDO의 경쟁사인 오길비 앤드 매더의 대표 데이비드 오길비는 브레인스토밍을 "회의에서 시간을 허비하며 하루를 보낼 생각뿐인 무능한 게으름뱅이들의 기쁨"이라고 혹평했다.[35] 1958년 뉴욕의 고급 호텔 월도프 아스토리아에서 열린 창의성 회의에서는 특히 강도 높은 비판이 이어졌다. 업존사의 W. 존 업존W. John Upjohn은 "아이디어를 내는 것은 개인만이 할 수 있다. 브레인스토밍은 아무 소용이 없다"고 잘라 말했다. 스탠퍼드 연구소의 소장인 E. 핀리 카터E. Finley Carter는 이러한 "속임수"에 대해 "솔직히 회의적"이라고 말했다. 회의의 주최자이자 사회자였던 캐킨스 앤드 홀든 광고 에이전시의 회장 폴 스미스Paul Smith는 예일대 연구를 직접 언급하며 브레인스토밍을 "창의적 과정에 대한 이해가 거의 없는 '집단 사고'의 한 형태"라고 평가절하했다. 심지어 오즈번이 항상 자랑하던 AC 스파크 플러그의 창의성 프로그램 책임자 월터 J. 프리스Walter J. Friess조차 브레인스토밍이 회사에서 사용하는 여러 접근법 중 하나일 뿐이라며 "몇몇 조직에서는 브레인스토밍과 창의성을 동의어로 간주하지만, 실제로 창의적 결과를 얻으려면 브레인스토밍을 넘어서야 한다"고 주장했다.[36]

가장 적대적인 비판은 영화 〈북북서로 진로를 돌려라〉, 〈황금 팔을 가진 사나이〉의 애니메이션 타이틀 시퀀스와 수많은 영화 포스터 및 기업 로고 작업으로 유명한 디자이너 솔 배스Saul Bass에게서 나왔다. 배스는 슘페터와 화이트, 오즈번의 의견에 동의하며, 대량생산 산업이 효율성을 추구하는 과정에서 "그 시스템의 활력을 유지하는 데 필요한 창의성"을 제거했다고 지적했다.[37] 하지만 그는 브레인스토밍을 가짜 창의성이라고 여겼다. 그는 "브레인스토밍의 가장 큰 위험은 아이디어의 많고 적음을 따지는 데 있지 않다. 진짜 문제는 브레인스토밍이 창의적 과정을 단편적으로 다루고 이를 생산 라인에 올려놓음으로써 왜곡한다는 데 있다"고 주장했다. 배스는 심리학자 칼 로저스Carl Rogers가 1954년에 발표한 창의성 관련 에세이를 인용하며 "창의성은 총체적인 과정"이고, "개인의 경험 안에서 분리되거나, 목요일 오후마다 틀었다가 끌 수 있는 수도꼭지처럼 다룰 수 없다. 창의성은 매일 아침 9시부터 오후 5시까지만 작동하고 그 외 시간에는 작동하지 않는 것이 아니다"라고 말했다. 문제의 핵심은 브레인스토밍이 집단을 강조한다는 점이었다. 배스는 "사상사에 기여한 중요한 사건은 단 한 번도 집단에서 나온 적이 없다"면서 "위대한 이론이나 관점, 시대를 정의하는 새로운 철학은 개인적 사고의 영역이다"라고 단언했다. 또한 그는 브레인스토밍을 "생각을 시각적 또는 언어적으로 표현하는 데만 유용한, 만화영화에 나오는 것 같은 방식"이라고 혹평했다.[38]

그 시점에서 윌러드 플로트너가 몇 마디 하고 싶다며 나섰다. 그는 이틀 동안 연사들이 차례로 자신의 작업을 깎아내리는 모습을 보며 "앞줄에서 안절부절못했다"고 말했다. 플로트너는 산업 전반에서 브레인스토밍 성공 사례를 수백 건 담은 CEF 보고서를 흔들며, 브레인스토밍이 솔 배스가 주장한 "속임수, 장치, 꼼수"에 불과한 것이 아니라고 강조했다. 그는 예일대 연구와 브레인스토밍에 실패한 기업들은 거의 20년에 걸쳐 BBDO가 개발한 정확한 절차를 따르지 않았다고 주장했다(예를 들어, 브레인스토밍 세션은 30분에서 한 시간 동안 진행해야 하지만, 테일러 교수는 학생들에게 단 12분만 주었다고 지적했다). 플로트너는 이에 덧붙여, 오즈번은 애초에 브레인스토밍을 "추가적인 도구"로만 주장했을 뿐이라고 설

명했다. 그는 배스와 다른 사람들에게 자료를 보내 사실을 바로잡겠다고 제안했다.[39]

하지만 연단에 있던 배스는 설득되지 않았고, 약간 격앙된 태도로 응답했다. 그는 플로트너에게 "브레인스토밍에 관한 파일이 이만큼 쌓여 있다"며, 그가 언급한 보고서들도 포함되어 있다고 말했다. "그게 뭐였죠? 창의성 교육 재단, 그런 비슷한 이름이던데요?" 배스는 문제는 이 방법 자체가 아니라, 브레인스토밍이 "창의성의 대체물이자 상징"이 되어버린 방식에 있다고 다시 한번 강조했다. 그는 "우리는 **이 방법**이 우리가 필요로 하는 근본적인 창의성, 흥미, 활력을 얻는 데 거의 효과가 없으며, 얼마나 피상적인 방법인지 이해해야 한다"고 주장했다. 또한 그는 광고 산업은 "꼼수, 장치, 도구"에 의존하지만, "우리는 그 이상의 무언가가 필요하다. 브레인스토밍은 단지 거품에 불과하다"고 말했다.[40] 그러자 청중 중한 명이 배스에게 현실적인 조언을 구하려는 듯, "시각적 기술과 접근법에서 새로운 시각적 창의성을 어디에서 찾을 수 있습니까?"라고 질문했다. 하지만 배스는 간단하면서도 다소 성의 없게 "새로운 창의성을 어디에서 찾느냐고요? 개인에게서 찾습니다. 그 이상할 말은 없습니다"라고 답했다. 좌장을 맡은 스미스는 이 논의가더 이상 이어지기 어렵다고 판단했는지, 서둘러 회의를 끝냈다.

이 어색한 논쟁은 개인주의와 기업에 관한 미국 내 논쟁에서 브레인스토밍이 핵심 주제가 되었음을 보여주는 예시이자 창의성에 대한 상충하는 견해들을 드러내는 사례였다. 솔 배스에게 진정한 창의성이란 단순히 어떤 아이디어가 아니라, **위대한** 아이디어를

캘리포니아주 샌타모니카에 위치한 랜드 연구소(RAND coporation)에서 열린 브레인스토밍 세션. 브레인스토머들은 편안한 자세를 취하도록 권장되었다. 보조자가 계단 위에서 아이디어를 기록하고 있다.(출처: 레너드 매콤Leonard McCombe/『라이프』사진 컬렉션/셔터스톡)

의미했다. 이런 위대한 아이디어는 광고나 제품에서 가끔 나타날 수도 있지만, 궁극적으로는 고차원적인 사고에서 나오는 그런 아이디어였다. 이와 달리 플로트너나 오즈번 같은 브레인스토밍 옹호자들은 브레인스토밍이 도구 이상의 역할을 한다고 주장했지만, 그들에게도 사실 브레인스토밍은 배스가 인정한 바로 그 일상적인 문제 해결과 장치 제작을 위한 도구를 넘어서지 못했다. 따라서 이들의 논쟁은 브레인스토밍이 '효과가 있는지' 여부를 넘어, 학계에서 논의되던 판단 기준 문제와 유사하게, 무엇이 진정한 창의성으로 간주될 수 있는가에 대한 이견을 보여주는 것이었다.

거의 모든 인간 문제의 해결책

실제로 오즈번은 의도적인 창의적 노력으로 해결할 수 없는 문제는 없다고 믿었으며, 자신의 방법이 비즈니스 외의 영역에서도 받아들여지기를 열렬히 바랐다. 그의 초기 저술은 대부분 개인적인 문제에 초점을 맞춘 것이었다. 예를 들어, 그는 군대에 간 애인에게 편지를 쓸 때 "따분한 내용을 대충 적어 보내지 말고, 좀 더 밝은 아이디어를 생각해내 보세요"라고 썼고, 형제자매가 사이좋게 지내는 방법에 대해 "적절한 아이디어를 생각해낸다면 갈등을 막을 수 있을 겁니다"라고 썼다. 또한 그는 이혼율이 급증하는 현상에 대해서는 얼마나 많은 부부가 "문제를 피할 방법을 찾기 위해 의식적으로 **상상력**을 발휘했을까?"라는 의문을 제기했다.[41] 그러다가 창의성 운동이 힘을 얻으면서, 그의 목표는 더욱 야심 차게 변했다. 두 번째 CPSI 회의에서 그는 기업 경영자들과 군 지도자들 앞에서 다음과 같이 연설했다.

상상력이 거의 모든 종류의 문제를 해결하는 열쇠가 될 수 있다는 사실은 최근에야 인식되기 시작했습니다. (……) 더 창의적이 됨으로써 우리는 우리 자신뿐만 아니라 다른 사람들과도 더 잘 살 수 있습니다. 더 창의적이 됨으로써 우리는 서로에게 더 나은 상품과 서비스를 제공할 수 있으며, 그 결과로 더 높은 생활수준을 누릴 수 있습니다. 또한 더 창의적이 됨으로써 우리는 전 세계에 영구적인 평화를 가져올 방법을 찾아낼 수도

있을 것입니다.[42]

오즈번은 창의적 사고가 도시의 인종 폭동이나 쿠바 미사일 위기와 같은 정치적 교착 상태를 해결할 수 있다고 자주 주장했다. 오즈번이 냉전을 "아이디어의 전쟁"이라고 표현했을 때, 이는 이데올로기의 충돌을 의미한 것이 아니라 아이디어의 경쟁, 즉 계획적 군비 경쟁을 뜻했다. 그는 미국이 "아이디어 생산에 최적화되어야 한다"고 주장하며, 소련을 이길 아이디어를 창출하기 위해 비밀리에 브레인스토밍을 수행할 정부 자문단을 제안했다. 그는 이 아이디어가 무기 연구에 쓰이는 비용에 비해 "아주 적은 돈"이 들 것이라고 주장했다.[43] 마음을 얻고 신뢰를 쌓는 문제에 대해서도 그는 이렇게 제안했다. "왜 국무부에 창의적인 사람들로 구성된 그룹을 만들어서 세계의 신뢰와 우정을 얻을 수 있는 새로운 방법과 더 많은 방법을 제안하지 않는가?"[44] 오즈번에게 모든 문제는 상상력의 부족에서 비롯된 실패였다.

사실, 오즈번의 궁극적인 목표이자 CEF의 사명은 창의적 사고를 미국 학교에 도입하는 것이었다. 그는 "거의 모든 캠퍼스에 프랑스어 동아리, 스페인어 동아리, 심지어 독일어 동아리가 있다. 그런데 아이디어 동아리는 왜 없을까?"라고 썼다.[45] 오즈번은 모든 학교가 창의적 사고 수업을 제공해야 하며, 창의적 사고 기법이 표준 과목에 통합되어야 한다고 믿었다. 그는 미국 교육을 완전히 개혁해, 모든 학생이 "창의성에 대한 세뇌"를 받는 것을 상상했다. 물론 그는 이를 반농담조로 표현했지만 말이다.[46]

1957년에 오즈번은 CEF의 노력 덕분에 2000개 이상의 수업에서 『응용 상상력』의 원칙들이 어떤 형태로든 통합되었으며, 독립적인 창의적 사고 수업도 점점 증가하고 있다고 자랑스럽게 보고했다. 코넬 대학교와 매캘러스터 칼리지는 신입생 오리엔테이션의 일환으로 브레인스토밍 훈련을 제공했으며, 오즈번이 이사로 있던 웨버 칼리지는 모든 학생이 창의적 문제 해결을 위한 별도 과정을 수강하기 전에 『응용 상상력』을 구매해 읽도록 요구했다. 창의적 사고를 통합한 수업은 축산학부터 법학, 무기 체계 개발에 이르기까지 다양한 분야에서 진행되었으며, 특히 군사학교와 ROTC에서 적극적으로 수용되었다. 예를 들어, 1960년까지 공군 소속 약 3만 7000명이 창의적 사고 과정을 수강했다. 하지만 대부분의 창의적 사고 수업은 비즈니스 및 기술 학교, 특히 마케팅과 공학 분야에서 진행되었다.[47]

그럼에도 오즈번은 교육 분야에서 창의성 교육이 "달팽이처럼 느리게" 진전하고 있는 것에 실망감을 느꼈다. 특히 인문학 분야에서는 "대다수의 교수가 여전히 우리의 제안을 거부하고 있지만" 이미 그들이 창의적 사고를 가르치고 있다고 주장했다(이 주장을 완전히 믿지 않았던 오즈번은 동료들에게 철학 교과서와 심리학 교과서를 조사하도록 지시했는데 "창의적 상상력"이라는 개념은 어디에서도 발견되지 않았다고 주장했다).[48] 오즈번의 좌절감은 창의적 사고에 대한 상충하는 관념에서 비롯되었을 가능성이 크다. 고집스러운 교수들은 오늘날 우리가 '비판적 사고'라고 부를 수 있는 것을 염두에 두었을지도 모른다. 즉, 그들은 위대한 예술, 문학, 과학 작품을 읽고 논쟁하는 과정이 학생들의 사고를 확장하고 자신만의 해석을 내놓을 수 있도록 준비시킨다고 여겼을 것이다. 고등교육의 대안적 접근법—기술적, 직업적 또는 고전적 교육—과 비교할 때, 인문학은 그 지지자들에게 '창의성 교육'의 진정한 정수로 보였을 가능성이 있다.[49]

반면, 창의적 사고를 의도적으로 하도록 만드는 기법은 이런 인문학 교수들에게 "직업주의*에 경도된" 기술로 여겨졌다. 오즈번은 자신이 실용주의자라는 점을 기꺼이 인정했다. 그는 "나도 인문학을 전공했지만, 학생들이 경력에서 더 나은 성과를 내도록 돕는 사고방식을 가르치는 것이 왜 잘못인지 이해할 만큼 똑똑하지 않다"고 비꼬았다.[50] 오즈번은 자신의 실리적이고 결과 지향적인 접근법에 자부심을 느꼈으며, 이를 심리학자들의 지나치게 신중한 방식 및 전문가 집단 전반과 대조시켰다. 그의 좌우명은 "상상력이 지식보다 중요하다"였으며(아인슈타인의 말로 알려졌으나 확실하지는 않다), 이는 CEF의 편지지에도 새겨진 문구였다. 오즈번은 새로운 국가 차원의 연구 개발에 대한 지출 증가를 환영했지만, (그가 브레인스토밍의 본질이라고 생각한) "의도적이고 창의적인 노력" 없이는 과학자들이 이 자금을 최대한 활용할 수 없을 것이라고 주장했다. 그는 "사실을 찾아내는 데는 온 힘을 쏟지만, 그 발견된 사실에 창의적 사고를 적용하는 데는 나태한" 미국인들의 습관을 강하게 비판했다. 창의적 사고의 '바이블'로 불리는 그의 책『응용 상

---

* 직업교육의 목표를 취업에 필요한 기술 훈련에 두는 기능주의적 관점.

상력』의 제목은 당시 '기초과학' 또는 '기본 과학'과 구별하기 위해 점점 더 많이 사용되던 '응용과학'이라는 용어에서 영감을 받은 것으로 보인다. 이 용어를 선택함으로써, 오즈번은 자신이 하는 모든 일에서와 마찬가지로 아이디어가 결과를 위한 것임을 분명히 했다. 오즈번이 자신의 경력 후반부에 강조했던 주장, 즉 모든 미국 아이들이 매디슨가에서 태동하고 산업계에서 다듬어진 그의 창의적 사고 기법을 훈련받아야 한다는 주장은 상업이 사회의 모델이어야 한다는 그의 세계관을 반영한다.

이런 반反지성주의는 전후 미국에서 일어난 더 큰 규모의 문화전쟁을 반영한다. 이 전쟁은 자유주의 및 좌파 지식인들과, 이들을 '달걀 머리' 또는 '뾰족 머리'라 부르면서 상식과 대중적 감각이 부족하고 의지와 열정이 약하다고 비난한 기업 및 대중 보수주의자들 간의 충돌이었다. 뉴딜 체제를 책임졌던 교수들, 기술관료들, '사회공학자들'은 사회구성론자이자 문화상대주의자로서, 인종차별 철폐에서 소비자 보호에 이르기까지 정부 개입을 옹호했다. 오즈번은 사회 개선에 대해 개인적 접근법을 선호했으며, 당시 지배적이던 기술관료주의적 "연구" 문화를 고루하고 비생산적이라고 보았다.[51]

'아이디어', 특히 제안 카드나 메모지에 한 줄로 적을 수 있는 아이디어에 대한 오즈번의 거의 절대적인 신념은 피상적인 해결 지상주의로 이어지는 경우가 많았다. 예를 들어보자. 1956년에 열린 제2회 CPSI 회의에서는 청소년 비행 문제를 해결하기 위한 브레인스토밍 세션이 열렸는데, 단 24분 만에 15명(남성 13명, 여성 2명으로 대부분 중년의 비즈니스 종사자들)으로 구성된 자문단이 125개의 아이디어를 생각해냈다. 이 중에서 주최 측은 에세이 공모전 개최, 교회 참석 및 동아리 활동을 장려하는 캠페인, (주최 측의 선호가 어느 정도 반영된 것으로 보이지만) 청소년들에게 사회에 기여할 방법을 브레인스토밍하게 만드는 창의적 사고 수업 개설 등을 최고의 아이디어로 선정했다.

당시 미국에서 청소년 비행은 수백 명의 사회복지사, 심리학자, 사회학자가 참여할 정도로 뜨거운 논쟁의 주제였으며, 미국인들은 청소년 비행이 도덕적 문제인지, 사회적 문제인지, 심리적 문제인지, 경제적 문제인지를 두고, 심지어는 청소년 비행이라는 문제가 실제로 존재하는지를 두고 의견이 갈리고 있었다.[52] 브레인스토밍 방식은 이런 쟁점이 단순히 아직 아무도 좋은 해결책을 떠올리지 못했기 때문에 발생했다고 가정했다. 더 나아가, 문제를 정의한 방식—"청소년들이 비행을 경멸하고 법을 준수하는 행동을 존중하게 만들려면 어떻게 해야 할까?"—은 처음부터 가능한 답변의 범위를 제한했다. 문제의 원인이 청소년들의 법에 대한 태도에 있다는 전제를 벗어난 해결책은 배제되었기 때문이다.

이런 가능성의 제한은 브레인스토밍의 구조적 요소였다. 문제를 처음 정의하는 방식과 최종 해결책을 선택하는 과정은 보통 상위 관리자가 주도했다. 브레인스토밍은 근본적으로 혁신적인 아이디어를 생산하도록 설계된 것이 아니었다. 오히려 브레인스토밍은 철학자이자 문학비평가였던 미하일 바흐친Mikhail Bakhtin이 제시한 '카니발레스크carnivalesque' 현상을 드러내는 예 중 하나였다. 이 현상은 전통적인 질서가 일시적으로 뒤집히면서 하위 계층이 불만을 발산한 뒤 다시 전통적인 질서가 회복되는 과정을 뜻한다. 브레인스토밍 세션에서는 사람들이 한 시간 동안 엉뚱한 말을 하고 규칙을 무시하며 자유롭게 발언하도록 권장되지만, 이후에는 다시 평상시의 업무와 위계질서로 돌아간다. 브레인스토밍은 일종의 통제된 혁명이었다. 무질서, 개인주의, 비합리성, 유희, 불경함 같은 요소들이 자유롭게 표출되기 어려운 환경에서도 활용될 수 있다는 약속이었다. 또한 브레인스토밍은 기업 자본주의가 비판자들의 주장과는 달리, 이러한 근본적이고 오래된 인간적 에너지에 본질적으로 적대적인 것은 아니라는 점을 보여주기도 했다.[53]

브레인스토밍이 산업계에서 공격을 받고 인문학 분야에서 반대에 부딪히던 시기에도, 오즈번은 자신의 메시지를 정당화하고 확장하기 위해 학문적 창의성 연구에 발을 들이려 시도했다. 1956년, 그는 시드니 패니스를 버펄로 대학교 경영대학 소매경제 담당 조교수로 임명되도록 주선했으며, 동시에 버펄로 대학교의 확장 프로그램에서 창의성 교육 책임자로도 임명되도록 했다. 당시 오즈번은 버펄로 대학교 이사회의 부의장이었다. 조직심리학 학위를 보유한 젊은 학자였던 패니스는 1955년에 처음 열린 CPSI 회의에 참석했으며, 이를 통해 자신의 인생 목표를 발견한 뒤, 이듬해에는 이 회의를 직접 주도했다. 그는 새로운 학문적 위치에서 오즈번의 방법론을 가르치고 검증할 수 있는 기회를 얻었다. 1955년, CEF는 바너드 칼리지의 한 심리학 교수에게 『응용 상상력』에서 소개된 방법론의 효과를 연구하도록 의뢰했다. 연구 결과는 결정적이지는 않았지만, 이 교수는 학자가 아닌 오즈번의 "판단 보류deferred judgment" 이론*이 발산적 사고와 모호성에 대한 관용이라는 학문적 이론과 어느 정도 연관성이 있음을 인정했다.[54] 이는 고무적인 결과였는데, 이에 부정적인 더 신뢰할 만한 예일대 연구가 발표되자, 패니스는 1959년부터 1961년 사이에 일련의 논문을 통해 오즈번의 방법론을 강하게 옹호하며 예일대 연구를 반박했다. 한 연구에서는 브레인스토밍 훈련을 받은 학생들이 이후 브레인스토밍 세션에서 최대 94퍼센트 더 나은 성과를 보였다는 결과를 제시했다.[55] 또한 연구 자금을 확보하기 위해 노력하던 패니스는 1963년에 미국 교육부로부터 2년 동안의 창의성 사고 교육 연구를 위한 연구비 4만 6000달러를 지원받는 데 성공했다. 과학적 근거가 불분명함에도 불구하고, 오즈번은 패니스의 연구를 적극 홍보하며 기회가 있을 때마다 그 연구가 "창의적 능력이 의도적으로 측정 가능하게 개발될 수 있음을 확실히 증명했다"고 주장했다.[56]

당시 주류 창의성 연구자들은 이런 주장에 대해 신중한 태도를 취했다. 예일대 연구는 이 방법론의 효과에 심각한 의문을 제기했으며, 예일대 연구자들은 더 근본적으로는 오즈번과 패니스가 말하는 창의성이 자신들이 정의하는 창의성보다 훨씬 얕은 개념이라고 생각했다. 사람들이 브레인스토밍을 연습하면서 브레인스

---

* 아이디어에 대한 비판적 평가를 나중으로 미룸으로써 자유로운 발상을 촉진할 수 있다는 원칙.

토밍 기술이 향상될 수 있음을 입증하는 것은, '창의적인 능력'이 개발될 수 있음을 입증하는 것과는 다르며, 특히 '창의적인 능력'이 브레인스토밍 기술 이상의 더 큰 무언가를 의미한다면 더욱 그렇다는 것이 그들의 생각이었다. 많은 연구자는 브레인스토밍으로 대표되는 발산적 사고가 창의성의 전부가 아니라고 생각했지만, 오즈번과 패니스는 발산적 사고와 창의성이 동일한 실체라고 계속 주장했다.

일부 학자들이 오즈번을 지나치게 열정적이고 단순화된 인물로 보았던 반면, 오즈번 자신은 과학 연구의 신중한 속도에 좌절감을 느끼며 이를 불필요한 복잡성 탓으로 돌리곤 했다. 그는 한때 일종의 타협을 제안하며, CEF가 대중에게 "의도적인 창의성의 산술"을 가르치고, "우리 주제의 미적분은 다른 사람들에게 맡기자"고 주장했다.[57] 실제로 오즈번과 학문적 자격을 갖춘 과학자들은 대체로 다른 목표를 추구하고 있었다. 오즈번은 "모든 평범한 사람"의 창의적 재능을 향상시키고자 했던 반면, 대부분의 심리학 연구는 위대하고 타고난 창의적 재능을 식별하는 방법에 더 큰 관심을 두고 있었다.

그렇지만 오즈번의 접근 방식은 일리가 있었을지도 모른다. 실제로 브레인스토밍은 길퍼드를 비롯한 학자들의 창의성 테스트의 핵심이었던 '발산적 사고' 과제와 강한 유사성을 보였다. 만약 창의성의 이 한 측면이 실제로 변형 가능하다면—아직은 매우 가능성이 낮은 '만약'이지만—교육을 통해 창의성을 향상시키는 방법을 제시할 수 있었을 것이다. 만약 그렇게 된다면, 이는 분명히 엄청난 사회적 혜택을 가져오고 창의성 연구에 있어 중대한 돌파구가 될 수 있었다. 1959년, 캘빈 테일러는 유타 회의에서 '창의적 능력 개발'을 연구하는 새로운 하위 그룹의 책임자로 패니스를 임명했다. 같은 해 프로그램에 추가된 또 다른 인물, 교육심리학자 엘리스 폴 토런스Ellis Paul Torrance는 학교에서 창의성을 가르칠 수 있음을 보여주고자 하는 그의 사명에 오즈번이 영향을 미쳤음을 인정했다. 이런 새로운 인물의 등장은 창의적 능력이 학습될 수 있는 것일지도 모른다는 오즈번의 신념이 창의성 연구 분야에서 설립 10년 만에 점진적으로 수용되고 있음을 보여주는 신호였다.

버펄로 대학교의 '응용 창의성' 학파와 학문적 창의성 연구의 다른 거점들 간의 연결은 수년간 점점 더 긴밀해졌다. 1963년경, 새롭게 뉴욕 주립 대학교 버펄로 캠퍼스로 이름을 바꾼 이 대학은 캘빈 테일러의 연구 조교였던 게리 쿨리Gary Cooley를 '창의성 교육' 분야 전임 연구원으로 고용해 패니스와 협력하도록 했다.[58] 한편, 테일러는 1962년부터 유타 대학교에서 CPSI 회의와 유사한 하계 창의성 워크숍을 개최하기 시작했는데, 이때 사용된 자료는 패니스가 편집한 『창의적 사고 자료집Sourcebook for Creative Thinking』이었다. 이 자료집에는 길퍼드, 배런, 테일러, 토런스, 에이브러햄 매슬로의 연구가 실려 있었으며, 오즈번, 존 E. 아널드 그리고 브레인스토밍의 경쟁 개념인 시넥틱스의 창시자 윌리엄 J. J. 고든William J. J. Gordon의 실용적 사례 연구도 포함되어 있었다. 이후 수십 년간 버펄로 대학교는 창의성 연구 공동체의 안식처이자 중심축이 되었으며, 1970년대에 학문적 연구가 위축되기 시작한 이후에도 이러한 역할을 이어갔다. 길퍼드, 매키넌, 배런, 토런스는 CPSI 회의의 단골 참석자이자 CEF 이사로 활동했으며, 생애 말기까지도 창의성 연구에 기여하며 평생 공로상을 비롯한 다양한 상을 수상했다. 오즈번이 77세의 나이로 세상을 떠난 이듬해인 1967년, 길퍼드는 회고록에서 오즈번과 패니스가 창의성에 대한 이해를 높인 공로를 높이 평가하며, 창의성 교육을 "인류의 가장 심각한 문제를 해결하기 위한 해법"의 일부로 언급했다.[59]

* * *

수많은 언론 보도, 그의 아이디어가 산업계에서 빠르게 확산된 현상, 학계에서의 영향력이 다소 제한적이긴 했지만 여전히 고무적이었던 점에도 불구하고, '창의성 운동'을 시작한 지 10년째로 접어든 시점에서도 오즈번은 이 운동이 가진 변혁적 잠재력이 제대로 표출되지 못하고 있다고 생각했다. 그는 군사 분야와 산업 분야에서 자신의 방법론을 선도적으로 채택한 것에 놀라지 않았지만, "인간 문제"를 해결하는 데 있어서는 "우리가 사용하는 제품을 개선하기 위해 과학 연구가 기울이는 노력에 비견할 만한 의식적인 창의적 노력이 전혀 이뤄지지 않고 있다"고 한탄했다.[60]

오즈번은 아이디어가 세상을 바꿀 수 있다고 확신했다. 그러므로 많은 아이디어가, 더 많은 아이디어가 필요했다. 당시는 미국 전역의 평범한 사람들에게서 아이디어가 쏟아져 나오던 시기였다. 창의적 사고 방법은 궁극적으로 산업계에서 가장 많이 채택되었지만, 오즈번은 창의적 사고 개념이 업무 능력 이상의 무언가라는 주장으로 더 넓은 사회적 공감대를 형성했다. 이 주장은 그의 평생의 작업에 더 큰 사회적 의의를 부여했을 뿐 아니라, 창의적 사고 훈련을 받거나 브레인스토밍 세션에 참여한 수십만 명의 직원들이 적극적인 변화의 주체가 된 것처럼 느끼게 만들었다. 한편, 관리자들에게 창의적 사고는 기업에서 일하면 새로운 아이디어의 흐름이 막힌다는 슘페터의 딜레마를 해결하는 방법으로 여겨졌다.

이와 동시에, 창의성을 바라보는 또 다른 관점이 있었다. 창의성을 단순히 하나의 기술이나 필요에 따라 시작하고 멈출 수 있는 절차, 혹은 사고방식이 아니라 근본적인 생명력으로 바라보는 관점이었다. 이러한 관점을 가진 사람들(다음 장에서 다룰 것이다)은 창의성 논의에 매우 다른 관심사를 가지고 접근했다. 이런 관점은 오즈번의 '창의성 운동'과는 반대되면서도 다른 한편으로는 이를 보완했다.

3장

자기실현과
창의성의
결합

1952년, 심리학자 칼 로저스는 시러큐스에서 열린 창의성 관련 학술회의에 참석한 뒤 「창의성 이론에 관하여Toward a Theory of Creativity」라는 제목의 글을 썼다.

창의성의 핵심 동력은 (……) 인간의 자기실현 경향, 즉 자신의 잠재력을 구현하려는 경향으로 보인다. 인간을 비롯한 모든 생명체에서 나타나는 이 경향은 확장하고 성장하며 발전하고 성숙하려는 욕구이자 생명체, 즉 자아의 모든 역량을 표현하고 활성화하려는 본능적 경향이다. 이런 경향은 심리적 방어막의 여러 층 아래에 깊이 묻혀 있거나, 그 존재를 부정하는 복잡한 외적 가면 뒤에 숨겨져 있을 수 있다. 하지만 나는 이 경향이 모든 사람 안에 존재하며, 적절한 조건만 충족된다면 해방되고 표현될 수 있다고 생각한다.[1]

이것은 당시 다른 연구자들과는 사뭇 다른 관점이었다. 길퍼드나 테일러 같은 심리측정학자들이 창의성을 주로 지적 능력으로 보았다면, 로저스는 창의성을 인간 본성이 완전히 꽃피는 과정으로 이해했다. 이는 그가 정신분석학자로서 개인이 행복감과 성취감을 느끼도록 돕는 데 관심이 있었기 때문이다. 로저스는 사람들을 분류하기보다는 그들이 스스로 만족감을 느낄 수 있도록 돕는 데 중점을 두었다. 또한 창의성에 대한 그의 독특한 관심은 이러한 시각을 뒷받침했다. 로저스는 산업계에 "기술자는 풍부하게 공급되었지만 혁신적인 생각을 가진 사람은 거의 없다"는 "인재 부족" 문제를 언급하긴 했지만, 소련과의 경쟁에서 뒤처질 가능성보다 기술 발전의 속도에 대해 더 우려했다. 그는 다음과 같이 썼다. "지식이, 그것이 건설적이든 파괴적이든 믿을 수 없을 만큼 빠르게 발전하면서 환상적인 원자 시대에 접어든 지금, 진정으로 창의적인 적응만이 인간이 변화무쌍한 세상의 변화에 발맞출 수 있는 유일한 도구로 보인다." 로저스가 말한 창의적인 적응은 기술적이라기보다는 사회적이고 문화적인 것이었으며, 그에게는 그것이야말로 인류를 구원할 수 있는 유일한 방법이었다. 그는 "창의성 부족으로 우리가 치르게 될 대가는 세계의 파멸일 것이다"라고 경고했다.[2] 로저스는 또한 포드주의 체제가 개인에게서 삶의 의미를 빼앗아간다고 우려했다. 실제로 당시에 '창의적 작업'은 상층부에 의해 독점되고, 대중은 지루한 노동에 매몰되었으며, 여가 시간마저 '수동적'이고 '획일적인' 활동으로 채워지고 있었다. 또한 당시 산업사회는 "독창적이거나 다르게 행동하는 것은 '위험하다'는 생각"을 조장하며 '획일성'을 강요하고 있었다. 그는 이런 현상이 군사적, 경제적 문제에 그치지 않고 훨씬 더 심각한 영향을 미칠 것이라고 생각했다.

로저스의 관점이 당시의 흐름과는 다른 것이었음에도 불구하고, 그의 1954년 논문은 곧 창의성 연구 문헌과 인본주의 심리학으로 알려진 독특한 학파의 고전으로 자리 잡았다. 로저스의 언급에서 알 수 있듯, 인본주의 심리학자들은 현대사회에 회의적이면서도 물질주의를 넘어선 시대에 인간이 번영할 가능성에 대해서는 낙관적이었다. 이들은 전통적인 심리학이 인간의 기능 장애를 연구하고 정상성을 강요하는 데 지나치게 초점을 맞추고 있다고 보았다. 정상성은 획일성과 다름 없다고 보았던 심리학자들은 인간의 성장, 표현, 개별화로 관심을 돌렸다.[3] 이 학파를 대표하는 세 인물인 칼 로저스, 에이브러햄 매슬로, 롤로 메이Rollo May는 창의성 연구 전반에 매우 지대한 영향을 미쳤으며, 오늘날까지 창의성 관련 문헌에 깊이 스며들어 있다. 이들의 사상은 교육, 경영, 영성, 자기 계발에 이르기까지 다양한 분야에서 자주 인용되고 있다.[4] 군산복합체에 대한 우려가 초기 창의성 연구의 주요 동인이긴 했지만, 창의성 개념에 대한 이 인본주의 심리학자들의 관심과 그들이 학문적 담론에 미친 폭넓은 영향력은, 창의성이 실용적인 이유를 넘어 전후 심리학에서 중요한 주제가 되었음을 보여준다. 실제로 창의성은 발명이나 혁신 이상의 낭만적인 개념으로 자리 잡았다. 이는 조직화된 사회가 비합리적이고 예술적인 것, 요컨대 인간적이라고 여겨지기 시작한 속성들을 억압하고 있다는 인식에 따른 반작용으로 나타난 것이었다. 인본주의 심리학자들의 저술 중 다수가 초기 창의성 연구에 대한 명백한 도전으로서 등장했다. 그들은 초기 창의성 연구가 지나치게 환원적이고 실용적이며 심지어 성차별적이라고 비판했다. 그럼에도 불구하고, 그들의 메시지─창의성과 자기실현이 깊이 연관되어 있으며, 창의성을 정량화할 수 있는 자원으로 취급하는 것은 어리석은 시도라는 주장─는 기술 중심적 연구와 상반되면서도 상호 보완적으로 작용했다.

매슬로의 창의성 개념

1957년 4월 26일, 에이브러햄 매슬로는 버지니아주 포트벨보어에 위치한 미 육군 공병학교에서 "창의성을 가로막는 감정적 장벽"이라는 제목으로 강연을 진행했다. 그 전해에 포트벨보어의 공병 150명이 CEF 소속 전문가에게 브레인스토밍 훈련을 받은 적이 있었기에, 학교 측은 매슬로가 이와 다른 관점을 제시해주기를 기대하며 그를 초청했을 것이다. 매슬로는 이런 청중 앞에서 강연하는 것이 "불편하다"는 말로 강연을 시작했다. 그는 "최근 몇 년 동안 제가 잘 알지 못하는 대기업이나 미 육군 공병대 같은 조직들로부터 강연 요청을 받게 된 것에 놀라고 있습니다"라고 말했다. 실제로 당시 매슬로는 훗날 기억될 경영 사상가로 자리 잡기 전이었고, 창의적인 엔지니어를 식별하거나 혁신 속도를 높이는 방법에 대한 구체적인 데이터를 가져온 것도 아니었다. 대신 그는 창의성에 대한 정신분석적이고 다소 낭만적인 아이디어를 가지고 왔다. 매슬로는 이런 청중에게 자신의 말이 아무 쓸모가 없을지도 모른다고 경고하며, 창의적인 사람들은 "조직에서 문제를 일으키는 바로 그 사람들"이라고 말했다.[5]

이런 식으로 낯설게 느껴지는 상황을 만드는 것은 매슬로 특유의 방식이었다. 그는 자신을 유타 회의에서 진행된 기술 중심의 창의성 담론에 반대하고 이를 비판하는 역할로 자리매김하곤 했다. 그는 이런 담론이 창의성을 철저히 실용적인 것으로만 보고, 심지어 도구화하거나 무기화하려 한다고 생각했다. 매슬로의 육군 공병대를 향한 농담은 더 큰 목표의 일부였다. 그는 미국 사회를 "인간화"하려는 사명을 가지고 있었으며, 이는 전문 심리학으로부터 시작해야 한다고 보았다. (다른 사람들과 마찬가지로) 당시 심리학이 지나치게 합리주의적으로 변했다고 생각했기 때문이다.

훗날 그의 여러 제자 중 한 명은 그를 '창의성의 아버지'로 회고했지만, 매슬로가 처음부터 사람들이 아이디어를 떠올리는 구체적인 문제에 특별히 관심이 있었던 것은 아니었다.[6] 다만 그는 탁월한 사람들에 대해 관심이 많았으며, 그런 점에서 다른 창의성 연구자들과 동일한 맥락에서 작업하고 있었다. 그들과 마찬가지로 그는 심리학이 어느 시점에서 인간의 탁월성에 대해 고민하는 것을 멈추고, 대신 기능 장애와 질병에만 초점을 맞추고 있다고 생각했다. 그의 획기적인 1950년 논문 「자기실현을 하는 사람들: 심리적 건강에 대한 연구Self-Actualizing People」는 에이브러햄 링컨, 알베르트 아인슈타인, 엘리너 루스벨트Eleanor Roosevelt, 제인 애덤스Jane Adams, 바뤼흐 스피노자Baruch Spinoza 같은 저명한 인물들의 삶을 다뤘다. 이 연구는 저명한 인물에 대한 IPAR의 연구와 크게 다르지 않았으며, '천재적 위인들'을 중점적으로 다룬 골턴의 연구와 매우 가까웠다. 이전의 심리학자들이 이런 인물들의 아이큐를 사후에 추정하려고 했다면, 매슬로는 그들을 가상의 심리 상담실 소파에 앉혀놓고 그들의 가장 깊은 심리적 과정과 성격을 탐구하며 그들만의 고유한 성공 비결을 찾고자 했다. 매슬로는 그들의 업적을 내면 성장이 이뤄진 증거라고 생각했다.

매슬로가 창의성(그는 '창의적임'이라는 용어를 선호했다)에 관한 글을 쓰기 시작했을 때, 그것은 때로는 길퍼드 등의 연구에 대한 개인적인 반응으로 비공개적으로 작성되었고, 때로는 육군 공병대와 같은 청중의 초청을 받았을 때 연설의 형태로 이뤄졌다. 그의 회의적인 태도는 창의성을 이해하는 방식 자체에 대한 것이 아니라, 심리학자들과 기술에 관심이 많은 후원자들이 창의성에 접근하는 방식에 관한 것이었다. 그는 1952년에 이런 메모를 남겼다. "산업계가 마치 불을 켜고 끌 수 있는 어떤 비밀 버튼을 찾고 있는 것 같다는 생각이 강하게 든다. 조만간 누군가가 '창의성은 어디에 위치해 있습니까?'라고 묻거나, 이를 켜고 *끄는* 전극을 심으려는 시도를 할 것만 같다." 매슬로는 당시의 창의성 연구가 지나치게 "원자화된" 접근법이라고 보았으며, 창의성을 특정한 인지적 과정으로 환원시키는 방식에 대해 비판적이었다. 그는 1966년 제7차 유타 회의에서 다뤄진 창의성 연구 내용을 정면으로 공격하며, "방법론, 정교한 테스트 기법 그리고 단순히 정보의 양은 쌓여가지만" 창의성에 대한 실제 지식은 조금도 진전되지 않았다고 주장했다.[7] 매슬로는 창의적 성취를 발산적 사고와 동일한 특정 인지능력으로 설명할 수 있다는 생각을 거부했다. 게슈탈트 심리학의 영향을 받은 그는(막스 베르트하이머Max Wertheimer가 그의 스승이었다) "전인全人"을 이해하는 것이 필수적이라고 보았다. 그는 유타회의 청중에게 더 "총체적이고 유기적이며 체계적인" 접근 방식을 취해야 한다고 촉구하면서 "무언가를 만들어내는 것은 전체적인 인간이 하는 행동이지, 생명체에 페인트를 덧칠하는 행동이 아니다"라고 말했다.[8] 매슬로는 잠재된 창의성을 활성화시키는 "비밀 버튼"을 찾으려 하기보다는 사회가 대신 "더 나은 **유형의** 인간 그리고 그 결과로 더 창의적인 사람"을 만들어내려 노력해야 한다고 주장했다.[9] 그는 이렇게 썼다. "총체적으로 개념화된 일반적인 창의성은 전체 시스템의 개선에서 비롯된다." 또한 그는 "더 온전하고, 더 건강한 인간은 결과적으로 행동, 경험, 지각, 의사소통, 교육, 일 등에서 수십, 수백, 수백만 가지의 변화를 만들어낼 것이며, 이런 변화들은 **모두** '창의적인' 변화일 것"이라고 말했다.

매슬로에게 길퍼드와 같은 학자들의 접근 방식은 심리학이 얼마나 협소하고 실용주의적으로 변했는지를 완벽하게 보여주는 사례였다. 1954년, 매슬로는 심리학 분야가 "제한된 어휘와 개념의 지침 아래 제한된 방법과 기법으로 제한적이거나 사소한 목표를 추구하는 경우가 너무 많다"고 선언했다.[10] 매슬로는 원래 행동주의를 전공해, 원숭이의 성 행동을 연구하고 '언어 자료의 학습, 기억, 재생'에 대해 박사 학위 논문을 쓴 사람이다. 하지만 제2차 세계대전 이후 많은 심리학자와 마찬가지로 매슬로 역시 행동주의가 협소하다고 느끼고, 영성, 의미 추구, 초월 등 심오한 철학적 질문을 다룰 수 있는 '심리학의 더 넓은 영역'을 개척하고자 했다. 그는 심리학이 단순히 기술적인 학문에 머물지 않고, 사람들에게 영감을 주고 일상적인 삶에서 의미를 찾고 자신을 발전시킬 수 있는 도구가 되기를 원했다.[11]

이를 위해 매슬로는 행동주의자들이 '실증적' 사회과학에서 배제하려 했던 프로이트 이론에 주목했다. 전후 시대에 프로이트 이론이 부활한 것은, 그것이 비합리성까지 포함한 얽히고설킨 인간 본성에 대해 좀 더 깊이 있는 설명을 제공할 수 있다고 여겨졌기 때문이다. 정신분석학자들은 돌아온 참전 군인들과 새로이 가정으로 돌아온 주부들이 현대의 혼란스러운 시대에 적응할 수 있도록 돕고자 노력했다. 하지만 매슬로와 같은 전후 신新프로이트주의자들과 인본주의 심리학자들은 이와는 달리 비판적 접근 방식을 취했다. 그들은 대중사회에 대해 갑자기 경계심을 가지게 되었고, 개인을 잠재적으로 병든 사회적 규범에 적응시키는 것보다는 사회적 압력과 순응에 저항하도록 돕는 데 더 관심이 있었다. 전통적인 프로이트 이론이 주로 인간의 기능 장애에 초점을 맞춘 반면, 매슬로와 로저스 같은 인본주의 심리학자들은 이제 행복, 성장, 창의적 성취와 같은 '긍정적인' 행동에 주목해야 할 때라고 생각했다. 그들은 이런 노력을 통해 기존의 부르주아들이 심리적 건강이라고 믿었던 상태에 대한 이상을 뒤집는 한편, 사회에 잘 적응하는 것과 관련된 특성에 의문을 제기했으며, 과거에 "야수적"이거나 "악한" 것으로 여겨졌던 특성들에 부여된 "병적인 색채"를 제거하려 했다.[12]

이것이 바로 매슬로가 육군 공병학교 청중에게 전하려던 메시지의 핵심이었다. 그는 자기실현에 관한 자신의 연구와 창의적 성격에 대한 IPAR의 연구를 바탕으로, 창의적인 사람들을 "비전통적이고" "약간 별난" 사람들로 묘사했다. 또한 그는 창의적인 사람들과 같이 일하는 동료들은 그들을 "비현실적이다", "무질서하다", "비과학적이다", "유치하다", "무책임하다", "미쳤다" 같은 말로 묘사할 때가 많다고 말했다. 매슬로에 따르면, 창의적인 사람은 "자신의 무의식, (……) 유치함, 환상, 상상력, 욕구 충족, 여성성, 시인 기질 그리고 '미친' 기질을 받아들일 수 있는 사람"이었다. 반면, 창의적이지 않은 사람들은 "매우 질서 정연하고, 깔끔하며, 시간을 잘 지키고, 체계적이고, 매우 통제된" 사람들이었다. 그들은 "훌륭한 경리 담당자"로 적합했다. 또한 그들은 "경직되고 꽉 막혀 있으며, 자신의 감정이나 본능적인 충동 혹은 자신의 깊은 내면을 두려워해 이를 필사적으로 억압하는" 사람으로 묘사되었다.[13]

매슬로가 포트벨보어에서 이런 가치들을 강조한 것은 다소 이질적으로 보였다. 그곳의 공병대원들은 합리성, 시간 엄수, 냉철함, 신뢰성과 같은 가치가 중요하다는 것을 아버지로부터, 보이스카우트 경험으로부터, 자기 계발서를 읽으면서, 기본 훈련과 공학 교육을 받으면서 배운 사람들이었기 때문이다. 하지만 전문직 종사자들의 이런 생각은 곧 바뀌기 시작했다. 그 이후로 엔지니어와 화이트칼라 전문직 종사자들은 상사로부터 창의성이 성공적인 경력을 쌓고, 공산주의를 물리치며, 또한 매슬로가 말했듯이 진정으로 진실하고 건강한 인간이 되기 위해 반드시 길러야 할 특성이라는 말을 점점 더 많이 듣게 되었기 때문이다.

미친 천재 이론에 대한 반박

창의성을 천재성의 민주적인 대안으로 간주한 심리학자들은 창의성이라는 개념에 오랫동안 부당하게 수반되어온 '미친 천재'라는 개념의 대체물도 발견해냈다. 19세기 초 낭만주의자들은 천재성을 축복인 동시에 저주로 여겼다. 이로 인해 시대를 앞선 수많은 젊은이가 사회와의 부조화에 괴로워하다 결국 광기에 빠지곤 했고, 초기 심리학은 이런 인식을 불식시키는 데 별다른 도움을 주지 못했다. 19세기에 프랑스 정신과 의사 자크 조제프 모로Jacques Joseph Moreau는 "일에 대한 몰두와 열정의 발작적인 폭발"을 병적인 집착으로 해석하며 천재성을 유전되는 병으로 본 반면, 그의 이탈리아인 제자인 체사레 롬브로소Cesare Lombroso*는 천재를 신체적으로 허약하고, 피부가 창백하며, 체구가 작은 "퇴화한 사람"이라고 주장했다. 또한 당시에는 소크라테스에서 파스칼까지 모든 천재가 다양한 정신질환에 시달렸다고 주장하는 "병적학pathography** 이론"도 유포되곤 했다.[14] 20세기에 이르러 이런 생각은 골턴 덕분에 다소 약화되었지만, 예술가는(그는 과학자에 대해서는 그렇게 생

* 현재는 폐기된 두개골 측정학이라는 유사 과학의 창시자.
** 뛰어난 인물의 전기나 작품을 정신의학적으로 해석해 그 사람의 정신적 이상성과 창조 활동의 관계를 연구하는 학문.

각하지 않았다) 승화된 리비도에 의해 동기를 부여받는다고 생각한 프로이트를 통해 지속되었으며, 우울증, 약물 남용, 기이한 행동을 예술적 진정성의 지표로 해석한 현대 예술가들에 대한 비판도 이런 생각을 유지시키는 데 상당한 기여를 했다.

제2차 세계대전 이후 창의성 연구자들은 천재성과 관련된 이런 개념들을 폐기하고자 했으며, 그 중심에 프랭크 배런이 있었다. 성격심리학 박사 학위를 취득한 지 얼마 되지 않은 신진 학자로서 IPAR 초창기인 1950년에 도널드 매키넌을 만나 IPAR에 합류한 배런은 빠르게 창의성 연구 분야의 스타로 부상했다. 그는 1955년 제1회 유타 회의에서 IPAR 대표로 참가해 공군 대위들의 "독창성 성향"에 관한 실험 결과를 담은 논문을 발표했고(이 논문에서 그는 성격 테스트 외에 길퍼드가 당시에 새로 개발한 창의성 평가 도구를 추가로 사용했다), 그 후에는 유타 회의의 공동 기획자가 되었으며, 캘빈 테일러와 함께 회의 자료집의 공동 편집자로도 활동했다. 또한 배런은 캘리포니아 대학교 산타크루즈 캠퍼스의 교수로 재직하면서 (대학원 동창인 티머시 리리와 함께) 초기 환각제 연구의 선구자가 되었고, 빅서에 위치한 에설런 연구소에서 창립 이사회 위원으로 활동했다. 이 연구소는 매슬로와 로저스가 뉴에이지와 반문화 인사들과 교류하던 곳으로 유명했다.[15] 이런 과정을 거치면서 자신의 정체성을 인본주의 심리학자로 확립한 배런은 심리학이 예술이나 시처럼 "인간 정신을 찬미하는 데 공헌하는 신성한 학문"이 될 수 있다고 생각하게 되었다.[16] 그는 1963년에 발표한 『창의성과 정신 건강*Creativity and Psychological Health*』에서 "심리학은 인간 본성의 긍정적인 면을 탐구하고, 질병보다는 인간 존재의 독특하고 비범한 생명력에 관심을 가져야 한다"는 자신의 신념을 설명했다.[17]

배런의 핵심 주장 중 하나는 창의적인 사람들이 그들에 대한 고정관념과는 달리, 미친 사람이 아니라는 것이었다. 배런과 매키넌은 저명한 작가들, 수학자들, 건축가들을 대상으로 심층 평가를 시행한 뒤, "창의적인 사람들은 일반인이 가지고 있는 고정관념에 거의 부합하지 않는다. (……) 우리가 경험한 바에 따르면, 창의적인 사람들은 정서가 불안하지도 않고, 산만하지도 않으며, 보헤미안처럼 자유분방하지도 않다. 오히려 그들은 신중하고, 내성적이며, 부지런하고, 철저하다"라고 보고서에 썼다(매키넌은 이런 특징들을 농담 삼아 "창의성의 서류 가방 증후군briefcase syndrome of creativity 군"*이라고 불렀다).[18] 또한 이 보고서에 따르면 창의적인 사람들은 자신감, 독립성, 호기심, 일에 대한 성실성 평가에서 높은 점수를 기록했다.[19] 게다가 창의적인 사람들의 높은 자신감은 맹목적인 오만으로 이어지지 않았으며, 오히려 '정직한 자기 평가' 능력으로 상쇄되는 측면이 있었다. 창의적인 사람들은 '자아 강도'가 높은 것으로 나타났지만, 보통 사람들에게서는 기이하거나 쾌락적이고 자기 파괴적인 행동으로 나타날 법한 비이성적이고 본능적인 에너지를 다룰 수 있는 능력도 갖추고 있었다. 동시대 학자 데이비드 리스먼의 용어를 빌려, 배런과 매키넌은 창의적인 사람을 "내면

---

* 마치 조직적이고 책임감 있는 전문직 종사자들, 즉 서류 가방을 들고 다니는 직장인을 연상시키는 모습에 빗댄 말이다.

지향적인" 사람으로 묘사했는데, 이는 당시가 "타자 지향적인" 사람들의 시대였다는 점에서 매우 예외적인 부류였다. 하지만 창의적인 이들은 자기 몰두에 빠지지 않았다. 배런은 창의적인 사람을 "평균적인 사람보다 더 원초적이면서도 더 세련되고, 더 파괴적이면서도 더 건설적이며, 더 미쳤으면서도 더 분별력이 있는 사람"으로 묘사했다.[20]

　　배런과 매키넌은 천재성이 과잉이라는 개념으로 정의되었다면, 창의성은 균형의 산물이라고 주장했다. 즉 그들은 건축가가 자신의 생각과 클라이언트의 요구를 조화롭게 통합하는 능력, 작가가 독자들에게 의미 있는 방식으로 형식을 발전시키는 능력, 수학자가 객관적으로 입증 가능한 진리를 상상하는 능력은 모두 비이성과 이성, 본능과 자아 간의 균형에서 비롯된다고 보았다. 다시 말해, 그들에게 진정으로 창의적인 사람들은 자신의 풍부한 상상력을 사회적으로 생산적인 작업으로 전환하는 법을 알고 있는 사람들이었다. 그리하여 불안정하고 예측 불가능하며 난해한 낭만주의적 천재의 이미지는 이전의 생각보다 문제를 훨씬 덜 일으키는 '창의적인 사람'으로 대체되었고, '창의적인 과정'은 롤로 메이에 의해 "질병의 산물이 아니라 정서적 건강의 최고 단계를 나타내며, 평범한 사람들이 자기실현을 하는 과정"으로 표현되기에 이르렀다.

　　'자기실현' 또는 '자기완성'의 개념은 인본주의 심리학자들이 창의적 행동과 심리적 건강을 연결하는 중심축이었다. 매슬로가 이 개념을 차용한 독일 심리학자 쿠르트 골드슈타인Kurt Goldstein에 따르면, 자기실현은 자신의 잠재력을 온전히 발휘하려는 기본적인 생명체적 욕구였다. 이 개념은 20세기 서구 이론의 다양한 흐름에서 영감을 받았다. 예를 들어, 카를 융Carl Jung의 '개성화' 개념, 즉 모든 개인이 본질적으로 자기 자신이 되기 위해 노력한다는 생각, 장폴 사르트르Jean-Paul Sartre의 실존주의 철학, 즉 인간은 자신의 삶을 스스로 창조하는 예술가라는 관점 그리고 앙리 베르그송Henri Bergson의 '창조적 진화' 개념, 즉 모든 생명체를 변화로 이끄는 원초적인 생명력 등이 그 다양한 흐름의 일부였다. 배런 같은 창의성 이론가들은 이를 한 단계 더 발전시켜 예술가, 건축가, 엔지니어와 같은 사람들의 외적인 창조적 행위를 **인간 본능의 근본적인 원동력**과 연결시켰다. 배런은 인간 행동의 원동력은 프로이트가 주장한 '성적 충동'이 아니라 '창의성'이라고 선언했다. 그는 생물학적 번식이 아니라 상징적 창조가 "인간만의 독특한 에너지, 살아 있는 세계에서 승리한 에너지 형태"라고 주장했다.[21]

1963년에 이르러 매슬로는 "내 느낌으로는 창의성이라는 개념과 건강하고 자기실현을 이룬 완전한 인간이라는 개념이 점점 더 가까워지고 있으며, 어쩌면 결국 같은 것으로 드러날 것 같다"고 언급했다. 이는 일종의 자기 충족적 예언이었을지도 모른다. 두 개념이 아직 초기 단계에 머물러 있던 시점에 매슬로, 로저스, 메이, 배런 등의 학자들은 창의성을 발명이나 혁신의 의미로 자기실현과 결합시켜, 자신의 진정한 자아를 찾는 과정과 외적 참신함을 추구하는 과정을 동전의 양면처럼 간주했다.[22]

반항과 낭만

완전히 제정신인 창의적인 사람의 모습과 아웃사이더이나 부적
응자로서 창의적인 사람의 모습 사이에는 어느 정도 긴장이 있었
을 수 있다. 하지만 전후 사상가들은 현대사회로부터 개인을 구
하려는 과정에서 완전한 정신적 건강과 자율성을 동일시했다. 매
슬로는 창의적 행위 속에서 우리가 "다른 사람들로부터 자유로워
진다"고 썼고, 이는 곧 "우리 자신, 즉 '진정한 자아'가 되는 것"을
의미한다고 보았다. 이러한 진정한 자아는 제1차 세계대전과 제
2차 세계대전 사이에 지배적이던 사회적 자아가 아니라, 어떠한
얽힘이나 의무에서도 자유로운 완전한 자율적 자아였다. 매슬로
는 마치 현대의 루소인 양 창의적 상태에서 나타나는 어린아이 같
은 "순수함"을 찬양하며, 창의적인 사람들은 잠시 동안 "꾸밈없고
(……) '해야 한다'거나 '하지 말아야 한다'는 규범에서, 유행, 신념,
습관 그리고 무엇이 적절하고 정상적이며 '올바른지'에 대한 선험
적 관념으로부터 자유로울 수 있다"고 썼다.[23] 인본주의 심리학자
들, 특히 매슬로는 광기 어린 천재에 대한 낭만주의적 신화를 거
부하면서도, 길퍼드가 비생산적이라고 여겼던 바로 그 낭만주의적
개념을 수용하곤 했다. 길퍼드가 창의성을 일상적인 인지 과정으
로 환원하려 했던 반면, 매슬로는 자기실현자들에게서 관찰한 "최
고의 경험"과 창의성을 연결시켰다. 그에게 "최고의 경험"이 이뤄
지는 이 순간은 "희열, 황홀감, 열광, 환희"의 순간이었다. 그는 창
의적 정신을 마치 뮤즈, 심지어 연인처럼 시적으로 묘사하며 "그것

이 우리에게 스며들도록 허락하고, 우리 위에 그 의지를 펼치도록 허락하며, 그 뜻대로 하게 내버려둔다"고 썼다. 창조한다는 것은 "현재에 몰입해 (……) 시간을 초월하고, 자아를 초월하고, 공간, 사회, 역사에서 벗어난 상태가 되는 것"이었다.[24]

프랭크 배런은 이렇게 거의 반사회적인 개념, 즉 창의적인 비순응주의자라는 개념을 이렇게 표현했다.

> 그는 자신 안에 존재하는 원초적이고, 세련되지 않으며, 순수하고, 마법적이고, 비합리적인 부분을 외면하라는 사회의 요구를 거부한다. 그는 공동체의 '문명화된' 일원이 되어야 한다는 요구를 거부한다. 창의적인 개인들은 자신을 온전히 소유하기를 원하고, 사회가 모든 구성원이 특정한 시간과 장소의 규범에 적응해야 한다고 주장하는 것이 근시안적이라고 느끼기 때문에 이러한 요구를 거부한다.[25]

이렇듯 역설이 존재했다. 한편으로, 창의적이라는 것은 사회의 요구를 거부하는 것이었다. 많은 전후 사상가에 따르면, 그 사회 자체가 아마도 비정상이었기 때문이다. 그러나 다른 한편으로, 창의적인 사람은 매우 생산적이고 유용한, 심지어 특히 전문적 맥락에서조차 그러한 존재를 의미했다.

또한 여기에는 전후 시대 특유의 엘리트주의적 감각과 평등주의적 감각 간의 긴장감이 존재했다. 만약 창의성이 자기실현의 결과라면, 이론적으로는 누구나 이룰 수 있는 것이어야 했다. 티머시 리리는 다소 어울리지 않는 제목의 논문 「시험 점수 피드백이 창의적 성과에 미치는 영향과 약물이 창의적 경험에 미치는 영향The Effects of Test Score Feedback on Creative Performance and of Drugs on Creative Experience」에서 이렇게 주장했다. "창의성은 운 좋게 물려받은 유산이나 엘리트 교육의 결과가 아니다. 우리 각자의 대뇌피질 속에는 전 세계의 모든 박물관과 도서관을 합친 것보다 더 많은 비전이 있다. 오래된 상징들을 새로운 방식으로 조합할 수 있는 가능성은 무한하다. 창의성은 민주적으로 경험하고 구현할 수 있으며, 실제로 가까운 미래에 그렇게 될 것이다."[26] 매슬로는 심리측정학적 연구가 의존하던 '창의적인 사람과 창의적이지 않은 사람의 이분법적 구분'을 거부함으로써 자신의 창의성 이론을 더 민주적으로 만들었다. 그는 "2차적 창의성", 즉 실제로 가치 있는 결과물을 완성하는 과정을, "1차적 창의성", 즉 초기 영감의 순간과 구별했다. 매슬로는 이 초기 영감이 "아마도 모든 인간이 물려받은 본질적인 자질일 것"이라고 믿었으며, "건강한 아이라면 누구나 가지고 있는 창의성으로, 대부분의 사람이 성장하며 잃게 되는 종류의 창의성"이라고 설명했다.[27] 매슬로에게 중요한 질문은 창의적인 사람을 어떻게 식별하느냐가 아니라, 억눌린 이 잠재력에 무슨 일이 일어났는가였다. 그는 이렇게 묻는다. "대체 왜 모든 사람이 창의적이지 않은가?"[28] 이 지점에서 인본주의 심리학자들은 오즈번이나 패니스 같은 학자들과 예상치 못한 합의를 이루었다.

창의성이 모두가 공유한 유산이라고 주장하면서도 매슬로와 배런 같은 사람들은 분명히 예외적인 것에 매료되어 있었고, 평범함을 경멸했다. 매슬로는 창의적인 사람이 "스케이트 타기 같은 기술을 익히는 평범한 사람과는 다른 특별한 종류의 사람"이라고 묘사했다.[29] 더 나아가 그는 다음과 같이 말했다. "어떤 사회든 성공적으로 기능하려면, 모든 분야에서 혁신가, 천재, 개척자와 같은 '우월한 생물학적 자질을 지닌 구성원'이 존중받고 가치를 인정받으며, 니체적 분노, 무력한 질투, 약자의 반가치 같은 감정에 휩싸인 사람들에 의해 파괴되지 않도록 하는 체계가 필수적이다."[30] 매슬로가 "즉흥적으로 사고하고 표현할 수 있는 새로운 인간형을 길러야 한다"고 말했을 때, 전 인류를 의미한 것인지 아니면 우월한 한 집단을 의미한 것인지 불분명했다. 결국 인본주의 심리학자들에게나 심리측정학자들에게나 창의성이라는 개념 자체는 인간 성취의 위계질서 유지에 바탕을 두고 있었고, 다른 모든 행동은 그 위계를 기준으로 평가되었다. 그들이 이 위계질서의 일부를 살짝 건드리기는 했지만, 그것은 대체로 그대로 유지되었다. 그리고 그 꿈은 여전히 본질적으로 역설적이었다. 그 꿈은 일상적인 것과 숭고한 것을 연금술처럼 결합하고, 매슬로가 말한 대로 "평범한 사람들과는 다른 사람들"로 구성된 사회를 만드는 것이었다.[31]

창의성과 변화

인본주의 심리학자들은 과학과 기술에 대한 물음을 두고 심리측정학자들과 다소 긴장 관계에 있었다. 길퍼드와 테일러는 창의성 연구가 기술혁신을 가속화하는 데 중요하다고 연구 후원자들을 설득하려 노력한 반면, 인본주의 심리학자들은 사회적·문화적 발전이 기술의 속도를 따라갈 수 있을지에 대한 우려를 자주 표명했다. 예를 들어, 영문학 교수 브루스터 기슬린은 1955년 유타 회의에서 "인간의 마음은 지구 전체를 죽음의 장막으로 덮을 준비가 되어 있다"고 경고했다. 그는 핵 홀로코스트를 인간이 "기발한 재주"로 만들어낸 문제라고 묘사하며 여기에서 인류를 구하는 일은 "창의적으로, 즉 우리 내면의 삶에 심오하고 철저한 변화를 일으키는 것으로만" 해결될 수 있으며, 그러기 위해서는 "지나치게 경직된 현재의 사고와 감정 패턴"을 풀어야 한다고 주장했다.[32]

이런 주장은 인류가 처한 기술적 철창이 사실 창의적 사고의 산물이 아니라, 합리적이고 도구적이며 협소하고 전문화된 사고의 산물이라는 것을 암시한다. 기슬린, 로저스, 매슬로 같은 인본주의 심리학자들에게 창의성은 단순한 발명이나 재능 이상의 것이었다. 그것은 인간 본성을 더 깊이 이해하는, 좀 더 현명한 무엇이었고, 따라서 기계 시대의 사고에 대한 해독제였다. 롤로 메이 또한 창의성을 사려 깊고 의식적인 변화를 이끄는 힘으로 보았다.

우리는 익숙하게 의지하던 정박지를 잃어버렸다는 두려움에 마비되어 무관심으로 우리의 무위無爲를 감추게 될 것인가? 만약 그런 일을 한다면, 우리는 미래를 형성하는 데 참여할 기회를 포기한 셈이 될 것이다. 우리는 인간의 독특한 특성, 즉 스스로의 인식을 통해 진화를 이끌어갈 능력을 잃게 될 것이다.

우리는 맹목적인 역사의 거대한 힘에 굴복하고, 미래를 더 평등하고 인간적인 사회로 만들어갈 기회를 상실하게 될 것이다.[33]

하지만 어떻게 창의적 사고가 기술의 폭주를 악화시키지 않고 바로잡을 수 있는지에 대해서는 구체적인 설명이 없다. 로저스는 창의성 자체는 가치중립적인 개념이지만("어떤 사람은 고통을 완화하는 방법을 발견할 수도 있고, 다른 사람은 정치범을 위한 새롭고 더 정교한 고문 방식을 고안할 수도 있다"), 창의성을 육성하는 것은 일반적으로 심리적 건강과 밀접하게 연결됨으로써 갈등을 초래하는 불안을 완화할 수 있기 때문에, 사회적으로 긍정적인 선이라고 보았다. 마찬가지로 메이도, 인간 본성이 우리의 "진화"를 의식적으로 변화시킨다고 주장한다면 역사를 "맹목적인 거대한 힘"으로 여길 이유가 없다고 설명했다. 결국 이 모든 이론을 관통하는 주제는 파괴적인 변화가 필연적이고 세상의 방식이라는 것이었다. 이 연구자들은 윌리엄 F. 버클리처럼 역사의 진전을 막아서면서 "멈춰라"라고 외치거나, 끊임없는 성장과 군사적 우위 경쟁이 불러온 격동의 흐름 자체에 의문을 제기하기보다는, 오히려 그런 변화를 설명할 수 있는 인간 본성 모델을 만들어냈다.

매슬로는 심리학자의 역할이 "창의적인 사고를 할 수 있는 인간, 끊임없이 변화하는 세상에서 살아갈 수 있는 새로운 유형의 인간"을 육성하는 것이라고 주장했다.[34] 그는 이렇게 말했다. "우리는 세상을 고정하거나 안정적으로 만들 필요가 없는, 아버지가

했던 것을 똑같이 할 필요가 없는 사람들이 되어야 한다. 내일 무슨 일이 닥칠지 모르더라도 자신감을 가지고 내일을 마주할 수 있는 사람으로 스스로를 만들어야 한다. 지금까지 한 번도 존재하지 않았던 상황에서 즉흥적으로 대처할 수 있는 자신감을 가져야 한다."[35] 이 심리학적 틀에 따르면, 변화는 자연스럽고 유기적이며 건강하고 긍정적인 것이고, 이전 세대가 그렇게 열망했던 안정과 전통의 위안은 인위적이고 억압적이며 약하고 불충분한 개성화의 징후였다. 매슬로에게 '창의적'이라는 것은 무엇보다 변화 지향적인 것이었다. 이는 현대사회의 혼란에 적응하는 데 유용할 뿐만 아니라, 그러한 혼란을 초래하는 데에도 기여할 수 있었다. 이 인본주의 심리학자들은 더 정량적인 심리학 연구를 하는 동료들과 일부 목적에서 의견을 달리했을지 모르지만, 창의성이 긍정적인 가치라는 개념에 있어서는 생각을 같이했다.

민주적 성격

창의성을 그 적용 방식과 상관없이 일반적으로 건강한 성격 특성으로 규정한 것은 냉전 시대에 더 큰 정치적 의미를 부여했다. 창의적인 사람을 정의하는 것으로 여겨진 '자기 조절의 고집'과 '문화적 동화에 대한 저항 경향'은 반사회적 특성으로 보일 수도 있었지만, 이는 전후 지식인들이 복잡하고 다원적인 자유주의 사회에서 창의적인 사람들을 이상적인 시민으로 여긴 이유이기도

한 그 특성이었다.[36] 냉전 초기, 지식인들 사이에서는 정치 체제와 성향—자유주의, 보수주의, 민주주의, 전체주의—을 서로 다른 성격 유형에 연결시키는 것이 흔한 관심사가 되었다. 1950년에 발표된 대규모 연구서 『권위주의적 성격 *The Authoritarian Personality*』은 정치적 성향을 정신분석학적 관점에서 설명하며, "권위주의자들"—여기에는 인종차별적 보수주의자들과 극단적인 공산주의자들이 포함되었다—이 "신경질적이고, 경직되고, 편협하며, 외부에서 부여된 가치에 순응하는" 경향이 있다고 주장했다. 반면, 민주적 성격은 "민족 중심적이지 않고, 관용적이고, 유연한 특성을 지니고 있으며, 외부 권위가 아닌 진정한 내재적 가치와 기준을 지향하는 내면화된 양심과 더 큰 자율성"을 지니고 있다고 설명했다. 제이미 코언콜*Jamie Cohen-Cole*은 자유주의 지식인들이 "단조롭고 획일적인 미국의 중산층은 소련이라는 전체주의 국가와 공통점을 가지고 있다. 둘 다 '진정한 자아'가 결여되어 있으며, 미국의 민주주의를 위협할 수 있는 비슷한 유형의 사람들로 이뤄져 있다"고 말했다.[37]

길퍼드의 연설 이전에 쓰인 『권위주의적 성격』 초판에는 '창의성'이라는 개념이 등장하지 않았지만, IPAR의 창의성 연구가 이 논문 작성에 참여한 연구자들과 이 논문에서 사용된 아이디어들을 차용하면서, 창의적 성격은 민주적 성격의 새로운 버전으로 자리 잡았다. 한 연구에서는 창의적인 사람들과 민주적인 사람들이 대칭적인 도형보다 비대칭적인 도형을 선호하고, 추상미술을 재현적이거나 구상적인 이미지보다 더 선호한다는 결과를 발견했는데, 이는 그들의 "모호함에 대한 관용"을 반영한다고 보고되었다.[38] 이 이론에 따르면, 민주적 성격을 가진 사람들이 다양한 인종과 국적을 관용적으로 대하는 것과 같은 특성은 창의적인 사람들이 이질적인 아이디어를 받아들이는 태도와 연결되며, 민주적인 사람들이 민주적 과정의 혼란스러움에 적응할 수 있게 하는 "일시적인 무질서를 견디는 능력"은 창의적인 사람들이 뻔한 해결책을 너무 쉽게 받아들이지 않는 태도와 연결된다. 하지만 이 논문에서, 이런 미적 성향이 타고난 성격이라기보다는 대체로 교육받은 전문 계층에서 공유된 문화적 선호에서 비롯되었을 가능성은 거의 고려되지 않았다.[39]

창의적인 사람은 민주 사회 자체를 상징하는 은유적 존재로까지 여겨졌다. 배런은 "통합을 이루기 위해 억압에 의존하는 전체주의 국가들은 자신의 충동과 감정을 억압해 겉으로 보이는 안정감을 유지하려는 신경증적인 개인과 정신역학적으로 유사하다"라고 썼다.[40] 하지만 그러면서도 그는 이렇게 추정했다. "어떤 사회나 시대를 창의적이고 일관되게 독창적으로 만드는 심리적 요소들은 개인의 창의성을 구성하는 요소들과 유사할 가능성이 높다. 이 요소들에는 표현의 자유, (……) 반대와 모순에 대한 두려움의 결여, 관습을 타파하려는 의지, 유희 정신과 일에 대한 헌신, (그리고) 거대한 목적 등이 포함된다." 이는 창의적인 사람과 창의적인 사회가 서로의 모습을 반영하며 형성된다는 뜻이었다.

정치적 반향이 있기는 했지만, 창의성 연구가 단지 정치에 관한 것이었다고 보기는 어렵다. 사상과 표현의 자유가 민주주의의 기본 가치임은 분명했지만, 배런을 비롯해 특히 창의성에 초점을 맞춘 연구자들에게 자유로운 사고의 가장 큰 이점은 건강한 정치 체제를 만드는 것이 아니라 생산적인 성취에 있었다. 정치적 맥락에서 "문화적 적응을 거부"하고 "개인적이고 고유하며 근본적인 본성을 포기하지 않는" 능력은 선동가들에게 쉽게 휘둘리지 않도록 하는 역할을 했지만, 창의적인 사람에게는 대담한 혁신을 만들어내는 원동력이 되었다.[41] 관용은 민주적 시민에게는 소수 인종에 대한 공정한 대우나 정책 형성의 혼란스러운 과정을 수용하게 하는 특성이었지만, 엔지니어에게는 복잡한 문제를 해결하는 데 도움이 될 수 있었다. 실제로 창의적인 사람은 정의상 자신의 열린 사고방식을 실천으로 연결하는 사람이었다. 배런은 이렇게 설명했다. "창의적인 사람은 자신의 내면에 있는 비이성적인 면을 존중할 뿐만 아니라 자신의 사고 속에서 가장 유망한 참신함의 원천으로 여겨 이를 적극적으로 탐구한다."[42] 그는 또한 이렇게 썼다. "창의적인 사람은 자기 외부의 문제를 해결하는 동시에 **자신을 창조하는** 사람이다."[43] 이는 창의적인 성격이 개성화와 발명이 융합되어 형성된다는 뜻이었다.

예술만을 위한 예술?

창의성이 예술만의 전유물이 아니라는 생각에는 모든 사람이 동의했지만, 전후의 과학 숭배에 회의적이었던 인본주의 심리학자들은 예술의 중요성을 더욱 강조하곤 했다. 그들은 창의적인 사람의 전형적인 사례로 예술과 문학에 종사하는 남성(때로는 여성)을 주로 들었으며, 그들이 묘사한 창의적 과정도 주로 예술에서 따온 것이었다. 매슬로는 연구자들이 창의성의 비밀을 과학자가 아니라 예술가와 아이에게서 찾아야 한다고 주장하기까지 했다. 그에 따르면 과학은 "비창의적인 사람들이 창조할 수 있도록 돕는 사회적이고 제도화된 기술일 뿐"이었다(이 발언은 매슬로가 창의적인 과학적 재능을 주제로 한 유타 회의에서 특유의 농담조로 한 말이었다).[44]

실제로, 예술과 인문학을 전공한 학자들 중 다수는 과학과 기술계에서 갑작스레 창의성에 열광하는 현상을 자부심과 우려가 뒤섞인 시선으로 바라보았다. 예술교육자와 프로이트 심리학자들이 주로 참석한 시러큐스 회의Syracuse conference 조직자들은 이 현상에 대해 다소 방어적인 태도를 보이면서 이렇게 썼다. "한때 창의성은 조롱과 경멸, 의심의 대상이 되었지만, 오늘날에는 전문적 관심사로 간주되며, 심지어 엔지니어, 발명가, 의료진 사이에서도 마땅한 존중을 받고 있다." 그들은 비록 창의성이라는 주제를 체계적으로 논의한 적은 없었지만, 창의성이 무엇이든 간에 예술을 초월한다는 데 거의 모두가 동의한다고 생각하면서, 예술이 창의성의 본래 자리라는 믿음을 가지고 있었다.[45]

예술의 중요성을 강조한다는 것은 때로는 비도구주의와 맞닿는 것이었다. 시러큐스 회의에서 이후에 사회 계층화 연구로 유명해진 멜빈 투민Melvin Tumin은 창의성을 "그 행위 자체가 정의하고 구성하는 경험, 즉 그 결과나 도구적 목적이 아니라 경험 자체를 위해 즐기는 미학적 경험"으로 정의했다. 이 정의는 유타 회의에서 논의된, 새로움과 유용성을 강조한 정의와는 거리가 있었다. 1964년에 작가 아서 케스틀러Arthur Koestler는 창의적 행위의 핵심 특성이 "놀라움"을 창출하는 것이라고 주장했다. 이 정의는 예술과 문학에 적합하면서도 기술적 새로움까지 포괄할 수 있을 만큼 넓은 정의였다. 그러나 투민과 케스틀러의 정의는 표준으로 자리 잡지는 못했다. 많은 창의성 연구가 도구주의적 성향을 띠는 것에 반대하며, 매슬로 또한 창의성이 "문제 해결"이나 "제품 제작"에 관한 것이 아니라 자기표현에 관한 것이라고 주장했다. 그는 이렇게 썼다. "목적이나 계획, 심지어 의식 없이도 창의성은 '발산'되거나 방사되어 삶 전체에 영향을 미친다. 창의성은 문제와 관계없이 (……) 햇빛처럼 퍼진다."[46]

예술에 중점을 둔 인본주의적 창의성 이론은 독특한 이데올로기적 색채를 띠고 있었다. 예술은 전통적으로 산업사회의 병폐를 치유하는 해독제로 이해되었기 때문이다. 낭만주의 예술가는 표면적으로 (실제로는 그렇지 않더라도) 자본주의 생산 체계 바깥에 존재한다고 여겨졌으며, 따라서 현대적 소외의 예외를 상징했다. 저명한 예술교육자 빅토어 로웬펠트Viktor Lowenfeld는 "베토벤이 9번 교향곡을 창작했을 때, 9번 교향곡은 곧 베토벤 자신이었고, 베토벤 자신이 9번 교향곡 자체였다"고 말했다. 그는 어린이들에게 타인의 작품을 모방하지 않도록 가르쳐야 한다고 주장한 것으로 유명했다. 로웬펠트는 창의적 과정을 "자신의 작품과 완전히 동일시함으로써 작품과 창작자 간의 구분이 거의 사라지게 만드는 능력"에 의한 것으로 정의했다. 하지만 그는 "일을 주로 돈벌이 수단으로 여기는 물질주의 시대에는 이 능력이 매우 드물다"고 한탄했다.[47] 매슬로 역시 예술가와 그의 작품 사이에 거리를 두지 않았다. 그는 "음악가는 음악을 만들고, 화가는 그림을 그리고, 시인은 글을 써야만 자신과 진정한 평화를 이룰 수 있다"고 말했다. 매슬로는 다른 곳에서 창의성이 본질적으로 예술과 관련된 것은 아니라고 주장했지만, 그래도 사람과 작품이 하나가 되는 장으로서 예술에 주목했다.

예술을 강조한 이들은 과학과 기술에 초점을 맞춘 연구자들을 회의적으로 바라보았을 수 있지만, 이들조차도 '예술을 위한 예술'을 이야기한 것은 아니었다. 그들에게 창의성은 미학적 생산보다 더 근본적인 것이었다. 시러큐스 회의 자료집 편집자들은 독자들에게 창의성이 미학적 대상에 관한 것이라는 가정을 버리라고 촉구했다. 그들은 이렇게 썼다. "그림을 그리거나 시나 발라드를 작곡하는 데 사용하는 창의적 과정은 마음을 통합하는 데 사용하는 과정과 동일하다." 창의성은 근본적으로 "긍정적인 자기 통합의 힘"이었다. 매슬로 역시 예술교육을 지지했는데, 그는 이를 "예술을 통한 교육"이라고 명명하며 "예술가나 예술 작품을 배출하기 위해서가 아니라 더 나은 인간을 길러내기 위해" 필요하다고 설명했다.[48] 즉, 예술가는 창의성의 모델일 뿐이며, 예술적 존재 방식의 이점은 예술 자체가 아니라 그 외의 곳에 있었다. 여기에는 다소 역설적인 면이 있었다. 이 이론은 예술을 평범함, 상업성, 기술적 영역에서 분리시키는 한편, 예술을 그 자체로―즉 미학적 대상의 생산을 위해―장려한 것이 아니라, 창의성이라는 능력의 표현으로 간주했다. 이 능력은 기술적, 상업적 영역을 포함한 어떤 분야에도 적용될 수 있었다. 매슬로는 예술적 성향을 가지고 있었음에도 불구하고 창의성이 예술에 국한되지 않는다고 강조했다. 그는 "교육을 받지 못한 가난한" 주부를 떠올리며, 그녀가 가구 선택에서 보여준 창의성과 기발함에 대해 "너무나 독창적이고, 참신하며, 기발하고, 예기치 않으며, 발명적이라 그녀를 창의적이라고 **부를 수밖에 없었다**"고 말했다. 반면, 사람들은 단순히 다른 사람이 쓴 악보를 재현하는 클래식 첼리스트들을 창의적이라고 부르곤 했다. 심리학자들은 "창의성이 특정 전문직의 전유물"이라는 가정을 재고해야 한다며 "요리나 육아, 집 꾸미기는 창의적일 수 있지만, 시는 그렇지 않을 수도 있다"고 말했다.[49] 진정한 창의성은 분명 미학 자체와 관련된 것은 아니었다. 본질적으로 예술적 성격을 띠고 있다 해도.

창의성과 성별

매슬로의 창의적인 주부 사례는 창의성이 예술 외의 영역에서도 발현될 수 있음을 보여주는 동시에, 창의성 연구 자체가 성차별적 전제를 창의성 개념에 내포하고 있음을 지적한 사례기도 했다. 매슬로는 "우리가 사용해온 창의성에 대한 정의와 사례 대부분이 본질적으로 남성적이거나 남성의 것"이라며 "단순히 남성의 산물만을 창의적이라고 정의하는 언어적 기술을 통해 여성의 창의성을 거의 완전히 배제했다"고 말했다.[50] 그러면서도 매슬로는 창의성이 어떤 면에서는 여성화된 개념이며, 심리학자들이 이를 받아들인다면 그 변화는 여성에게는 아니더라도 남성 내면의 여성성에 대해 열린 태도로 나아가는 계기가 될 수 있다고 보았다. 그는 "여성적이라는 것은 사실상 창의적인 모든 것을 뜻한다"며 "상상력, 환상, 색채, 시, 음악, 부드러움, 애수, 낭만적인 것 등은 일반적으로 자신의 남성성 이미지에 위험하다고 간주되어 차단된다"고 말했다. 매슬로는 많은 남성, 심지어 때로는 창의적인 사람들조차도 "자신이 '여성적' 또는 '여성스러움'이라고 부르는 모든 것 그리고 즉각 '동성애적'이라고 여기는 것에 대한 끔찍한 두려움을 드러낸다"고 비판했다.[51] 그러나 매슬로와 다른 인본주의적 창의성 연구자들은 자신 안의 여성성과 접촉하는 것이 정신 건강의 징후이며, 창의적인 사람에게는 생산적인 활동에 도움이 되는 특성이라고 믿었다. 매키넌은 창의적인 사람들이 여성성 평가에서 더 높은 점수를 받는다는 사실을 발견하고, "교차 성별 유형" 인물들, 즉 여성적인 남성이나 남성적인 여성이 성 고정관념에 부합하는 사람들보다 더 창의적일 가능성이 있다고 가설을 세웠다. 그는 이러한 사람들이 대체로 억압적이지 않으며, 이는 새로운 아이디어를 억제하지 않는 것과도 관련이 있을 수 있다고 보았다.[52] (그러나 한 평론가는 이 이론을 "그리 설득력 있지 않다"고 평가했다.)[53]

연구자들이 동성애까지는 아니더라도 약간의 여성성이 긍정적일 수 있다고 여긴 흐름은, 전후 시대에 성과 성별에 대한 인식이 어떻게 변화하고 있었는지를 보여준다. 이 시기에 미국 남성성은 상당히 불안하면서도, 변화를 겪고 있었다. 제2차 세계대전 당시의 병력 모집 활동은 미국 남성이 대공황의 영향으로 신체적·정신적으로 허약해졌다는 사실을 드러냈고, 이는 종종 현대사회의 더 심각한 문제로 해석되었다. 또한 새롭게 대중화된 사무직의 교외 생활은 "과도한 문명화"와 "여성화"에 대한 오래된 두려움을 불러일으켰다. 이 모든 요인은 존 웨인John Wayne 같은 인물과 『보이스 라이프Boys' Life』 잡지의 보디빌딩 광고에서 볼 수 있는 남성성 숭배를 부활시켰지만, 동시에 기업 사회에서는 좀 더 부드럽고 감정적으로 조율된 남성성이 바람직하다는 새로운 중간 지대를 형성했다. TV 드라마 〈아버지는 모든 것을 안다Father Knows Best〉에서는 남성들이 권위적인 아버지가 되지 않으려 하면서도 핵가족 구조 내에서 지배적인 위치를 유지하려는 모습을 볼 수 있었다(반대로 여성들은 가사 문제를 '효율적'으로 처리하고, 버릇없는 아이들에게 단호하게 대하면서도 '권위적'이지 않으려 애썼다). 예술과 문학의 세계에서는 잭슨 폴록Jackson Pollock, 잭 케루악Jack Kerouac, 노먼 메일러Norman Mailer와 같은 인물들이 예술이 섬세하면서도 '강인한' 것이 될 수 있음을 보여주었다. 일부 심리학자들에게 창의적 성격은 자신의 여성성과 조화를 이루는 것이 얼마나 강력하고 생산적일 수 있는지를 보여주는 모범 사례였다.

특히 매슬로에게 창의성에서 보이는 성별 유동성은 그가 심리학을 개혁하려는 더 큰 프로젝트와 닮아 있었다. 그의 강한 성별 본질주의적 세계관에서 '과학'은 남성을, '예술'은 여성을 상징했다. 과학은 '강인함'과 '근육질'의 이성을 대표하며, 예술은 도덕성,

'부드러움', 감정을 상징하는 영역이었다. 매슬로는 새로운 심리학이 이 두 영역을 화해시키기를 바라는 자신의 열망이 "내 안의 예술가와 과학자를 화해시키려는" 개인적 투쟁에서 비롯되었다고 사적으로 고백했다.[54] 하지만 매슬로는 또한 지나치게 여성스러워지는 것을 몹시 두려워했다. 그의 일기에는 역사가 이언 A. M. 니컬슨Ian A. M. Nicholson이 지적했듯이, 강인하고 남성적이어야 한다는 압박감에 시달렸던 소년 시절의 이야기가 기록되어 있다. 이 압박감은 그의 삶에서 결코 완전히 사라지지 않았다. 1960년대 반문화와 해방운동의 유명 인사가 되면서, 매슬로는 "남성성을 잃는 것" 그리고 "부드러운 성향을 가진 사람들, 실존주의자들, 빅서 그룹, 종교 관련 인사들"과 연관된 탓에 진정한 과학자들에게 "우유부단하고 감정적인 사람"으로 비춰질 것을 끊임없이 걱정했다. 매슬로는 이러한 두려움을 사회에 투영했다. 그는 자신의 사상이 1963년 베티 프리던의 『여성성의 신화 The Feminine Mystique』처럼 매슬로적 관점에 깊이 영향을 받은 페미니스트들의 작업을 통해 확산되는 것을 기뻐하면서도, 페미니즘이 여성의 복종적이고 가정적인 본성을 왜곡하고 있다고 은밀히 느꼈다. 그는 원숭이의 성 행동을 관찰한 초기 연구와 바드 칼리지에서 잠시 관찰한 여성들을 통해 이를 확신하게 되었다.[55] 매슬로는 심리학도, 창의적인 사람도 그리고 자신도 본질적으로 남성적이어야 하며, 여성성은 생명력을 유지할 만큼만 있으면 된다고 생각한 사람이었다.

다시 비즈니스로

1957년만 해도 매슬로는 경영 조언을 하는 것에 불편함을 느꼈지만, 사망할 무렵인 1970년에는 미국에서 저명한 경영 사상가 중 한 사람으로 알려지고 있었다. 매슬로는 오랫동안 경영진에게도 창의성이 필요하다는 점을 인식하고 있었는데, 이는 경영진이 "어떤 신제품도 빠르게 구식이 될 수 있는 상황에 대처할 수 있어야 한다"고 보았기 때문이다. 하지만 1960년대에 들어 그의 관심은 점차 기업 환경으로 이동했다. 그는 1962년 여름, 델 마에 있는 논리니어 시스템이라는 회사에서 일종의 연구 지원을 받아 처음 캘리포니아로 갔고, 그곳에서 피터 드러커와 더글러스 맥그리거Douglas McGregor의 새로운 경영 이론을 읽기 시작했다.[56] 에설런의 온천에 몸을 담그며 그의 작업에 관심이 있는 기업인들을 만난 것도 이 시기였다. 이 기간 동안 그는 나중에 『인간 욕구를 경영하라Maslow on Management』라는 제목으로 출간될 '일지'를 정리했는데, 이는 그의 책 중 가장 많이 읽힌 저서이자 경영 사상의 필독서가 되었다. 마침내 1968년, 미국 심리학회 회장이 된 해에 그는 캘리포니아주로 완전히 이주했다. 이주 후에는 인간 성장에 관한 그의 아이디어에 매료된 멘로 파크의 한 식품 서비스 회사 이사회의 지원을 받으며 연구를 계속했다.[57]

매슬로는 그의 '일지'에서 "계몽된 경영"이라는 개념을 소개했다. 이 개념은 직원들이 단순히 명령을 따르기보다 "주도적인 존재"가 되기를 원한다고 가정하며, 개인의 목표와 기업의 목표를 조화시키는—그가 "시너지"라고 부른—방식을 통해 직원들의 자기 실현과 기업의 이윤을 동시에 달성하려는 경영 방식을 의미했다. 그는 관리자가 각 직원에게 "자율적이고 자신의 운명을 스스로 결정하는 사람"이라는 느낌을 줄 필요가 있다고 주장했다. 매슬로는 이것이 단순한 변화가 아니라 현대 자본주의의 가장 깊은 문제, 즉 소외를 해결할 수 있는 혁명적 접근법이라고 믿었다. 이 과정에서 기업을 더욱 유연하고 혁신적으로 만들 수 있다고도 보았다. 그는 이렇게 썼다. "기계적이고 권위적인 조직, 노동자를 교체 가능한 부품처럼 대하는 구시대적 방식의 문제점은 변화와 전환에 적응하지 못하는 것이다. 따라서 민주적 경영 철학을 가진 경영진이 창의성을 정신역학 측면에서 더 신중하게 연구하는 것이 기본적으로 매우 중요하다고 생각한다."[58]

매슬로는 현대의 경영이 심리학과 마찬가지로 병적일 정도로 합리주의적이라고 보았다. 그는 "회계사들"과 "권위적인 조직 이론가들"이 경영을 지배하며, 이들은 "숫자, 교환 가능한 돈, 유형적인 것, 정확성, 예측 가능성, 통제, 법과 질서를 중시하는 태도를 산업 환경에 강요하고 있다"고 비판했다. 그는 이러한 규칙을 도입해 혼란과 무질서를 막으려는 이들은 단순히 영리한 사업가가 아니라, "어쩌면 신경증적이거나 비합리적이거나 매우 감정적"일 가능성이 있는 이들이라고 보았다. 반면, 그는 "창의적 성격"을 지닌 사람은 사업의 도전 과제에 유연하게 대처하고, 필요한 순간에 즉흥적으로 해결책을 만들어낼 수 있다는 자신감을 가진 사람이라고 보았다. 매슬로는 직원, 관리자 그리고 기업 자체가 이러한 창의적 성격을 모방해야 한다고 주장했다.

결국, 인본주의 심리학이 창의성에 대해 '전체론적' 접근을 주장한 것은 길퍼드를 비롯한 학자들의 도구주의적 연구에 도전하기 위한 것이었지만, 냉전 시대의 기업 환경과 잘 맞아떨어졌다. 새로운 것과 다른 것을 추구하는 인간의 욕구를 자연스러운 것으로 간주함으로써, 창의성에 대한 전체론적 접근은 심리적 건강이라는 인간적 선, 자유주의 정치철학 그리고 전후 혁신의 필연성을 조화시켰다. 전후 창의성 지지자들은 생산성과 개인적 성장을 결합시키며, 직업적 성공이 자기실현의 증거이자 수단으로 작용한다고 믿었다. 때로는 부르주아적 가치에 도전하면서도, 이러한 인문학적 담론은 경제적 자아와 내면적 자아를 조화시키려 했던 오랜 미국 공화주의 전통과 맥을 같이했다.

동시에, 창의성에 대한 인문주의적 담론은 자본주의 문화의 재구성을 극적으로 촉진했다. 매슬로의 캘리포니아주 이주는 당시 미국 산업 전반의 흐름을 상징적으로 보여주는 사례였다. 전통적인 동북부와 중서부의 WASP(앵글로색슨계 백인 개신교도) 계층에서 선벨트Sunbelt 지역의 남부와 서부로 중심이 이동하면서, 실리콘밸리에서는 반문화, 학계, 산업적 경향이 새롭게 융합되었다. 이러한 흐름에서 매슬로는 지침을 제공하는 등 중요한 역할을 했다. 그의 아이디어는 '수평적' 조직 구조, 감수성 훈련 그리고 21세기 기술 기업들의 놀이-일터 개념 같은 끊임없는 기업 개혁의 기반이 되었다.

하지만 '자신을 온전히 소유한다'거나 '문명의 요구를 거부한다'는 것이 평균적인 사무직 근로자에게는 어떤 의미였을까? 베토벤이 그의 9번 교향곡과 하나가 될 수 있었다고는 하지만, 전형적인 엔지니어나 광고인, 아니면 전자 회사의 생산 라인 노동자가 자신의 책상에 떨어진 프로젝트와 하나가 될 가능성은 얼마나 될까? 매슬로와 배런이 구상했던 시너지란 현대 노동 현실과 긴장 관계에 놓인 이상적인 개념이었지만, 그들은 이러한 긴장이 해소 불가능한 것은 아니라고 믿었다. 그들에게 자율성은 반드시 프로젝트를 주도하거나 임금을 결정할 자유를 의미하지는 않았다. 자율성은 하나의 감정이자 마음가짐 그리고 성격의 문제였다. 이는 본질적으로 선천적이며 휴대할 수 있는 특성이었고, 예술가의 스튜디오든 기업 사무실이든 소유자가 있는 곳 어디로든 이동할 수 있었다. 그렇기 때문에 자율성은 매우 유용한 개념이었다.

기업 경영과
시네틱스 기법

유나이티드 슈 머시너리 코퍼레이션The United Shoe Machinery Corpo-
ration(USMC)*은 아이디어가 바닥나고 있었다. 그들은 브레인스토
밍은 물론 심지어 최면까지 시도했지만, 여전히 새로운 제품 아이
디어를 만들어낼 신뢰할 만한 방법을 찾지 못하고 있었다.

USMC의 이야기는 전후 시대 미국 기업의 전형적인 사례였
다. 신발을 만드는 회사가 아니라 신발 제조 기계를 만드는 회사인
USMC(애칭으로 '더 슈The Shoe'라고 불렸다)는 1899년에 설립된 이
래 보스턴 지역에서 가장 많은 사람을 고용하는 기업으로 성장했
으며, 『포춘』의 표현에 따르면 "최고급 블루칩 기업"이었다. 1950
년까지 이 회사는 85퍼센트의 시장 점유율을 가진 사실상 독점 기
업이었지만, 1960년대 초반에는 미국 정부와의 지속적인 반독점

* 신발 제조 기계를 주로 생산하며 미국 신발 기계 시장을 독점했던 기업.

소송과 해외 경쟁 증가로 인해 제품 라인을 공격적으로 다각화하기 시작했다. 이 회사 경영진은 『비즈니스 매니지먼트*Business Management*』에서 "당신의 창의적 잠재력을 해방시키는 방법"과 『머신 디자인*Machine Design*』에서 "아이디어 산출을 보장하는 단계적 접근법"을 읽은 상태였다. 또한 경영진은 웨스팅하우스, 제너럴 모터스, 제너럴 일렉트릭, 알코아 같은 회사들이 이미 새로운 창의적 사고방식을 도입했다는 사실도 알고 있었다. 이들은 관련 기사, 브로셔, 명함 등을 "창의성 훈련"이라는 파일에 저장하며 새로운 트렌드를 주시했다. 1963년, 연구 부서 수장들은 "창의적 사고의 목표-다각화 분야"라는 41개의 항목 리스트를 작성하고, 창의성의 비밀을 가르칠 전문가를 고용하는 방안을 검토하기 시작했다.

1962년 5월과 6월, 『시넥틱스: 창의적 잠재력 개발을 위한 새로운 방법*Synectics: A New Method for Developing Creative Potential*』이라는 소책자가 USMC의 고위 경영진과 연구 관리자들 사이에서 회람되었다. 이 소책자 그리고 시넥틱스 창시자들과의 후속 교류를 통해 이들은 시넥틱스가 유추적 사고에 기반을 둔 방법임을 알게 되었다. 시넥틱스 세션에서는 훈련된 진행자가 소규모 그룹을 이끌며 유추를 이끌어내고, 원래 과제에서 점점 멀어지게 한 뒤, (이상적으로는) 실행 가능한 해결책으로 다시 돌아오게 했다. 브레인스토밍과 마찬가지로 시넥틱스는 "모든 사람은 태어날 때부터 창의적 문제 해결 능력을 가지고 있다"는 이론에 기반했다.[1] 또한 윌리엄 화이트 같은 개인주의자들의 과도한 우려와는 달리, 이 이론에서 창의성은 집단에 의해 억제될 필요가 없으며, 오히려 집단을 통해 증진될 수 있었다. 시넥틱스사社의* 부사장 딘 기터Dean Gitter는 창의성의 내적 작동 원리를 발견한 이후에는 "현대의 에디슨들을 찾아 헤맬 필요가 없다"며, "조직 내부에 잠재된 창의성이 충분히 있다"고 말했다.[2] 그는 시넥틱스 방법을 "영감이라는 무형의 상태를 거의 기계적으로 만들어내기 위해 고안된 엄격한 의식, 즉 창의성을 위한 경험적 처방"이라고 설명했다.[3]

이런 역설적인 표현 방식은 시넥틱스의 상징과도 같았다. 창립자 조지 프린스George Prince의 책 『창의성 실현 The Practice of Creativity』 서문에는 다음과 같은 구절이 적혀 있었다. "창의성: 임의의 조화, 예상된 놀라움, 습관적인 계시, 익숙한 놀라움, 관대한 이기심, 예기치 않은 확신, 형성 가능한 고집, 생기 있는 사소함, 훈련된 자유, 취하게 만드는 안정감, 반복되는 시작, 어려운 기쁨, 예측 가능한 도박, 덧없는 견고함, 통합된 차이, 까다로운 만족감, 기적 같은 기대, 익숙한 경이로움."[4] 시넥틱스는 비합리적이고 유희적이며 시적인 사고를 해방시켜 구체적인 기업 목표를 달성하기 위해 설계되었다. 창립자들에 따르면, 시넥틱스의 핵심은 "논리를 무시하고 겉보기에는 연결되지 않으며 무관한 생각들을 조합하여 새로운 아이디어를 만들어내는 능력"이었다(시넥틱스라는 단어 자체가 "이질적인 요소들을 결합한다"는 뜻의 그리스어에서 유래한 신조어였다). 시넥틱스의 정신은 회사의 모든 측면에서 드러났다. 시넥틱스사의

---

* 시넥틱스는 1950년대 후반 윌리엄 고든과 조지 프린스가 설립한 회사의 이름이기도 하다.

직원 중에는 조각하는 화학자, 재즈 클라리넷을 연주하는 심리학자, 그림을 그리는 엔지니어 등이 있었다. 그들의 옷차림에서도 이런 정신이 엿보였는데, 창립자 조지 프린스는 하얀 셔츠 주머니에 색색의 마커를 넣고 다니는 것으로 유명했다. 언제라도 낙서를 할 기회가 생길 경우를 대비한 것이었다.

브레인스토밍이 기업 커뮤니티에 약간 색다른 것으로 보였다면, 시넥틱스 세션은 그야말로 기이하게 보였다. 『포춘』은 나중에 이를 다음과 같이 묘사했다. "초보자들에게 시넥틱스 세션은 환각 파티나 그룹 심리 치료 실험처럼 충격적으로 보인다." 이 회사는 이러한 기이함 속에도 나름의 체계가 있다고 주장했지만, USMC 같은 회사가 그것을 알아내기 위해 돈을 들일지는 의문이었다.[5]

과학적 경영을 뒤엎기 위한 과학적 경영의 활용

시넥틱스는 비합리적 사고에 중점을 두었지만, 설립 과정은 매우 합리적이었다. 시넥틱스의 창립자인 조지 프린스와 윌리엄 J. J. 고든은 당시 과학적 경영의 요새로 알려졌던 컨설팅 대기업 아서 D. 리틀Arthur D. Little(ADL)에서 직원으로 만났다. ADL의 창립자 아서 D. 리틀은 1909년 화학 산업체들에 기술 자문을 제공하며 경력을 시작했으며, 사실상 미국 최초의 기업 컨설턴트가 되었다. 제조 공정과 실험실을 효율성이라는 기본 원칙에 따라 운영할 수 있다는 가정하에, ADL은 곧 기업들이 자체 연구 개발 실험실을 만들어 운영할 수 있도록 지원했다. 1940년대에 이르러 ADL은 미국 최대의 컨설팅 회사로 성장하며 전국적으로 공학 컨설팅 서비스를 제공했다.

전후 소비경제는 기존의 생각으로는 해결하기 힘든 과제에 직면해 있었다. ADL의 의뢰인들은 제품 다각화를 공격적으로 추진하기 시작하면서 새로운 유형의 문제들을 만났다. 예를 들어, '아직 시장이 없는 제품을 어떻게 개발할 것인가?', '기존의 지식재산권을 아무도 예상하지 못한 방식으로 어떻게 활용할 것인가?', '필요가 발명의 어머니가 아니라면, 발명의 어머니는 무엇이 될 수 있을까?' 같은 문제들이었다. 1958년경, ADL은 회사 내 과학자와 엔지니어로 구성된 임시 발명 디자인 그룹을 만들었다. 이 그룹의 구성원들은 대체로 다양한 관심사를 가진 사람들로 알려져 있었다. 예를 들어, 고든은 수학, 심리학, 생화학, 물리학 등을 하버드 대학교를 포함한 여러 곳에서 공부했다.[6] '발명 디자인'이라는 이름에서 알 수 있듯이, 이 그룹은 공학과 디자인의 세계를 연결하기 위해 만들어졌다. 이는 소비재를 판매하려면 기술적이고 실용적인 요소만큼이나 비기능적이고 미학적인 요소도 중요할 수 있다는 점을 인식한 것이었다. 이에 따라, ADL은 광고 회사에서 크리에이티브 디렉터로 일한 경험이 있고, 소비자 욕구의 심리학인 동기 연구 전문가였던 프린스를 팀에 합류시켰다.

고든과 프린스는 곧 의뢰인들에게 전통적인 연구 개발 접근법—ADL이 대표하는 방식—이 "무턱대고 힘으로 밀어붙이는" 방식으로, 노동 집약적이고 비용이 많이 들며 비효율적이라고 말하게 되었다.[7] 이 방식은 "기껏해야 산발적인 결과를 만들어낼 뿐이며, 이는 열 마리 원숭이가 열 대의 타자기로 충분히 오랜 시간 타자를 치면 셰익스피어의 작품 같은 것을 만들어내리라고 생각하는 것과 같다"고 비유했다.[8] 그들은 혁신을 위한 관료적 접근 방식이 아이러니하게도 창의성은 신비롭고 변덕스럽고 타고난 것이라는 "낭만적인 관점"에 기반하고 있다고 지적하며, 따라서 "개인의 창의성을 만들어낼 방법은 없다"고 주장했다.[9] 그러나 고든과 프린스는 창의적 과정을 이해하고 이를 적극적으로 개선할 수 있는 새로운 가능성을 창의성 연구의 최신 결과에서 발견했다. 이를 실현하기 위해, 그들은 과학적 경영에서 가장 오래 사용되어온 경험적 관찰을 채택했다.

20세기 초반에 과학적 경영 운동을 처음 시작한 프레더릭 윈즐로 테일러Fredrick Winslow Taylor와 프랭크 길브레스Frank Gilbreth, 릴리언 길브레스Lillian Gilbreth는 작업 중인 사람들을 대상으로 '동작 연구'를 수행하기 위해 스톱워치, 다이어그램, 나중에는 영상 촬영까지 활용한 엔지니어들이었다. 그들은 공장에서 시작해 사무직, 나아가 가정 내 작업 공간으로 연구를 확대했으며, 각 작업을 세부적으로 분해해 비효율성을 제거하고 주어진 작업을 수행하는 데 '최선의 방법'을 발견하고자 했다. 고든과 프린스는 회의실 주변에 비디오 및 오디오 녹음 장비를 설치하고, "현장 연구"라는 표현을 사용하며 발명과 문제 해결 활동을 수천 시간 기록했다. 이들은 녹화 내용을 과학적으로 검토해 생산적인 요소를 분리하고 비효율성을 식별했다.[10] 이 연구를 통해 고든과 프린스는 '신뢰할 수 있는 창의

녹화 장비가 갖춰진 방에서 시넥틱스 세션이 열리고 있다. 녹화된 영상은 신뢰할 수 있는 창의성을 구현하기 위한 방법을 개선하는 데 사용되었다.(출처: Synecticsworld®, Inc.)

성'을 이끌어내는 방법—어쩌면 최선의 방법—을 개발했다고 믿게 되었다.

이들은 곧 창의적 사고 분야에서 두각을 나타냈다. 1958년, 이들은 MIT에서 열린 존 E. 아널드의 여름 워크숍에서 브레인스토밍 전도사인 찰스 H. 클라크와 함께 발표했으며, "고든법Gordon method"은 브레인스토밍의 설득력 있는 대안으로 여러 창의적 사고 책에서 언급되었다. 1961년, 고든은 그들의 연구 결과를 『시넥틱스: 창의적 역량 개발Synectics: The Development of Creative Capacity』이라는 책으로 집필했으며, 이후 프린스와 몇몇 발명 디자인 그룹의 구성원들은 ADL에서 독립해 시넥틱스사를 설립했다. 시넥틱스사는 미국 최초로 '창의성과 혁신'을 전문으로 하는 고급 컨설팅 회사였다. 케임브리지 중심부에 위치한 사무실에서 이들은 의뢰인들을 위한 세션을 진행했으며, 곧 일주일간의 훈련 프로그램을 제공하여 시넥틱스를 세상에 확산시켰다. 초기 의뢰인 대다수는 제품 관련 문제로 이들을 찾았으나, 회사는 점차 제품 개발을 넘어 마케팅 계획부터 내부 조직 재편에 이르기까지 다양한 문제를 다루었다. 이들의 상품은 단순히 새로운 제품이 아니라 창의성 그 자체였다.

하지만 USMC의 내부 논의에서 드러나듯, 비용을 신중히 따지는 경영진들에게 실체가 불분명한 창의성 컨설팅에 큰돈을 쓰도록 설득하는 일은 쉽지 않았다. 한 경영진은 이를 "꽤 모호한 아이디어"로 여겼으며, 3년에 걸쳐 10만 달러에 달하는 비용을 전통적인 공학 역량(전문 분야 지식이나 비용 절감 전략 등)을 향상시키기 위한 더 실용적인 훈련에 쓰는 것이 낫지 않겠냐고 제안했다.[11] 하지만 다른 관리자는 간단한 계산을 통해 창의성 컨설팅을 합리적인 투자로 볼 수도 있다고 주장했다. 그는 "다섯 명이 각각 자신이 배운 것을 다른 다섯 명에게 전달하면, 첫해에 30명이 영향을 받을 것이다. 이들이 모두 자기가 받는 급여에 합당한 가치를 창출하고 있고, 각자가 평균 5퍼센트만 개선된다면, 이 투자는 첫해에 10퍼센트의 수익을 낼 수 있으며 이후 점점 더 많은 수익을 낼 수 있을 것"이라고 설명했다. 그리고 설령 그 예상이 틀리더라도 "이 노력을 통해 정말로 좋은 아이디어가 하나만 나와도 전체 비용을 상쇄할 수 있을 것"이라고 덧붙였다.[12] 신제품 그룹의 수석 엔지니어인 W. 클라크 굿차일드W. Clark Goodchild는 초기에는 시넥틱스를 거절하며 CEO에게 "창의성이라는 주제 자체에는 여전히 관심이 있지만, 개인적으로 이 훈련의 가치에 확신이 서지 않는다"고 말했다.[13] 그러나 몇 년 후, 시넥틱스는 『포춘』과 『월스트리트 저널』에 대서 특필되었고, 고객 명단에는 알코아, 제너럴 일렉트릭, 제너럴 모터 스, 킴벌리클라크, 프록터 앤드 갬블, 블랙앤드데커 등이 포함되어 있었다(고든과 프린스는 1964년에 불화 끝에 결별했고, 고든은 '시넥 틱스 교육 시스템'을 설립했다). 프린스는 기업들에 꾸준히 제안서를 보내 설득했고, 결국 그의 접근법은 성공을 거두었다. 1965년, 굿 차일드는 시넥틱스가 '마음을 자극하고 훈련시키는' 데 가장 적합 한 방법이라고 판단했고, USMC는 시넥틱스 방법을 시도하기로 결정했다.

1966년 6월, USMC의 연구 책임자 다섯 명이 케임브리지로 와 3일간의 워크숍에 참석했다. 같은 해 11월에는 굿차일드가 일 주일 동안의 과정을 수강하며, 연구 개발뿐만 아니라 회사 전반의 문제를 지원하기 위한 사내 시넥틱스 진행자로 훈련받았다. 6월 워크숍에는 레버 브라더스, 제너럴 푸드, 웨스턴 일렉트릭 컴퍼 니, 에소, 신시내티 밀링 머신의 연구 및 신제품 개발 부서 책임자 들도 참석했다. 치열한 일주일간의 과정 동안, 이 직원들은 자신들 의 한계를 훨씬 넘어서는 훈련을 받으며 시넥틱스 이론, 용어, 방 법론에 대한 교육을 받았다. 예를 들어, 어느 날 그룹은 표본 문제 로 "망치 머리를 자루에 잘 고정하는 방법"을 다뤘다. 이는 시넥틱 스 용어로 "주어진 문제Problem as Given(PAG)"였다. 그다음, 진행자는 그들에게 '이해된 문제Problem as Understood(PAU)', 즉 그들이 근본적 인 과제라고 여기는 것이 무엇인지 구체적으로 말해보라고 요청했다. 그들이 제시한 문제는 "나무와 철을 접합하는 방법"이었다. 이후 그룹은 여러 "탐색"을 거치며, 진행자의 유도에 따라 직접 비유 Direct Analogies(DA), 상징적 비유 Symbolic Analogies(SA), 개인적 비유 Personal Analogies(PA)를 도출했다. 참가자들은 물고기 가시, 위장, "유연한 장력", "겁 없는 영웅" 같은 이미지와 아이디어를 만들어내면서 기나긴 탐색 과정을 거쳤고, 마지막에는 진행자가 "강제 결합 Force Fit(FF)"을 요구하며, 겉보기에는 무관한 이미지와 인상, 구절들에서 실행 가능한 해결책을 도출하도록 했다(결국 이들이 내놓은 해결책에 대한 기록은 현재 남아 있지 않다).

켈시헤이스의 철강 제품 공학 부서의 엔지니어들이 "기어의 원형화"라는 겉보기에 지루한 문제를 다룬 세션의 대화 내용은 훨씬 더 특이했다.

잭 좋습니다. 오늘은 1965년 3월 4일이고, PAG는 "기어를 원형으로 만드는 방법"입니다. PAU는 "기어를 원형이 아닌 상태에서 연마하는 방법"입니다. (……) 자, "둥글게"를 키워드로 시작합시다. 먼저 직접 비유부터 시작하죠.

알렉스 임신은 어떻습니까? 부푼 배, 둥글다?

빌 저는 둥글다 하면 우주가 떠오릅니다.

호러스 대리석이 떠오릅니다.

잭 대리석을 상징적 비유로 사용해봅시다.

짐 음, 저는 아주 고요한 호수입니다. 제 위를 지나는 모든 사물을 반사하는 데서 큰 기쁨을 느끼죠. 하지만 바람이 불어 물결이 일어나는 순간 반사가 방해를 받으면 몹시 속상합니다.

호러스 물결이 반사를 망가뜨리는군요.

짐 네, 물결은 저를 망쳐버려요.

빌 같은 호수 위에서, 제가 한마디 덧붙이죠. 제게서 흘러나가는 물이 작은 시냇물을 만들어낸다는 사실에서 큰 기쁨을 느낍니다. 특히 제가 내뿜는 물 일부가 증발해 저 멀리에서 아름다운 무지개를 만들어낼 때 자랑스럽습니다. 무지개는 제 자식 같은 존재죠.[14]

시넥틱스 세션은 브레인스토밍의 이미지와 비교하면 훨씬 독특했다. 브레인스토밍 세션은 흔히 '의장'과 단정한 군인 같은 위원들로 구성된 자문단을 떠올리게 했지만, 시넥틱스는 당시에 부상하던 반문화를 반영하는 것처럼 보였다. 『포춘』은 시넥틱스의 사무실이 "그리니치 빌리지 예술가의 창고 작업실"과 비슷하다고 묘사하며, 노출된 벽돌, 캔버스 라운지 의자 그리고 나중에 회사 로고가 된 독특한 나선형 계단이 특징이라고 전했다. 그러나 이것은 단순히 재미를 위한 것이 아니었다. 『포춘』은 시넥틱스를 "광기의 방식에 의한 발명"이라고 묘사했지만, 시넥틱스 경영진들은 이 광기 속에 나름의 체계가 있다고 주장했다. 또한 관련 없는 비유를 끌어내는 작업은 "전의식pre-concious"에 접근하기 위한 것이었는데, 이는 "겉보기에는 비합리적이고 무책임해 보이는 행동"에도 불구하고, 사실 "목적이 있는 행동"으로, 잊힌 "인상, 정보, 감정의 방대한 저장고"에서 의식으로 정보를 공급하며, 궁극적으로 시장성이 있는 유망한 방향을 제시한다고 설명했다.

집단 치료와의 비교도 매우 적절한 것이었다. 고든과 프린스는 1950년대 후반 집단 '만남 치료' 실험을 시작한 칼 로저스의 영향을 크게 받았으며, 이들은 또한 집단 역학에 대한 치료적 접근 방식을 취한 'T-집단'*과 '감수성 훈련' 같은 전후의 새로운 경영 트렌드와도 연결되어 있었다(1970년대에는 시넥틱스사 경영진이 신흥자기 계발 운동인 에르하르트 세미나 교육Erhard Seminars Training, EST에 참여하기도 했다). 사실, 고든과 프린스가 녹음 세션에서 배운 내용은 대부분 창의적 과정 **자체라기보다는** 언어 선택, 자세, 반응 등 대인 역학이 세션에 어떤 영향을 미치는지에 관한 것이었다.

버펄로를 거점으로 둔 창의적 사고 활동가들이 학문적 심리학과 시너지 효과를 발휘했던 것처럼, 고든과 프린스도 연구 문헌에 발표하고 논문을 기고하는 동시에 창의적 성격에 관한 IPAR 연구와 매슬로 및 로저스의 창의성과 자기실현 연구에서 영향을 받았다. 이들은 이러한 연구를 참고해 기업 환경을 다시 설계하려 했다. 예컨대, 업무에 대한 열정이 창의적 인물의 특징이라면, 직장에서 열정을 자극함으로써 특정 문제나 제품에 관계없이 창의적 에너지를 불러일으킬 수 있을지도 모른다고 생각했다. 무엇보다도 시넥틱스는 신뢰할 수 있는 발명을 위한 방법론이었지만, 동시에 필연적으로 일종의 치료제였다. 이는 기업 환경에서 소외된 자아를 치유하는 과정이기도 했으며, 더 많은 제품을 더 빠르게 개발하

---

* 8~15명의 참가자들이 상호작용을 통해 자신에 대해 알아가는 학습 과정.

기 위해 '전인'에 주목하는 방식이었다.

시넥틱스는 사실상 개인 치료의 일종이었다. 이 방법은 미국의 전문직 종사자들의 자아에 생긴 분열을 치유하고, 소외되었던 '시적이고 예술적이고 감정적이고 순진하고 어린아이 같고 유쾌하고 엉뚱하고 비합리적인' 측면을 통합하려는 시도였다. 고든과 프린스에 따르면, 엔지니어들은 "극도로 합리적인 접근 방식을 따르고, 보수적으로 결론을 내리며, 확립된 지식 체계를 존중하도록" 교육 받은 사람들이었고, 산업계는 "전문성"을 숭배하는 풍조 속에서 "개인적인 것, 비이성적인 것, 언뜻 보기엔 무관해 보이는 감정적인 측면들"을 무시하는 경향이 있었는데, 바로 그 무시됐던 측면들이야말로 "전인(남성이든 여성이든)을 구성하는 요소"이며, "새로운 아이디어를 창출하는 데 **필수적인** 것들"이었다. 전후 시대 사람들에게 "투박하고 현실적인" 기계 엔지니어들이 잔잔한 산속 호수와 무지개에 대해 시적으로 이야기하는 모습은 웃음과 감동을 동시에 자아냈다. 이는 누군가가 조직 속의 인간을 다시 온전한 사람으로 회복시키는 방법을 찾아냈음을 암시하는 듯했다.[15]

시넥틱스의 발명 개념에서 예술은 암묵적으로 대조 개념이자 모델 개념이었다. 고든은 이렇게 주장했다. "창의성의 본질에 대한 전통적인 관점은 순수 미술과 시를 '유일한' 창의적 활동으로 중시한다. 하지만 예술과 과학에서의 발명 현상은 유사하며, 근본적으로 동일한 심리적 과정을 특징으로 한다."[16] 그러나 프린스는 한 TV 인터뷰에서 분명히 밝혔다. "이것은 당신의 작품을 미술관에 전시할 수 있게 만들어줄 창의성이 아닙니다. 이건 전혀 다른 종류의 것입니다."**17**

물론 시넥틱스는 예술가들이 예술을 창작하도록 돕기 위해 설계된 것이 아니었다. 하지만 정말 발명만을 의미했다면, 왜 굳이 예술을 언급했을까? 또 왜 창의성이라는 단어를 선택했을까? 이 단어는 발명, 독창성, 기발함 같은 용어와는 달리 예술이나 시를 의미하지 **않는다고** 매번 설명해야 하는 부담을 안겨준다. 창의성에 대한 논의에서 항상 그렇듯이 예술은 시넥틱스라는 우주론 속에서 암시적 존재로 남았다. 언제나 언급되긴 하지만 제대로 논의되지는 않았다. 예술을 언급하는 것은 시넥틱스가 추구하는 창의성이 예술과 **어떤 공통점을** 지닌다고 신호를 보내는 것이었다. 재료, 기술, 지식, 작업 환경에서가 아니라, 사고방식이나 세상을 살아가는 방식에서 말이다. 시넥틱스 이론에 따르면, 이는 시적 사고를 뜻했다. 하지만 동시에 그것은 작업과 하나가 되는 상태를 의미하기도 했다.

시넥틱스에 따르면, 모든 일은 즐거움과 열정으로 가득 찰 수 있다. 일에 대한 현대적인 '태도'는 일이 필연적으로 지루하고 고되며, 퇴근 후에는 잊어야 한다고 여기는 것이다. 직원들은 주로 일 자체에서 자극을 얻기보다는 '사회적으로 동기부여'를 받는다. 하지만 프린스는 USMC의 연구 책임자인 호머 오벌리Homer Overly 에게 이러한 태도는 창의성과 상극이라고 설명하며, "9시부터 5시까지의 일상적 업무"를 넘어선 열정을 지닌, 창의성이 높은 사람들에 관한 연구를 제시했다.**18** 시넥틱스의 목표는 '쾌락적' 반응, 즉 '옳다고 느껴지는 것'을 장려하고 '전인'을 활용함으로써 일과 더 깊은 연결을 형성하는 것이었다. 물론 대부분의 회사는 직원들에게 단순히 늦게까지 일하고 싶어지는 일을 하라고 할 수 없다. 그러나 고든과 프린스에게 열정의 원천은 결과물이 아니라 과정에서 찾을 수 있는 것이어야 했다. 한 CEO는 시넥틱스 세션에 참여한 이후 이렇게 말했다. "그룹의 모든 구성원이 그 결과물이 자기 아이디어라고 생각합니다. 열정이 사라지지 않죠."[19] 시넥틱스는 심리적 차원에서 기업의 소외를 완화하며, 직원들에게 소속감과 책임감을 느끼게 할 수 있었다.

개인의 욕구와 기업의 목표를 조화시키려는 시도에서 시넥틱스는 떠오르는 경영 트렌드와 맥락을 같이했다. 크리스 아지리스 Chris Argyris는 『성격과 조직Personality and Organization』, 『개인과 조직의 통합Integrating the Individual and the Organization』 같은 책을 통해, 더글러스 맥그리거는 『기업의 인간적 측면The Human Side of Enterprise』에서 개성을 활용해 직원의 생산성을 높이는 방법을 모색했다.[20] 아기리스와 맥그리거는 매슬로의 새로운 인본주의 심리학을 경영 용어로 번역했으며, 기업 시스템에 "적응"하는 대신 관리 목표와 개인의 깊은 자아를 "통합"하는 것으로 목표를 바꾸고자 했다.[21] 맥그리거에 따르면, "전통적 관점", 즉 테일러주의나 그가 "X 이론"이라고 부른 방식은 노동자가 근본적으로 일하기를 원하지 않으므로, 상명 하달식 관리와 집단에 대한 복종을 통해 "강제로" 일하게 해야 한다고 가정했다. 반면, 새롭고 계몽된 관점인 "Y 이론"은 기업의 목표와 "고차원의 자아 및 자기실현 욕구를 충족시키는 것"을 일치시키는 것이 중요하다고 이해했다.[22] 시넥틱스는 창의성을 개인과 기업이 자연스럽게 공유하는 유일한 목표로 설정했다. 고든은 이렇게 썼다. "인간 개인은 언제나 자신의 독창성을 찾고 있으며, 기업은 독창적인 제품을 찾고 있다."[23] 적어도 일부에서는 시넥틱스를 경영 이론의 발전된 주요 단계로 간주했다. USMC 연구 책임자인 W. L. 에이블w. L. Abel은 고든과 프린스와의 회의 중 기록한 노트의 한 페이지 귀퉁이에 이렇게 썼다. "X 이론, Y 이론, 이제는 S 이론."[24] 아마도 그들의 판매 프레젠테이션의 요점을 간결하게 적은 메모일 것이다.

시넥틱스는 사람들이 창작 과정 자체에서 동기를 얻는다고 가정했다. 이는 만들어지는 것의 특정한 형태나 목적이 아니라 창작 그 자체가 사람들을 자극한다는 뜻이었다. 새 헤어드라이어, 휠체어 또는 마케팅 계획의 설계(이 모두는 시넥틱스가 진행한 프로젝트의 일부였다) 등 과제의 종류는 중요하지 않았다. 모든 과제는 반드시 '전인'을 참여하게 만들어야 하며, 이를 통해 제작품과 제작자 사이의 경계를 지워야 했다. 이는 소외되지 않은 노동자만이 진정으로 창의적일 수 있다는 믿음에 기반한 것이었다.

마케팅과 혁신의 통합

시넥틱스는 사기를 북돋우는 것 외에도, 좀 더 평범한 이유로 효과를 발휘했을 가능성이 있다. 그 이유는 적절한 인력 조정이었다. 기업의 연구 개발 시스템이 고든과 프린스가 주장한 만큼 비효율적이었던 것이 아니라, 소비자 경제가 요구하는 새로운 과업에 대응하지 못했을 가능성이 있기 때문이다. 많은 연구 개발이 여전히 고도로 기술적인 군사나 산업 문제에 초점을 맞추고 있었지만, 점점 더 많은 연구가 소비자 시장을 겨냥하게 되었고, 특히 다각화의 맥락에서 엔지니어들에게는 아무도 요청하지 않은 제품들을 개발해야 한다는 압박이 가해졌다. 제품 개발에서 "문제"는 더 이상 명확하게 정의된 작업 단위가 아니었다. 예를 들어, 알코아가 시넥틱스와 함께 진행한 워크숍에서는 알루미늄의 새로운 용도를 찾는 것이 과제였다. 이는 시장과 물리적 세계 모두에서 '작동'해야 했으며, 알코아의 이익 관점에서만 '문제'로 간주되었다. 시넥틱스 문헌과 창의적 공학의 광범위한 담론에서 '문제 해결'과 '발명' 사이의 경계가 계속해서 흐려지고 있었던 것은 많은 엔지니어에게 이 둘의 경계가 점점 사라지고 있었음을 뜻했을 것이다.

프린스는 USMC의 연구 부서에 보낸 편지에서, 대부분의 회사가 아이디어 구상, 개발, 마케팅을 책임지는 사람들 간의 의사소통 문제를 겪고 있다고 썼다. 시넥틱스 접근법은 처음부터 마케팅을 참여시키는 것이었다.[25] 한 CEO는 시넥틱스를 도입한 후, 제품 개발은 "처음부터 끝까지 모든 것을 다르게 해야 한다. (……) 이제는 연구 개발 부문 직원들이 광고 슬로건을 생각해내고, 마케팅 담당자들이 실험실로 들어오고 있다"고 말했다.[26] 이는 많은 연구 중심 기업이 다각화 노력의 일환으로 비슷한 조직 조정을 도입하면서 나타난 주요 트렌드였다. 여기에는 마케팅을 전략 및 기획의 핵심 위치로 끌어올리고, 사내 디자인 팀을 구성하는 것도 포함되었다. 피터 드러커가 "현대 경영의 두 가지 진정한 관심사"라고 부른 혁신과 마케팅의 결합은, 사실 더 큰 창의적 문제 해결 운동의 공통된 논리적 근거였다. 창의적 공학의 선구자 존 E. 아널드는, 우연히도 1940년대 초 USMC에서 엔지니어로 일한 경험이 있었는데, 이렇게 썼다. "창의성은 다양한 전문 분야 간의 공통된 만남의 장을 제공하며, 서로의 아이디어를 전달하기 위한 소통의 언어를 기반으로 공통의 경험을 제공한다. (……) 제품 설계는 다양한 배경을 가진 사람들이 창의적인 협업의 효과를 실험하기 위한 거의 완벽한 환경이다. 과학자, 엔지니어, 예술가, 철학자, 심리학자, 사회학자, 인류학자, 세일즈맨, 광고 담당자는 성공적인 제품 개발을 보장하기 위해 각자의 전문 지식을 제공해야 한다."[27] 다시 말해, 설득의 부드러운 예술이 산업 과학의 강경한 세계에 스며들면서 시넥틱스 세션은 새로운 제품 개발 체제에 적합한 인력 조정 방식을 제공했을 가능성이 있다. 이는 프린스와 오즈번이 매디슨가에서 거대 기업의 연구 개발 실험실로 이동했던 것처럼 진행되었다.

순수하게 기술적인 조직을 소비자 경제에 맞춰 재편해야 한다는 전망은 USMC의 엔지니어들이 시넥틱스를 매력적으로 여긴 이유 중 하나일 수 있다. 전쟁 이전에는 무엇을 해야 하는지 명확했다. 신발 제조 기계를 더 빠르고 신뢰할 수 있게 만드는 것이었다. 그러나 전쟁 이후에는 점진적인 개선만으로는 충분하지 않은 듯했고, 더욱 기업가적으로 사고해야 한다는 압박을 받았다. 소비자 및 여가 부문에서 새로운 기회를 찾아야 했다. 예를 들어, 1968년에 굿차일드는 연구진 열 명을 소집해 스키 리프트 티켓 시스템을 개선하는 아이디어를 개발하도록 했다. 이는 두 명의 경영진이 그 무렵 메인주를 여행하면서 영감을 얻어 시작되었다. 이들은 USMC

연구진이 장착 장치에 대한 전문 기술을 바탕으로 스키 타는 사람이 티켓을 공유하지 못하도록 막는 더 나은 방법을 고안할 수 있을 것이라고 생각했다. 회의에서 나온 아이디어 중에는 저출력 라디오 송신기나 TV 리모컨과 같은 단거리 초음파 주파수 장치를 스키 타는 사람에게 지급하는 것, 티켓에 폴라로이드 사진을 부착하는 것, 반감기가 24시간인 베타선 충전 접착제를 스키 끝부분에 바르는 것, 사라지는 염료를 옷에 묻히는 것 등이 있었다.

이 리프트 티켓 아이디어들을 비롯해 USMC가 사내 시넥틱스 세션을 통해 만들어낸 아이디어들이 실제로 실현되었는지는 명확하지 않다. 하지만 시넥틱스가 어떤 역할을 했든, USMC의 제품 다각화 전략은 분명히 나름의 방식으로 성공을 거두었다. 1972년까지 USMC의 유일한 시장이었던 신발 산업이 이제는 매출의 단 3분의 1만을 차지하게 되었다. 이제 USMC는 전 세계 58개 공장에서 2만 6000명의 직원이 설계, 개선, 생산, 판매하는 수백 가지 제품을 광범위한 산업 및 소비자 시장에서 제조하고 있다. 여기에는 장착 장치, 접착제 그리고 신발과 관련 없는 기타 기계 등이 포함되었다.[28] 이 성과의 상당 부분은 50개 이상의 소규모 회사를 인수함으로써 이뤄졌지만, 일부는 사내 발명을 통해 이뤄졌으며, 이는 시넥틱스 세션에서 비롯되었을 가능성도 있다.

* * *

시넥틱스사의 제품 개발 작업 대부분이 외부 의뢰로 이뤄졌기 때문에, 시넥틱스 회사 자체는 결과물에 대한 공로를 공개적으로 인정받을 수 없었다. 또한 작업의 대부분이 자사의 방법론을 다른 사람들에게 교육하는 것이었으므로, 명확히 시넥틱스의 결과물로 간주할 수 있는 특정 제품을 식별하기도 어려웠다. 그럼에도 불구하고, 시넥틱스는 최소한 다음 두 가지에 대해 공로를 인정받고 있다. 첫 번째는 프링글스 감자칩이다. 이 제품은 시넥틱스 도입 초기, 프록터 앤드 갬블이 ADL에서 진행한 세션에서, 칩이 운송 중 부서지는 문제에 테니스 공 용기의 개념을 적용한 아이디어에서 비롯되었다고 전해진다. 두 번째는 스위퍼 물걸레 청소기다. 두 제품 모두 이전에는 수요가 없던 문제에 기존의 독점 기술을 성공적으로 적용한 사례다. 수년간 경영진, 연수생, 세션 참가자들은 시넥틱스를 극찬했으며, 몇몇 창의성 심리학자는 이를 브레인스토밍보다 더 정교하다고 평가했다. IPAR의 도널드 매키넌은 시넥틱스를 "창의적 사고를 위한 최고의 방법"이라고 칭송했다.[29] 시넥틱스에서 가장 중요한 점은 그것이 얼마나 '효과적이었는지'가 아니라, 엄격한 엔지니어들의 세계에서 경험주의와 낭만주의, 효율성과 유희, 집단 응집력과 개인적 해방을 완벽히 결합한다고 약속하는 기법이 연구 개발 자금을 사용하는 합리적인 선택으로 여겨졌다는 사실이다. 다우 케미컬의 「창의성 리뷰」는 이를 긍정적으로 평가하며 이렇게 썼다. "시넥틱스는 전인(마음, 손 그리고 정신)을 강조함으로써 시넥틱스 기법이 효과적임을 입증했으며, 이를 활용한 사람들이 노력 자체에서 더 큰 즐거움을 느끼게 하는 것으로 보인다."[30]

어떤 의미에서 시넥틱스는 대중사회에서 개인을 구하려는 또 다른 시도였다. 1966년, 조지 프린스는 이렇게 썼다. "50년 전, 사회적 풍경은 캔자스 대초원처럼 보였다. 어디를 보든 개인이 가장 높고, 가장 두드러진 존재였다. 하지만 현대사회는 이제 거대 조직들로 구성된 사회다." 프린스는 이 새로운 대중사회와 전국적으로 일어나고 있던 청년들의 반항 사이에 직접적인 연결 고리를 보았다. "학생들과 우리 나머지 사람들의 유일한 차이는 그들이 반란을 일으킬 만큼 젊다는 것이다. 우리도 이 세상에서 학생들과 마찬가지로 길을 잃었고, 세상을 이해하기 어렵다." 시넥틱스는 기업 환경에 반항 정신과 새로운 의미를 심으려는 시도를 했다. 브레인스토밍과 마찬가지로 이 과정에는 일종의 축제 같은 측면이 있었다. 과정이 아무리 즐겁더라도 결국은 다른 누군가의 수익으로 귀결되어야 했으며, 창의적 활동 시간은 반드시 끝나기 마련이다. 예술과 과학, 시적인 것과 실용적인 것을 재결합하려는 시넥틱스의 시도는 일에서 소외감을 덜 느끼게 하려는 치료법이었다. 디자인과 공학의 경계가 점점 흐려지고, 필요가 더 이상 발명의 어머니로 충분하지 않게 된 소비자 경제에서 실용적인 의미가 있기도 했다. 이 모든 면에서, 시넥틱스는 이후 수십 년 동안 비즈니스가 스스로를 재창조해나가는 방식을 예고했다. 또한 시넥틱스는 프린스가 표현한 것처럼 "훈련된 자유, 취하게 만드는 안정감, 예측 가능한 도박, 덧없는 견고함"이라는 창의성의 개념이 전후 미국의 핵심적 역설들을 얼마나 강력하게 담아내려 했는지를 보여준다.

5장

창의적인 아이와
교육의 목적

1957년 11월 4일, 소련이 인류 최초의 인공위성을 궤도에 성공적으로 진입시켰다. 이로 인해 그동안 연구 책임자들과 정책 입안자들 사이에서 주로 논의되었던 미국의 기술적 열세에 대한 전망은 대중의 강한 관심을 끄는 주제가 되었으며, 그 우려의 화살은 국가의 학교교육을 향했다. 냉전 매파, 전통적 보수주의자 그리고 1954년 대법원의 브라운 대 교육위원회 판결*에 반대하는 이들로 이뤄진 연합은 스푸트니크를 "높은 기준에 대한 무관심의 결과를 상징하는 것"으로 간주했으며, 진보적 교육 운동과 인종 간 교육 평등을 추진하는 세력에 책임을 돌렸다. 곧바로 수학과 과학 교육 강화, 조기 전문화, 엄격한 훈육 그리고 '가장 우수한 인재'에 대한 더 큰 관심이 필요하다는 긴급한 요구가 제기되었다.[1]

---

* 흑백 아동들에 대한 분리 교육이 불법이라는 판결을 끌어낸 소송.

바로 다음 해, 엘리스 폴 토런스라는 한 신임 교육심리학 교수가 새로운 연구 지원금을 받게 되었다. 그는 당시 미네소타 대학교에서 '영재'아동에 대한 다년간 연구를 수행하기 위해 연방 정부로부터 상당한 지원금을 받았다. 조지아주 농부의 아들로 태어나 고등학교 진로 상담 교사를 거쳐 공군 심리학자로 일한 토런스는, 뛰어난 개인의 중요성을 확신했다. 그러나 그는 또한 아웃사이더에 애정을 품고 있었으며, 훈육이나 전문화의 열렬한 지지자는 아니었다. 이 두 관심사는 토런스에게 창의성이라는 주제로 통합되었다. 창의성 연구 분야에서의 새롭고 흥미로운 진전에 영감을 받은 그는, 당시의 영재 개념과 이를 반영하고 강화한 기존 시험들이 상상력이 부족한 순응주의자들, 즉 획일적인 조직 사회에 잘 적응하는 어른이 될 예비 구성원에게 편향되어 있다고 결론지었다. 1961년,『룩*Look*』 잡지의 "창의적인 아이" 특집 기사에서 토런스는 아이큐 테스트가 진정으로 생산적이고 독창적인 아이들이 아니라, 단지 "예-아니오, 옳고 그름을 요구하는 질문 상황을 받아들이는 아이들, 즉 수렴적 사고를 지향하고, 실험적이지 않으며, 기억에 의존하는 유형들"을 높게 평가한다고 비판했다. 그는 "만약 우리가 지능검사나 학업 적성 테스트를 기준으로 영재 아동을 선별한다면, 가장 창의적인 아동 중 약 70퍼센트를 배제하게 될 것"이라고 덧붙였다.[2] 토런스가 영재 아동 연구를 위한 지원금을 받은 직후, '창의적 재능'을 식별하고 육성하는 방법이라는 구체적인 문제에 초점을 맞춘 이유가 바로 여기에 있었다. 창의성 연구는 처음부터 아동 교육에 관한 관심을 표명해왔지만, 거의 10년이 지난 시점에도 이 분야에서는 여전히 주로 고급 과학 인력이나 전문성을 갖춘 성인들을 대상으로 연구가 이뤄지고 있었다. 토런스는 아동기 창의성을 연구할 수 있도록 길을 연 사람이었다. 불과 몇 년 만에 그는 최초로 널리 사용 가능한 창의적 능력을 측정하는 연필과 종이 테스트인 토런스 창의적 사고 검사를 개발했으며, 이는 이후 많은 창의성 연구를 진행하는 데 기준 역할을 했다.[3]

스푸트니크 발사 이후의 국가적 위기 상황에서, 토런스는 미국 교육계에서 서로 대립하는 여러 진영을 초월하려 노력했다. 그는 순응에 대한 반감, 진보적 감각 그리고 냉전 시대의 실용적인 중요 사안들을 창의성 개념에 녹여냈다. 토런스를 비롯한 일부 연구자들에게 창의성은 천재가 지닌 어떤 것과 모든 아이가 지닌 어떤 것 사이, 실용적인 기술과 그 자체로 가치 있는 개인적 선善 사이에서 모호한 위치를 차지했다. 이러한 긴장은 상당한 도전과 실망을 초래하기도 했지만, 토런스는 창의성 연구 분야의 선도적인 학자로 자리 잡았다. 평생 그는 왕성한 연구 활동을 펼치면서 창의성을 옹호하며, 이상적인 아동상과 교육의 목적에 대한 미국인의 고정관념을 재정의하는 데 기여했다. 또한 그는 불확실한 시대에 자녀의 미래를 걱정하던 교사와 부모들에게 영감을 주기도 했다.[4]

창의성으로의 접근

훗날 '창의성의 아버지'로 불린 토런스는 1958년 당시에 창의성 연구에 입문한 지 얼마 되지 않은 신참이었는데, 나중에는 자신이 평생 창의성을 연구해온 것 같다고 말했다.[5] 미네소타 대학교에 합류하기 전, 토런스는 공군 생존 훈련 프로그램을 연구하는 수석 심리학자로 활동했다. 이 프로그램은 한국전쟁 당시 미군 포로들이 공산주의 사상에 "세뇌되었다"는 보고 이후 설립된 것이었다(그러므로 토런스는 미국의 정신적 건전성에 대한 국가적 공포에서 또다시 혜택을 받은 셈이었다). 그 기간 동안 토런스는 고문에 저항하는 기술을 설명한 매뉴얼인 「심문의 심리학The Psychology of Interrogation」과 제트기 조종사에 대한 연구를 발표했다.[6] 이런 경험은 토런스가 역경과 낯선 환경에서 왜 어떤 개인은 잘 적응하고 성장하는가 하는 문제에 주목하게 했고, 이는 그의 창의성 정의에서 핵심 요소가 되었다. 하지만 토런스는 잘 적응하지 못하는 사람들을 접한 경험도 있었다. 전쟁 중 그의 임무는 불명예 제대 군인들을 상담하는 것이었고, 그 이전에는 문제가 있는 소년들을 위한 학교에서 진로 상담사로 일한 바 있었다. 스스로를 아웃사이더라고 여겼던 토런스는 책을 좋아하고 신체적으로 약했던 자신이 조지아주 시골의 농부 가족 속에서 자라며 부적응자로 여겨졌다고 회상했다. 그는 문제가 있는 소년들 중 일부가 제트기 조종사들과 비슷한 특성을 공유하고 있다고 생각하게 되었다. 강한 의지, **빠른 대처** 능력, 규칙과 고정관념을 무시하는 태도 같은 것들 말이다. 토런스는 사회에서 실패자로 간주됐던 이들이 재능 있는 사람들인 경우가 많았으며, 그들이 본성에 맞지 않는 임의적인 규칙들에 의해 억압되었다고 생각했다.

또한 토런스는 교육자들이 전통적으로 모범생이라고 여겼던 학생들은 실제로는 소심한 순응주의자로 길러지고 있던 아이들이 었다고 생각했다. 토런스에게 그 아이들은 '문화적으로 승인된 데이터를 상당량 암기할 수 있는 아이들 또는 권위자에게 잘 보이려는 욕구에 의해 동기가 부여된 아이들'이었다. 토런스를 대신해 『룩』은 "전통적으로 영재로 여겨진 학생들은 교사와 관리자들로부터 '각별한 주목'을 받고 월반 기회를 부여받는다. 반면, 때때로 '보헤미안적인 태도'로 교사들을 당황스럽게 만드는 고도로 창의적인 학생들은 급우들 앞에서 [꾸중을 듣거나] 굴욕감을 느낄 가능성이 더 높다"고 지적했다. 캘린 테일러도 『룩』과 인터뷰를 했는데, 그는 창의적인 학생들의 중퇴율이 전국 평균 중퇴율보다 높은 경향이 있다고 지적했다. 한편, 토런스는 정신분석학 용어를 사용해, 창의적인 학생들을 억압하면 권력을 가진 사람들을 "파멸시키거나 무력화하고자 하는 적대감"이 그들에게 생겨날 수 있다고 경고했다.[7] 토런스는 이런 억압이 학생들에게 잔인한 행위일 뿐만 아니라, 헤아릴 수 없는 인간 잠재력의 낭비를 초래한다고 생각했다. 또한 그는 "창의적 재능은 또래 집단과 교육제도 자체의 강압적 압력에 의해 **불필요하게 억압된다**"고 썼다.[8]

서구 교육 시스템 전체를 권위주의적이라고 본 것은 토런스만이 아니었다. 토런스가 조직한 한 학회에서, 뉴욕 대학교 교육대학 학장 조지 스토더드George Stoddard는 이렇게 말했다. "학교 안에서, 많은 교사와 교과서(교사들의 냉동된 교재)는 동일한 순응의 신에게 경의를 표한다. 300년간의 표준 교육은 '조건반응, 반복적인 행위, 권위의 목소리에 의존하는' 사람들을 양산했다."**9** 진보적 교육의 지지자들은 오래전부터 암기 학습을 거부해왔으며, 이를 권위주의적일 뿐만 아니라 비효율적이라고 비판해왔다. 당시에 그들은 수학과 과학에 대한 새로운 관심이 문제를 악화시킬까 우려했다. 한편, 기술 중심의 개혁가들 중 일부도 정체된 사고의 문제를 경계하고 있었기에, 엄격한 교육에 반감을 가진 진보 진영은 영재 아동 및 인력 개발에 역점을 두는 비진보 진영과 예상치 않게 공명을 이루었다. 모두가 동의한 것은, 현대의 학교교육 속에서 창의성을 구해내는 것이 교육자들의 필수적인 과업이라는 점이었다.

토런스가 스스로에게 부여한 과제는 '영재성'을 창의적 잠재력의 관점에서 재정의하고, 이를 교육 관료들이 이해할 수 있는 방식인 테스트라는 형태로 구현하는 것이었다. 당시 많은 연구자는 아동의 창의성을 연구하는 것이 과연 가능할지 의문을 제기했다. 대학 졸업자나 엔지니어의 창의성을 평가하는 것도 충분히 어려웠다. 그들조차 아직 뚜렷하게 창의적인 작품을 만들어내지 못했기 때문이었다. 그런 점에서 학생들, 특히 어린 학생들의 창의성을 평가하는 것은 더더욱 어려운 일이었다. 하지만 토런스에게 이는 문제가 되지 않았다. 그에게 창의성이란 결과물이 아니라 과정에 관한 것이었기 때문이다. 다른 연구자들이 창의성을 새롭고 유용한 무언가를 만들어내는 능력으로 정의한 반면, 토런스의 독창적인 정의는 다음과 같았다. "창의성은 문제, 결핍, 지식의 격차, 누락된 요소, 부조화 등을 민감하게 인식하고, 어려움을 파악하며, 결핍에 대한 가설을 세우거나 추측하고, 이를 해결할 방안을 모색하고, 가설을 테스트하고 재검토하며, 필요하다면 수정한 뒤 다시 테스트하고, 최종적으로 결과를 전달하는 과정이다."**10** 하지만 토런스는 초기 연구에서 이를 '창의성'이라고 부르지 않았다. 당시 대부분의 심리학자들도 그렇게 표현하지 않았다. 창의성은 특정 결과물을 만들어내는 것과는 별 관련이 없었기 때문이다. 그러나 토런스는 이후 자신의 기록에서 이렇게 말했다. "돌이켜보면, 우리는 그때도 창의성을 연구하고 있었던 것 같습니다." 그에게 창의성이란 사고방식일 뿐이었다. 즉 매슬로와 마찬가지로, 특정 결과물을 생산하는 것과 무관하게 사고방식에 관한 것이었다.**11**

그의 절차적 정의는 기존의 창의적 사고 단계에 관한 그레이엄 월러스Graham Wallas의 이론을 발전시킨 것으로, 창의성 연구를 교육심리학과 연결할 수 있게 했다. 이는 최고 수준의 과학자, 작가, 건축가를 연구하는 기존 접근법과 달리, 탁월한 업적을 낸 사람들을 필요로 하지 않고 단지 어떤 아이디어를 '표현'하기만 하면 되었다. 그것은 말 한마디일 수도, 복잡한 예술 작품일 수도 있었다. 사실, 토런스의 정의는 진정한 정의라기보다는 창의성이 작동하는 방식에 관한 이론이었다. 하지만 이 과정을 연구하고 검증하기 위해서는, 즉 연구 계약을 이행하기 위해서는 누가 창의적이고 누가 그렇지 않은지를 증명할 수 있는 결과물이 필요했다. 다행히도 1958년까지 몇몇 연구자가 창의적 능력을 테스트할 방법을 이미 개발했고, 이는 가능성을 보여주었다. 토런스는 이를 아동 연구에 맞게 조정하는 과제를 맡았다.

훗날 토런스는 자신이 "우연히 심리측정학자가 되었다"고 농담하기도 했다. 테스트 설계 경험이 거의 없던 그는 아동의 창의성을 연구하려고 했으나, 창의성을 측정할 테스트 자체가 아직 존재하지 않는다는 사실을 깨달았다.[12] 그래서 그는 그 테스트를 처음 만들어야 했고, 길퍼드의 발산적 사고 과제의 대부분을 어린이들에게 맞게 조정함으로써 이를 완성했다. 이 테스트는 처음에 '미네소타 창의적 사고 테스트'로 불렸으나, 토런스가 조지아 대학교로 옮긴 뒤에는 '토런스 창의적 사고 테스트Torrance Tests of Creative Thinking(TTCT)'라는 이름으로 불리게 되었다. 이 테스트는 언어 과제와 그림 과제로 구성되었으며, 관리자를 위한 표준 양식과 자세한 지침, 각 과제를 설명하는 스크립트, 점수를 매기는 상세한 채점 기준을 포함하고 있었다. 언어 영역은 간략한 설명만 보고 책 제목을 지어내는 과제와 같은 문제로 이뤄졌으며, 그림 영역에서는 미완성된 도형을 기반으로 그림을 완성하는 과제가 주어졌다. 예를 들어, 테스트 용지를 펼치면 12개의 동일한 정사각형이 격자로 배열되어 있고, 각각 2.5센티미터 간격의 세로선 한 쌍이 그려져 있는 페이지를 볼 수 있었다. 응시자는 연필을 사용해 첫 번째 쌍을 스키로, 두 번째는 고층 빌딩으로, 세 번째는 긴 코를 가진 우스꽝스러운 얼굴로, 네 번째는 강도를 쫓는 경찰로, 이렇게 10분 동안 계속해서 그림을 그려야 했다.

TTCT는 창의성을 구성하는 네 가지 요소에 기반해 채점되었다. 이는 대규모 평가를 쉽게 하기 위해 길퍼드의 16가지 창의성 요소 모델을 간소화한 것이었다. 그 네 가지 요소는 주어진 시간 안에 떠올린 다른 응답의 개수로 측정되는 유창성, 또래의 응답과 비교했을 때 각 답변이 얼마나 독특한지로 측정되는 독창성, 응답의 다양성(예를 들어, 학생이 두 개의 평행선을 계속해서 막대 인형으로만 묘사했는지, 아니면 가정용 물건, 건물, 동물, 액션 장면, 큰 물체, 작은 물체, 다양한 관점에서 본 것으로 묘사했는지에 대한 관찰 결과)으로 측정되는 유연성, 세부 묘사의 수준으로 측정되는 정교성이었다. 테스트 관리자용 지침에는 가능한 한 주관적인 평가를 배제할 수 있도록 구체적인 방향이 제시되었다. 예를 들어, 평행선을 사다리의 옆면이나 집의 벽으로 묘사하는 것은 그다지 창의적이지 않다고 간주되었다. 그러나 사다리 위에 앉아 있는 검은 고양이를 추가하면 정교성 점수로 2점을 받을 수 있었다(고양이 1점, 검은색 1점). 또한 불타는 벽돌집에서 손을 흔드는 막대 인형을 구하기 위해 사다리를 오르는 다른 막대 인형을 그린다면 더 높은 점수를 받을 수 있었다. 이 테스트는 예술적 능력이나 언어적 능력을 평가하기 위한 것이 아니었기 때문에, 그림과 이야기는 예술적 기술, 구성, 아름다움, 서사적 깊이, 감동과 같은 완전히 주관적인 측면으로는 평가되지 않았다. 대신, 이 테스트는 창의적인 사고를 반영한다고 여겨지는 속성 ― 발상 속도, 독창성, 상상력 ― 에 초점을 맞췄다.

토런스는 이 테스트가 예측 타당성이 있음을 입증하기 위해 대규모 종단 연구에 착수했다. 그는 미네소타 초등학생 215명을 대상으로 7년, 12년, 22년, 40년 간격으로 반복 테스트를 실시하며, 3학년 때 높은 점수를 받은 아이들이 이후 창의적 성공을 이루는지 확인하려 했다. 그 결과를 확인하려면 시간이 필요했다.

E. 폴 토런스가 아이들에게 장난감을 개선할 방법을 생각해보라고 요청하는 창의성 테스트를 진행하고 있다. 이는 붉은 벽돌 테스트의 변형이다.(출처: E. 폴 토런스 컬렉션, 조지아 대학교 하그렛 희귀 도서 및 원고 도서관)

토런스는 학교가 창의성을 억압한다는 사실을 과학적 연구로 입증할 필요를 느끼지 않았다. 하지만 초기 테스트 결과에서 이런 확신을 뒷받침하는 증거를 일부 발견했다. 바로 4학년 때 창의력 테스트 점수가 갑자기 하락하는 '4학년 슬럼프' 현상이 그것이었다. 교육심리학자들은 이미 아이들이 4학년 즈음에 사회적 관습에 대한 인식이 높아지면서 규칙에 더 신경을 쓰고 상상력을 발휘하는 자유로운 놀이가 줄어든다는 것을 알고 있었다. 이는 일반적으로 성인이 되어가는 자연스러운 과정으로 여겨졌지만, 토런스는 이 현상에 어두운 면이 있을 수 있다는 가설을 세웠다. 그는 사회화가 필요하다는 점은 인정했지만, 과도한 억압은 '미래에 학교

중퇴, 비행, 정신적 붕괴'로 이어질 수 있다고 생각했다. 이 세 가지는 당시 미국 청소년들을 관찰하는 사람들을 두렵게 하는 문제들이었다.

토런스의 연구 팀은 창의성이 4학년의 문턱을 넘어 유지될 수 있는지를 알아보기 위해, TTCT에서 따온 여러 과제를 활용해 한 그룹의 학생들을 훈련시켰다. 예를 들어, '특이한 사용법 생각해내기' 과제를 기반으로 한 활동에서는 기존에 사용되던 벽돌 대신 장난감을 제공하고, 이를 최대한 다양한 용도로 사용하는 방법을 찾아보게 했다. 또 다른 과제는 TTCT의 '제품 개선' 영역을 참고한 것으로, 학생들에게 장난감 말의 개선 방안을 제시하도록 했다. 이 과제는 학생들이 미래에 직장에서 직면할 수 있는 실무 중심의 창의성을 미리 체험할 수 있도록 설계된 것이었다. 예상대로, 발산적 사고 과제에서 훈련한 학생들은 그렇지 않은 학생들보다 이후 테스트에서 더 크게 향상되었다. 이 결과에 기초해 토런스는 낙관적인 결론을 내렸다. 그 결론은 상상력의 상실은 단순히 '인간 발달의 불가피하고 건강한 일부'가 아니며, '창의성'을 희생하지 않고도 의도적이고 체계적인 방법으로 '발달'을 이룰 수 있다는 것이었다.

창의성 식별과 개발

이 연구를 바탕으로, 토런스는 미국 학교에서 창의성을 증진하자는 데 앞장서는 열정적인 활동가가 되었다. 그는 교실에서 예술교육을 장려하고, 정답이 정해진 과제 대신 열린 형태의 과제를 최대한 활용하며, 창의적 사고 훈련을 체계적으로 시행할 것을 제안했다. 이를 위해 그는 교실에서 활용할 수 있는 여러 가지 활동을 개발하고 널리 알렸다. 예를 들어, 그는 유명한 탐험가와 발견자들의 이야기를 담은 음반 세트를 제작해, 위험을 감수하고 대중의 흐름에 맞서는 것이 얼마나 중요한지를 보여주었다. 이 이야기속 등장인물은 서양사에서 친숙한 인물이지만, 전통적인 의미에서 모두 '창의적'이라고 평가받는 인물은 아니었다. 토런스는 그들이 TTCT에서 높은 점수를 받을 만한 능력을 지녔다고 주장하지는 않았지만, 암묵적으로 그렇게 연상하게 만들었다. 각 이야기에는 이어서 교사가 학생들과 함께 발산적 사고 훈련을 진행할 수 있는 일련의 활동이 포함되어 있었다.

　1950년대와 1960년대 내내, 창의성 연구 분야에서는 두 가지 관점 사이의 긴장이 지속되었다. 창의적 능력의 식별을 주된 과제로 삼는 과학자들과 이를 자극하거나 개발하려는 과학자들 간의 대립이었다. 전자는 창의적 능력이 선천적이고 고정적이라고 가정했는데, 한 심리학자는 후자를 "일화적 증거에 의존하거나 실험통제를 제대로 하지 않는 열광자들"로 묘사했다.[13] 그렇지만 알렉스 오즈번이나 시드니 패니스처럼 '브레인스토밍' 같은 기법을 가르쳐 창의적이지 않은 사람들에게 창의성을 불어넣으려 한 산업계 출신 인물들은 점차 학계의 담론에 영향을 미쳤다. 토런스는 이들의 매우 강력한 우군 중 한 명으로 자리 잡았다. 그는 창의성의 식별과 개발이라는 두 프로젝트 사이에서 긴장을 느끼지 않는 듯했다. 아이들을 대상으로 연구하는 그의 접근 방식에서 창의성은 타고나는 능력이지만 적절히 개발되지 않으면 사라질 위험이 있는 존재였다. 그는 창의성을 측정하고 개발하는 작업이 본질적으로 동일한 과정의 일부라고 여겼다. 1959년, 제3차 유타 회의의 주최 측은 토런스에게 창의적 잠재력 개발에 관한 새로운 소위원회를 맡아줄 것을 요청했다. 회의 이름도 "과학적 재능의 식별과 **개발**에 관한 회의"로 변경되었다(강조는 내가 한 것이다). 고급 과학 인재에 관심을 두었던 캘빈 테일러는 1964년에, 창의성의 교육 가능성이 여전히 의문시되었음에도, 심리학자들이 이제 적어도 "모든 사람이 어느 정도 창의적 잠재력을 가지고 있으며, 이는 모든 연령, 모든 문화, 모든 인간 활동 분야에 걸쳐 나타난다고 확신한다"고 썼다.[14] 이는 창의성의 의미가 선천적 능력에서, 더 나아가 일종의 기술로 변화하거나 확장되었다는 것을 드러내는 말이었다.

미국 교육 논쟁의 실타래 풀기

당시 미국 교육정책의 흐름 속에서 토런스의 연구는 특히 눈에 띄었다. 창의성 교육의 대표적인 옹호자로서 그는 교육 매파와 자유주의 개혁 세력, 진보적 교육의 개방적이고 평등주의적인 탐구 정신과 스푸트니크 이후 냉전 시대의 요구 사이에서 절묘하게 균형을 유지했기 때문이다. 이 점에서 그는 역사학자 아서 슐레진

저Arthur Schlesinger가 당시 미국 정치의 "역동적 중심vital center"이라고 불렸던 주요 정책 조언자들과 비슷한 감각을 공유했다. 이들은 개인의 자유와 사회적 이익, 평등과 우수성 사이에서 균형을 추구한 사람들이었다.[15] 예를 들어, 1958년에 존 가드너(IPAR의 창의성 연구를 지원한 인물)는 록펠러 브라더스 재단 보고서에서 "민주주의는 (……) 보통의 수준을 모두가 공유하는 체제가 아니라 (……) 모든 사람이 자신 안에 있는 특별한 우수성을 표현하고 발휘할 수 있게 해주는 체제다"라고 썼다.[16] 가드너는 '엄격한 특화'를 주장하는 매파들에 맞서 인문학과 진보적 교육의 일부 원칙들을 옹호하면서, 재능을 징발한다고 알려진 소련과는 달리 "자유 사회는 재능을 징발할 수 없으며" 개인이 자신의 진로를 선택하도록 허용해야 한다고 주장했다. 그러면서 그는 관리적 관점을 반영하며 이렇게 말했다. "하지만 지금처럼 우리가 절박하고 복잡한 문제들에 직면한 상황에서, 발견되지 않은 재능, 낭비된 기술, 잘못 활용된 능력은 자유 사회의 생존 능력을 위협할 수 있다." 개인의 자유와 사회적 의무 사이의 이러한 긴장 상태에 대한 해결책은 미국 학교를 평등주의가 아닌 다원주의 관점에서 보는 것이었다. 즉, 미국 교육계는 소수 집단에 대한 교육을 개선하고, 학생들의 조기 분류를 피하는 한편, 국가의 전략적 이익을 위해서는 선천적인 재능을 가진 학생들에게 더 많은 관심을 기울여야 했다. 이런 관점을 담은 공통 교육과정은 문화유산 공유와 민주 시민 의식 함양이라는 명분으로, 그리고 급격한 사회 변화에 직면해 있는 상황에서 노동력을 양성하기 위한 전략으로서 옹호되었다. 가드너는 "앞으로 어떤 기술이 필요할지 우리는 전혀 알지 못한다. 그렇기 때문에 우리는 젊은 세대에게 기초 학문을 교육하고, 변화를 이해하고 그에 대처할 수 있도록 준비시켜야 한다"고 썼으며, 그의 이런 주장은 이후 수십 년 동안 이어진 교육 관련 논의에 지속적인 영향을 미쳤다.[17]

이런 자유주의 교육 개혁가들은 교육 역사학자 데이비드 라버리David Labaree가 미국 교육에서 상충되는 세 가지 이상이라고 부른 것들을 조화시키려 노력했다. 이 세 가지 이상 각각은 서로 다른 최종 목표와 학생 주체에 대한 다른 모델에 해당한다. '민주적 평등'이라는 목표는 학생들을 시민으로 보고 표준적인 교육을 광범위하게 제공해 그들을 잘 교육된 대중으로 만든다는 것이었다. 반면, '사회적 효율성'이라는 목표는 학생들을 미래의 노동자로 상정하고, 학교는 학생들이 '유용한 경제적 역할을 수행할 수 있도록' 준비하는 데 중점을 둔다는 것이었다. 이 두 가지 목표는 사회적 이익의 관점에서 교육을 본다는 공통점이 있었다. 세 번째 목표인 '사회적 이동성'은 학생들을 교육 상품의 소비자로, 학교를 노동시장에서 경쟁 우위를 확보하도록 돕는 곳으로 상정했다.[18] 전후 학교 개혁을 위한 자유주의 의제는 이 세 가지 목표를 결합해 개인주의와 국가 우선주의가 서로를 강화하는 다원주의적 이상을 만들어냈다. 존 가드너는 록펠러 브라더스 재단 보고서에 이렇게 썼다. "자유 사회는 개인이 사회적 노력에 기여하게 하기 위해 개인을 양성할 뿐만 아니라, 무엇보다도 개인이 자기실현을 이루고 발전할 수 있도록 개인을 양성한다."[19]

토런스는 자기 연구의 중요성을 국가 전략의 관점에서 정당화하곤 했지만, 현대사회에서 학생들이 정서적으로나 경제적으로 대처할 수 있는 능력에 관해 따뜻하고 진지한 관심을 가지고 열정적으로 연구했다. 그에게 창의성 교육은 무엇보다도 "더 인간적인 교육"이었다.[20] 그의 핵심 주장은 미국이 과학적 전문성을 학생들에게 강요하는 것과 소련에 뒤처지는 것 중 하나를 선택할 필요는 없다는 것이었다. 그에게 창의성은 특정한 지식이나 전문성을 키우는 것이 아니라 창의적으로 사고하는 일반적인 능력을 키움으로써 개인의 발전과 미국의 전략적인 이익 모두에 도움을 줄 수 있는 어떤 것이었다.

우주 시대는 우리를 이전의 익숙한 사고방식이 더 이상 통하지 않는 곳으로 이끌고 있다. 오늘날의 학생들에게는 많은 것이 요구될 것이다. 인간 생존에 대한 위협은 인간이 최선의 모습으로 어떻게 발전할 수 있을지 고민하게 하고, 아이들이 이런 창의적 잠재력을 실현하는 데 어떤 새로운 방법이 도움이 될 수 있는지 찾게 만든다. (……) 현재 우리는 학교가 학습을 위해 존재한다고 굳게 믿는다. 우리는 학교가 더 엄격해야 하며, 학생들이 더 많은 것을 배우도록 해야 한다고 말한다. (그러나) 미래의 학교는 단순히 학습만이 아닌 사고를 위한 곳으로도 설계될 것이다. 오늘날의 학교와 대학은 사고할 줄 아는 사람들, 새로운 과학적 발견을 해낼 수 있는 사람들, 세계의 긴급한 문제에 더 적절한 해결책을 찾아낼 수 있는 사람들, 세뇌되지 않는 사람들 그리고 변화에 적응하며 가속화하는 시대

속에서도 정신적 안정을 유지할 수 있는 남성과 여성을 배출하라는 요구를 점점 더 강하게 받고 있다.[21]

사고력, 발견, 발명, 문제 해결, 세뇌에 대한 면역, 변화에 대한 적응력을 가능하게 한 궁극적인 능력은 바로 창의성이었다. 토런스는 학교가 지식을 주입하는 것이 아니라 학생들에게 '사고하는 법'을 가르치는 데 목적이 있다는 주장을 펼쳤다. 이 주장은 오래된 진보적 교육 이론과, 미래의 불확실성이 제공한 새로운 불안감을 등에 업고 폭넓은 공감을 얻었다. 토런스는 창의성을 교육정책의 오래된 논쟁을 초월할 힘으로 보았다. 그는 미국 학교가 "비평가나 옹호자가 아닌 선도자와 개척적으로 사고하는 사람들에 의해 구원될 것"이라고 믿었다.[22] 그는 자신이 교육혁명의 최전선에 있다고 믿었고, 교육혁명이 궁극적으로 문명 전체를 혁신할 것이라고 확신했다. 그는 이렇게 썼다. "인간의 사고, 특히 창의적 사고가 지속적으로 발전함에 따라, 나는 1960년대의 인간이 미래 세대에게는 우리가 동굴에 살던 원시인을 보듯 순진하고 야만적으로 보일 것이라고 생각한다."[23]

부모와 교사들에게 영웅이 된 토런스

창의성은 가르칠 수 있는 재능이라는 주장 때문에 토런스는 교육 논쟁의 양측으로부터 비판을 받았다.[24] 진보적 교육자들은 그의 발산적 사고 연습이 '조작적 조건 형성'에 불과하며, 이는 정신을 해방시키기보다는 기계를 프로그래밍하는 것에 더 가까워서 진정한 창의성이라는 허울을 뒤집어쓴 모조품일 뿐이라고 비판했다. 한편, 보수주의자들은 그의 방법을 진보적 교육과 같은 부류로 분류하며, 지나치게 관대하고 자기중심적이며 구체적인 내용 지식이 부족하다고 비난했다. 하지만 많은 부모, 교사, 상담사는 토런스의 메시지가 신선하고 획기적이라고 느꼈다. 그의 전기 작가에 따르면, 『룩』에 기사가 실린 후에 그는 2000통 이상의 편지를 받았고, 그중 300명이 넘는 교사들이 TTCT 사본을 요청해 10만 명 이상의 학생들이 이 테스트를 받게 되었다.[25]

교사들은 다루기 까다롭지만 영리한 학생들을 구해낼 테스트 도구가 드디어 생긴 것에 매우 고무되었다. 하와이 호놀룰루의 고등학교 교사 매릴린 스태슨Marylin Stassen은 미용실에서 『레드북Red-book』 잡지를 훑어보던 중 토런스에 대한 기사를 읽고는 "드라이어 기계에 앉아 있다 벌떡 일어났어요"라며 이렇게 썼다. "높은 아이큐, 시간 엄수 능력, 체계성, 규율에 대한 충실함, '좋은' 가정환경이 아이의 상상력과 항상 관련이 있지는 않다는 것을 알게 되었습니다. (……) 교정 시설에 있는 아이들이 자신들은 **아무런 가치도 없다고** 느끼는 모습을 보면 마음이 아픕니다. 그 아이들은 아이큐도, 손재주도 평균적이지요. (……) 우리가 그 아이들에게 창의적 잠재력이 있다고 말해줄 수 있다면, 그 아이들은 자신을 존중하게 될 것이고, 교사가 도움을 준다면 비행 청소년들 중 일부의 삶을 변화시킬 수 있을 것 같아요." 또한 스태슨은 상상력이 풍부하지만 문제를 일으키는 아이들을 추측에 의존해 진단하고 지도해야 하는 상황과, 자신의 아이가 평범해지길 원하는 부모들의 간섭에 좌절 감을 느낀 적이 많았다며, 토런스의 테스트는 교사들이 더 객관적 으로 문제를 해결하는 데 도움을 줄 수 있을 것이라고 기대했다. 그녀는 이렇게 덧붙였다. "부모들은 테스트를 신뢰합니다. 테스트 로 정말 많은 가능성을 발견할 수 있으니 말이지요!"[26]

고등학교 교사 존 R. 크롤리John R. Crowley는 "뛰어나게 창의적 인 아이를 최소 한 명, 어쩌면 몇 명이나 둔 부모"로서, 『레드북』 과 『리더스다이제스트Readers Digest』에서 토런스의 연구에 대한 기사 를 읽고 "매우 큰 용기를 얻었다"고 말했다. "진보적 교육의 더 많 은 입증된 아이디어"를 믿었던 그는 자신이 근무하는 학교를 포함 한 뉴저지주 중산층 거주 지역의 학교들이 "제1차 세계대전 이전" 의 방식, 즉 "경제적·사회적 특권층 아이들을 위한 학교", "순응과 높은 성적에 대한 압박"으로 "퇴행"하고 있다고 우려했다. 스태슨 과 마찬가지로, "무시받고 문제아로 여겨지는 아이들이 가장 유망 한 아이들인 경우가 많다"는 점을 증명하고 싶어 했던 그는 이렇 게 썼다. "나는 창의적인 성격으로 살아남는 데 필요한 내면의 자 립심, 독립성 그리고 독특함이 어떤 것인지 알아볼 만큼 충분히 삶 을 경험했습니다. 시험에서 평균 A나 B를 받는 학생들, 좋은 환경 에서 자란 아이들은 나처럼 되지 않을 것입니다. 그 아이들은 결국 대형 보험회사에서 이름 없는 서류 정리자가 될 것입니다."

토런스가 제시한 메시지는 많은 부모에게 위안을 주었다. 그 부모들은 문제아로 보이는 자신의 아이가 창의적일 수 있음을 깨달았다. 아칸소주에 사는 한 어머니는 "이 기사를 읽게 해주신 신께 감사합니다"라며 "우리 아이들은 '말썽꾸러기', '너무 장난이 심하다', '집단에 순응하지 않는다' 등의 꼬리표를 달고 살아왔지만, 이제는 정상이라고 표현되는 특성을 지닌 아이라고 생각할 수 있게 되었습니다"라고 적었다. 그녀는 입양한 원주민 소년인 15세 아들의 사진을 첨부하며, "이 기사를 읽고 나서 처음으로 이 아이에 대해 마음을 놓을 수 있었습니다"라고 덧붙였다. 그녀와 남편은 그를 "사랑스러운 아이"라고 생각했지만, 교사들은 "고집스럽고", "아는 척하는 아이"로 여겼다. 토런스의 글은 그들에게 새로운 '희망'을 주었다. 그 어머니는 "만약 선생님들이 내 아이와 아이가 겪고 있는 문제를 이해하려고 노력하기만 한다면, 내 아이는 '게으르고 장난기 많은, 책임감 없는 몽상가'로 보이지 않을 것입니다. 내 아이는 이해만 받는다면, 사람들에게 따뜻하게 반응하고 자신과 통하는 사람에게는 마치 병사처럼 열정적으로 협력하는 아이로 볼 수 있을 것입니다"라고 썼다.

『레드북』기사를 읽은 수많은 부모가 그랬듯이, 마거릿 맬러리 Margaret Mallory도 "마치 내 아들 이야기 같았다"는 느낌을 받았다고 썼다. 그녀의 16세 아들은 "잘생기고 사교적인 소년"이었지만, "자신감을 잃어가고" 있었다. 그는 어린 시절에 입은 신체적 장애로 인해 "항상 '성취도가 낮은 학생', '책임을 지지 않는 학생', '학교에 흥미가 없는 학생'이라는 평가를 받았다". 미술 교사는 그가 예술이나 디자인 분야에서는 유망해 보인다고 예측했지만, "언어와 단어 구사 능력이 가장 중요하다고 생각한" 진로 상담 교사는 그를 "성취도가 낮은 학생"으로만 보았다. 마거릿과 남편은 "어떻게 해야 할지 고민스러웠고, 고등학교를 졸업한 후 아들을 어떻게 올바른 방향으로 이끌어야 할지 몰라 강한 불안감을 느꼈다". 그녀는 토런스에게 샌프란시스코 베이 지역에서 창의성 능력을 테스트할 수 있는 곳이 있는지 문의했고, 그 테스트가 아들의 진로를 명확히 하는 데 도움이 되기를 바랐다.

브루클린에 사는 한 어머니는 토런스에게 보낸 편지에서 자신의 열 살 난 아들 데이비드가 "마치 당신이 데이비드를 모델로 삼아 창의적인 아이에 대해 쓴 것처럼 정확히 당신의 묘사에 내 아이가 들어맞는다"고 말했다. 데이비드는 그림 그리기, 조각하기, 동물 수집을 좋아했으며 지능검사에서는 평균 수준으로 나왔다. 하지만 그는 "감수성이 예민해" 친구들 사이에서 어려움을 겪고 있었으며, "놀림을 받고, 별명으로 불리며, 선생님들에게는 골칫거리"로 여겨졌다. 선생님들은 그를 "다른 아이들과 다른 비순응적인 외톨이"라고 불렀다. 학교에서는 상담을 권했지만, 부모는 상담이 도움이 될지 확신이 없었다. 그들은 이렇게 말했다. "상담이 도움이 될까요, 아니면 오히려 아들에게 해가 될까요? 상담이 아들을 관습에 순응하게 만들지 않을까요? 그 때문에 아들의 개성이 사라질지도 모른다는 걱정이 듭니다. 부디, 뉴욕에 계신 분들 중에 데이비드에게 당신이 개발한 테스트를 해주거나 우리를 도와줄 수 있는 분을 추천해주신다면 정말 감사하겠습니다. 무엇보다도 우리는 아들이 행복하길 바랍니다. 그가 자신만의 세계에서 행복하다면, 우리도 행복할 것입니다."

부모와 교사들은 토런스의 테스트에서 희망을 보았다. 이 희망은 학생들의 운명을 결정할 수도 있는 시험들로 점점 더 잠식되어가는 학교 시스템과, 냉전 시기 '이상함'에 대한 의심으로 가득한 사회 속에서도, 그들의 부적응 아이들이 설 자리를 찾을 수 있을 것이라는 희망이었다. 대학 교육을 받은 화이트칼라 노동자들이 점점 더 지배하고 있는 노동시장을 불안하게 바라보면서, 많은 부모와 교사는 그들의 아이가 사회성, 주의력, 지능의 과잉이나 결핍으로 고통받을지언정 결국 이 세상이 그들을 위한 특별한 계획을 가지고 있을 것이라는 토런스의 메시지에서 위안을 얻었다.

* * *

2003년에 세상을 떠날 때까지 토런스는 특이하게 재능이 뛰어난 학생들과, 모든 학생에게 내재된 창의적 잠재력을 열정적으로 옹호했다. 1966년에 조지아 대학교에 부임한 이후, 그는 가난한 시골 지역의 흑인과 백인 학생들을 대상으로 창의적 사고 프로그램을 여러 차례 진행했다. 1970년대에는 '미래 문제 해결 프로그램Future Problem Solving Program'을 설립했으며, 이 프로그램은 오늘날까지도 지속되고 있다. 이 프로그램은 젊은이들이 매년 모여 미래 시나리오를 바탕으로 열린 사고 과제에서 경쟁을 벌이는 장을 제공한다. 1970년대부터 1990년대까지 그는 창의성 개념을 모든 학문 분야에 적용하기 위해 '토런스 배양 모델Torrance Incubation Model'을 개발했다. 이 기간 동안 그는 『계간 영재 Gifted Child Quarterly』, 『창의적 행동 저널』에 꾸준히 논문을 발표하며, 뛰어난 학생과 '모든 아이'에 대한 교차적 관심을 드러냈다.

토런스의 평생에 걸친 이 연구가 중요한 이유는 궁극적으로 미국 학교가 어떤 유형의 사람을 길러야 하는지에 대해 새롭고 만족스러운 답을 제시한 데 있었다. 그가 제시한 "창의적인 아이" 개념은 라버리가 제시한 세 가지 이상적 형태—자유민주주의적 시민, 숙련된 노동자 그리고 빠르게 변화하는 화이트칼라 노동시장에서 경쟁력 있는 개인—의 잠재력을 모두 품고 있었다. 창의적인 아이는 보는 사람에 따라 어떤 모습으로든 해석될 수 있었다. 잠재적인 로켓 과학자, 시인, 천재 혹은 단순히 자유롭고 행복한 아이로 말이다. 토런스에 의해 창의성은 영재 개념의 업데이트된 버전이자 모든 아이가 잠재력을 최대한 발휘할 수 있도록 돕는 새로운 유형의 기술로 자리 잡았다. 두 경우 모두 창의성은 매우 개인적이고 생산적인 사고로 간주되었으며, 강요되거나 주입된 것이 아니라 오히려 해방되고 방해받지 않는 상태로 표현되었다. 토런스는 냉전 시대 자유주의가 제기한 순응에 대한 비판을 보수주의가 우려했던 평범성 및 문명 쇠퇴에 대한 두려움과 교묘하게 연결했다.

토런스의 연구 덕분에 1960년대 이후 '창의성'은 미국 교육의 우선순위를 재구성하는 과정에서 핵심 개념으로 자리 잡았다. 예술교육에서부터 '창의적 글쓰기' 프로그램, 토런스가 제안한 창의적 사고 기법에 이르기까지 폭넓게 적용된 창의성 개념은 개별화된 열린 탐구라는 진보적 교육 정신과 국가의 번영이라는 이상을 독특하게 결합한 개념이었다.

광고업계의
이미지 쇄신

미국 광고업계를 대표하는 두 주요 매체 중 하나인 『프린터스 잉크』 1959년 1월 호는 당시 광고업계가 직면한 여러 난관을 종합해 정리했다. 기업의 연간 총 광고 지출이 1947년에서 1957년 사이에 두 배 이상 증가하고 이후 10년 동안 거의 두 배 더 늘어날 것으로 예상되는 전례 없는 매출 증가의 시대 한가운데에 있었음에도, 1958년의 불황으로 광고 예산이 축소되었고 광고업계 경영진들은 그 예산이 언제 회복될지, 심지어는 회복이 가능할지조차 알 수 없는 상황이었다. 제조업체들 사이에서는 광고가 실제로 효과가 있는지에 '회의론'이 커지고 있었고, 광고대행사들은 고객에게 광고비가 왜 판매나 연구 개발 대신 쓰여야 하는지 잘 설명할 필요가 있다고 생각하게 되었다. 이런 회의론의 원인 중 하나로는 매디슨가의 성공이 초래한 광고의 과잉 포화 상태가 꼽혔다. 모든 광고는 경쟁 속에서 고객사의 제품을 돋보이게 만들기 위해 특히 더 효과적으로 작동해야 했다. 기사에는 이렇게 적혀 있었다. "보통 미국인은 하루 최대 1500개의 광고를 접한다. 이 많은 광고 메시지 속에서 빛을 발하려면 특별해야 한다."[1]

이러한 실질적인 문제들에 더해, 광고업계는 밴스 패커드의 폭로적인 책 『숨은 설득자들 *The Hidden Persuaders*』이 출간된 이후 '유감스러운' 대중 이미지 문제로 인해 경영진들이 골머리를 앓고 있었다. 광고 산업은 19세기 후반 초창기부터 회의론자들과 폭로 전문 기자들의 표적이 되어왔지만, 1950년대에 패커드는 냉전 시대의 정치적 두려움과 결합된 새로운 비판의 물결을 이끌었다. 그는 매디슨가를 획일성, 영혼 없는 소비주의, 준전체주의적 정신 통제의 상징으로 묘사했다. 『프린터스 잉크』는 이런 이미지 문제가 광고업계에 실존적 위협이 된다고 간주하며, 당시에 임박했던 연방 무역위원회의 광고 '단속'과 새롭게 구성된 진보적 의회의 상원에서 실시한 광고업계의 불투명한 관행에 대한 조사가 부분적으로 이런 이미지에 기인한다고 분석했다.

그렇다면 해결책은 무엇이었을까? 바로 창의성이었다. 『프린터스 잉크』는 창의성이 "1959년 광고업계의 키"가 될 것이라고 선언하면서, "훨씬 더 새롭고 중요한 역할을 하게 될 것"이라고 예측했다.[2] 샌프란시스코 소재 광고대행사 대표인 월터 길드Walter Guild는 이런 "창의성에 대한 새로운 강조"가 업계의 여러 문제를 어떻게 해결할 수 있을지 설명했다. 우선, 그는 창의성이 광고 자체의 품질을 개선할 것이라고 주장했다. 그는 "너무 많은 광고가 그저 지루하기만 하다!"라고 말하며, 광고 전문가와 비평가 모두의 공통된 견해를 반영했다. 광고주들은 "점점 더 창의적인 광고를 원하고, 지루한 광고에 점점 더 피로감을 느끼고 있다"고 그는 덧붙였다. 『프린터스 잉크』편집진도 1959년 1월 호의 다른 부분에서 창의성을 "제품, 캠페인, 회사, 상업광고 또는 아이디어가 경쟁 속에서 두드러지게 만드는 힘"이라고 표현했다.[3]

길드는 "창의적인" 광고는 "창의적인" 인물들—카피라이터와 아티스트—을 조직의 억압에서 벗어나게 함으로써만 실현될 수 있다고 설명했다. 『프린터스 잉크』도 매디슨가가 미국 사회 전반에 퍼진 관료적 비대화에 빠져 있다고 지적했다. 대형 광고주들의 수요에 대처하기 위해 경쟁하는 대형 광고대행사들이 '합병 열풍'에 휩싸이면서 (이 회사들은 독점금지법을 피하려는 시도로 자신들만의 방식으로 합병 열풍에 뛰어들고 있었다) 더 큰 팀, 더 많은 중간 관리자, 더 많은 회의라는 결과가 발생해 비대화되었다는 설명이었다.[4] 리오 버넷 컴퍼니의 크리에이티브 부문 부사장(그리고 AMC 드라마 〈매드 맨Mad Men〉의 주인공 돈 드레이퍼의 모델이 된) 드레이퍼 대니얼스Draper Daniels는 이 상황을 윌리엄 화이트가 묘사한 기업 자본주의의 위기 상황, 즉 창의적인 천재 기업가가 보수적인 관리자 집단에 의해 몰락하는 상황과 다르지 않다고 보았다. 대니얼스는 당시 미국이 "하위 관리자 회의에서조차 살아남지 못할 아이디어들"에 의지하고 있다고 한탄했다. 전형적인 광고인에 대한 대중의 평판은 이런 고루한 이미지를 더욱 강화시켰다. 폭로 기사, 회고록, 소설, 영화 등에서 광고인은 관료적 조직 인간의 전형, 한마디로 줏대 없는 예스맨이자 전통적인 회색 정장을 입은 인물로 그려졌다.[5] 업계 내부에서는 '연구원들', 즉 포커스 그룹* 설정과 설문 조사를 활용해 광고 디자인과 카피 선정에 관한 결정마저 과학적 근거에 따라 내리려 하던 시장 조사원들에 대한 반발이 커지고 있었다. 대니얼스는 "미국의 비즈니스 세계를 구축한 뛰어난 선구자들이 사라지고, 그 자리를 조심스러운 관리자들이 차지했다. 그들은 연구원과 마케팅 전문가들을 불러들여 무엇이든 생산해낼 만한 조직을 구성했지만 정작 새로운 아이디어는 하나도 내놓지 못한다"고 말했다.[6] 대니얼스는 관료적 비대화와 창의성 논의 사이의 연관성을 명확히 인식하며 이렇게 말했다. "광고대행사의 규모가 커질수록 끝없는 회의는 더 끝이 없어지고, 우리가 창의성이 부족할수록 창의성의 필요성을 더 언급하게 된다."[7] 또한 길드는 "앞으로 프레젠테이션에서 원그래프는 줄이고 우리의 '창의적 역량'을 더 강조해야 한다"고 주장했다.

이런 주장들의 핵심은 창의적 인재의 해방이 광고 자체뿐 아니라 광고업계 전반의 이미지를 개선할 수 있다는 것이었다. 새롭게 주목받게 될 창의적 인재들은 '광고를 전문적 수준으로 올려놓을 것'이며, '역사상 가장 높은 생활수준을 구축하는 데 기여한 기업의 일원으로서 마땅한 신뢰와 전문성에 대한 존경을 얻게 될 것'이라고 기대되었다. 길드는 광고계가 창의성을 전폭적으로 수용함으로써 미국의 번영 속에서 다른 분야의 기업들과 동등한 지위에서 파트너로 자리 잡을 수 있기를 바랐다. 그는 광고주가 창의적

---

*　특정 주제나 제품에 대해 사람들의 의견을 듣기 위해 구성된 소규모 집단.

218

인재들의 작업에 간섭하지 않고 그들이 자신의 일을 하도록 맡긴다면, "생기 있고 생산적이며", "덜 지루하고", "진정으로 창의적인" 광고가 만들어질 것이며, 이는 "광고주, 상업성에 지친 대중 그리고 광고업이라는 고상한 업계 모두에 막대한 이익을 가져다줄 것"이라고 강조했다.[8]

광고업계가 자신들이 일부분 만들어낸 대중사회의 힘에 맞서 더 참신한 광고를 만들어내려고 노력하면서 '창의성'이라는 개념은 희망적이고 순수한 이미지로 대중에 각인되기 시작했다. 창의성은 광고업계에 새로운 활력을 불어넣었으며, 광고대행사에 대한 대중의 인식을, 속임수를 일삼는 기업의 대변자에서 진정성 있는 비전과 혁신을 상징하는 분야로 바꾸어놓았다. 창의성은 광고인의 이미지를, 영혼을 파괴하는 소비사회의 악당에서 소비자 유토피아의 영웅으로 변화시켰다. 창의성이라는 개념은 소비 욕망의 창출을 인간적이고 고결한 추구로 재구성했다. 더 나아가, 자본주의를 개성과 비판이 공존할 수 있는 안전한 공간으로 만들면서, 반(反)소비주의적 비판마저 더 많은 소비로 전환시켰다.

이 변혁의 주체는 바로 '창의적인 사람'이었다. 창의적인 사람은 예술가와 세일즈맨 사이 어딘가에 위치한, 비즈니스 세계 안에 있지만 그 안에 안주하지 않는 경계인이었다. 창의적인 사람은 자신의 비전에 헌신하면서 동시에 고객의 요구를 충족시키는, 자본주의의 인간적이고 반항적인 얼굴이자 자본주의의 궁극적인 가치를 창출하는 도발자였다. 또한 이 시기에 '창의적인 사람'이라는 용어는 범주를 나타내는 표현에서 하나의 성격 유형으로 자리 잡았다. 광고업계의 창의적 인물에 대한 고정관념과, 기존의 '창의적인' 사람들에 대한 고정관념에 크게 영향을 받은 새로운 심리학적 연구가 결합되면서, 광고와 심리학 양쪽 맥락에서의 '창의적인 사람'은 하나로 융합되어 새로운 영웅적 인물로 떠올랐다. 창의적인 사람은 광고계와 미국 산업계 전반의 관료주의를 초월하는 독특한 위치를 차지하게 되었다. 창의적인 사람 자체가 매디슨가의 독창적 판매 제안이자, 업계의 최고 강점이며, 산업계와 사회에서 자신의 가치를 입증하려는 광고업계의 상징이 된 것이었다.

이 모든 창의성 논의의 정점은 '창의적 혁명'으로 기억되는 미학적·조직적 격변이었다. 광고 역사 속 그 순간은 여전히 비즈니스와 마케팅 수업에서 희망을 주는 전설로 제시되며, 창의성이 획일성에 맞서 그 속박에서 해방된 영광스러운 시기로 찬양된다. 하지만 만약 그 시기를 창의성 개념 자체가 처음으로 굳어진 순간으로 본다면 어떨까? 창의성을 이미 존재하지만 억눌린 채 터져 나오기를 기다린 무엇으로 보는 대신, 그것을 광고적 상상 속에서 새롭게 탄생한 개념으로, 전후 미국을 상징하는 업계들 중 하나인 광고계의 다양하면서도 모순적인 야망을 담은 그릇으로 보는 것이 더 통찰력 있는 관점이 아닐까?

예술과 과학의 재결합

광고업계가 창의성을 핵심 원칙으로 받아들인 순간을 찾고자 한다면, 1958년 4월 초에 열린 이틀간의 회의를 기점으로 삼을 수 있을 것이다. 뉴욕 아트 디렉터스 클럽이 뉴욕시 월도프 아스토리아 호텔에서 광고업계 엘리트 500명을 모아 창의성에 대해 논의했다. 당시 회의를 주최한 폴 스미스는 "창의성에 크게 의존하며 고액 연봉의 창의적 인재를 고용한다고 알려진 광고업계가 이 현상에 대한 탐구에서 이렇게까지 뒤처져 있다는 점이 흥미롭다"고 언급했다.[9] 사실 스미스가 지적했듯이, 광고업계는 시각예술가, 작가, 사진작가, 그래픽 디자이너, 오디오 제작자, 음악가, 배우 등 많은 창의적 인재를 고용해왔다. 이들은 최소한 1920년대부터 "창의적인" 직원들로 불리며, 광고 판매를 중개하면서 광고업계에서 전통적으로 핵심인 역할을 담당했던 '광고 기획자'와 구별되었다. 강렬한 카피를 쓰는 방법, 비주얼을 배치하는 기술, 어떤 메시지와 이미지가 효과적인지 등 좋은 광고를 제작하는 예술과 기술에 대한 연구는 이미 상당히 축적되어 있었다. 하지만 스미스가 말한 창의성이란 단순한 광고 제작 기술을 넘어선 것으로,『프린터스 잉크』가 이 회의 내용을 보도하며 언급했던 "사람 안의 창의성", 즉 인간의 근본적 능력이었다. 심리학자와 경영 전문가들은 그즈음 몇 년간 이 능력에 대한 많은 지식을 생산해오고 있었다. 스미스는 광고업계가 학계의 지식에서 상당히 많은 것을 얻을 수 있을 뿐만 아니라, 역으로 광고업계가 창의성 연구에 기여할 수도 있다고 보았다.

회의 참석자 명단에는 광고업계의 유명 인사들도 포함되어 있었다. 예를 들어, 2장에서 브레인스토밍을 비판했던 솔 배스는 '시각 커뮤니케이션에서의 창의성'에 대한 견해를 공유했다. 이 회의에는 광고업계 외부 인사들도 초대되었다. 예를 들어, 스탠퍼드 대학교의 존 E. 아널드는 '창의적 공학'에 대해 강연했고, 오즈번의 아이디어를 상당 부분 차용한 제너럴 모터스의 AC 스파크 플러그 창의성 프로그램 책임자는 '산업에서의 창의성'을 주제로 발표했다. 또한 저명한 정신분석학자 그레고리 질보그Gregory Zilborg는 '창의적 성격'에 대해 강연했다. 참석자들은 '과학에서의 창의성', '음악에서의 창의성', '마케팅에서의 창의성', '창의적 과정의 본질' 등 다양한 주제에 대한 강연을 들었으며, 재즈 거장 에디 콘던Eddie Condon과 그의 오케스트라 실시간 공연을 통해 창의성 구현 사례를 체험하기도 했다. 회의의 논의는 명단만큼이나 광범위했다. 마지막 날 회의가 끝나갈 무렵, 음반 제작자 조지 아배키언George Avakian은 이렇게 질문했다. "'창의성'이 무엇을 의미하는지 알아낸 사람이 한 명이라도 있습니까?" 언제나 그랬던 것처럼, 이 용어의 진정한 의미는 어느 한 연사의 정의에서 찾을 수 있는 것이 아니라, 예술과 과학, 기술을 혼합한 회의의 형식 자체에 암시되어 있었다.

스미스는 과학과 공학에서 창의성에 무게를 두는 것이 광고업계 참석자들에게는 낯설게 느껴질 수 있다는 점을 인정했다. 그는 창의성이 분야를 막론하고 나타날 수 있는 근본적인 특성이라고 설명했다. 그는 "이른바 '예술적' 사고와 실용적이고 냉철하며 탐구적인 과학적 방법 사이에는 실제로 차이가 없다"고 말했다. 이러한 발견은 광고업계가 스스로를 새롭게 정의하도록 하고, 다른 산업이 광고인을 바라보는 방식을 재고하게 만들었다.

과거에 과학과 비즈니스 분야의 실용적이고 냉철한 사람들은 창의성을 과소평가하곤 했다. 그들은 창의적인 사람들을 헐렁한 작업복을 입거나, 베레모를 쓰거나, 벨벳 바지를 입거나, 캔버스 운동화를 신거나, 비가 올 때도 우산을 쓰지 않고 걸어 다니거나, 자유연애를 실천하거나, 다락방에서 쫄쫄 굶는 괴짜로 생각했다. 하지만 최근에는 창의적인 사람들에 대한 시각이 달라지고 있다. 많은 사람이 그림을 그리거나, 시나 교향곡을 쓰거나, 새로운 제트 추진 시스템이나 마케팅 기법을 개발하거나, 혁신적인 신약을 발명할 때 창의적 과정이 동일한 근본적 능력의 발현임을 인식하게 되었다. (……) 예술과 과학은 형제임을 다시금 깨닫고 있는 것이다.[10]

지금까지 살펴보았듯이, 일반적인 창의적 능력이나 과정이라는 개념은 과학 및 기술 전문직 종사자들에게 매력적으로 다가왔다. 이 개념은 그들이 자기도취적이거나 비실용적으로 보일 걱정 없이 자신들의 보헤미안적 면모를 자유롭게 발휘할 수 있도록 허용했기 때문이다. 광고업계에서도 이 개념은 비슷한 역할을 했다. 이는 월급을 받는 예술가와 작가들을 고정관념이 암시하는 것보다 덜 비현실적이고 덜 자기도취적인 존재로 보이도록 정당화했으며, '냉철한' 상사와 고객들에게 그들이 단순히 경박한 보헤미안이 아님을 확신시켰다.

창의적인 사람을 창의적으로 유지시키는 방법

『프린터스 잉크』가 아스토리아 회의를 다룬 기사「창의적인 사람을 창의적으로 유지시키는 방법How to Keep a Creative Man Creative」은 창의성에 대한 갑작스러운 관심의 주된 동기를 간결하게 요약했다. 그 동기는 관리였다. 대체로 창의적 과정을 이론화한 이들은 창의적 인재들이 아니라 그들을 관리하는 사람들이었다. 예를 들어, 1960년에 시작된 『프린터스 잉크』의 기획 연재인 '창의성 Creativity'에서는 기고자들이 자신의 '창의적 철학'을 공유했는데, 기고자인 카피라이터와 아티스트들은 이 지면에서 텍스트의 적정 분량이나 비주얼 계층 구조의 세부 사항에 대해 논의하곤 했다. 하지만 흔히 인용되는 농담처럼, 예술가들은 모이면 창의성에 대해 이야기하지 않고 물감 가격에 대해 이야기하곤 했다. 비밀을 지키고 싶었든 창의성 자체에 진정으로 관심이 없었든, 창의성에 대한 논의는 창의적 인재들이 아니라 이들을 관리하는 사람들이 주도했다. "관료적 층위는 점점 더 두터워지는데 어떻게 '창의적인 사람을 창의적으로 유지시킬' 것인가?" 이는 광고업계에서 끊임없이 제기된 질문이었다. 광고계의 주요 인사 중 한 명인 피어 마티노Pierre Martineau는 이렇게 말했다. "단지 창의성 부서라는 간판을 내건다고 해서 진정한 창의성이 생기는 것은 아니다."[11] 마티노의 이 생각은 알렉스 오즈번의 영향을 받았을 가능성이 있다(그는 5년 앞서 CPSI 회의에서 청소년 비행 문제를 주제로 한 브레인스토밍 자문단에 참여했다).[12]

창의적 인재를 "제대로 이해하고 다루는" 방법에 대한 조언 대부분은 "그들이 창의적일 수 있도록 놔두는 것"이라는 자유방임적인 접근을 권장했다.[13] 1958년 6월에 『프린터스 잉크』에 실린 「창의적인 사람의 경향과 그들에게 필요한 것들The Creative Man: His Moods and Needs」이라는 기사는 광고대행사 임원들이 창의적인 인재들에게 유연한 근무 시간, 자유로운 재택근무, 센트럴파크에서 휴식을 취하는 등의 자유를 허용해야 한다고 제안했다.[14] 또한 이 기사는 "창의적인 사람들"에게는 행정 업무를 부과해서는 안 되며, 관리자는 그들에게 다른 직원들보다 더 유연하게 규칙을 적용해야 한다며, "카피라이터와 아티스트에게 획일성을 요구하면, 카피와 아트에서도 획일성이 나타난다"고 주장했다. 당시의 새로운 심리학은 이런 방식의 필요성을 설명하는 데 동원되었다. 「창의적인 사람들에 대해 과학이 알아낸 것들What Science Knows about Creative People」이라는 제목의 글에서 폴 스미스는 J. P. 길퍼드 같은 심리학자들의 연구 결과를 인용해, 창의적 인재들은 "권위적이지 않고, 전통적이지 않으며, 관습적이지 않은 태도를 지닌다"고 말했다. 또한 그는 창의적인 사람들은 "권위를 행사하려는 경향이 적을 뿐 아니라 권위를 맹목적으로 받아들이려는 경향도 적기 때문에" 그들에게는 관리 면에서 가벼운 접근 방식을 적용해야 한다고 주장했다. 이어서 그는 역설적으로 느껴질 수 있지만, 창의적인 사람들은 자신의 아이디어에 대해 매우 자신감이 넘치며 타인의 의견에 별로 신경 쓰지 않지만, 업무에 있어서는 그들에게 과도한 비판이나 압박을 가하는 것을 피해야 한다고도 주장했다. 나아가 그는 "과도한 동기

부여나 불안은 그들의 창의성을 죽인다. (……) 지나치게 평가하는 분위기 또한 마찬가지다. 반대로 관대한 분위기는 창의적 능력을 키운다"고 말했다.[15]

　광고업계 사람들은 이런 '창의성에 대한 관심의 부활'을 르네상스, 즉 광고 예술을 정화해서 업계의 황금기로 회귀하고자 하는 움직임으로 생각했다. 이는 1920년대의 광고 황금기를 떠올리게 했다. 당시에 광고업계는 속임수 이미지와 정부 규제의 위협에 직면해 광고를 예술 작품으로 변모시켰다. 유명한 스튜디오 아티스트를 고용해 업계에 세련미, 존경, 심지어 사회적 책임감을 부여했다. 하지만 대공황 시기에 예산이 급감하면서 광고는 더 직설적이고 실용적인 '이유 설명' 스타일로 돌아갔으며, 타이인tie-in,* 쿠폰, 무료 증정, 우편물 발송 같은 다양한 마케팅 기법을 통합했다. 1960년대에 창의성 지지자들은 광고가 "본래의 의미로 전면에 더 부각되고", "다양한 마케팅 활동과 뭉뚱그려져 희석되지 않기를" 바랐다.[16]

　광고인들은 창의성에 관여한 전후 지식인들처럼 과학과 합리성에 대해 자신들만의 비판적인 생각을 가지고 있었다. 이들의 경우, 자신들의 업계가 과학적 정신에 사로잡혀 있다고 믿었다. 실제로 산업과 미국 사회 전반의 경향을 따라, 광고업계는 20세기 중반에 이르기까지 광고가 "고정된 원칙과 올바른 절차의 방법에 기반한 과학의 지위를 확보했다"고 주장하며, 광고업이 전문직이라

---

*　드라마나 영화 장면을 활용해 새로운 광고 콘텐츠를 파생시키는 기법.

는 개념을 신중하게 발전시켰다.[17] 1957년, 밴스 패커드의 비판에 대한 반박으로 출판된 『미국 매디슨가*Madison Avenue, U.S.A.*』는 과학적 접근법의 요새로 여겨지던 J. 월터 톰프슨 에이전시를 소개했다. 이 광고대행사에서는 모든 광고가 철저한 연구, 통계 분석, 검증 과정을 거쳤으며, 카피라이터와 아티스트들은 최종 결정을 내릴 수 없었다. 역사학자 스티븐 폭스Stephen Fox는 광고업계가 "인구통계학적 연구와 정확한 통계에 기반해 광고를 개발하며, 더 이상 한 카피라이터의 직관적 추측에 의존하지 않게 된 점"을 업계 전체가 자랑스럽게 여긴다고 썼다.[18]

하지만 광고업계의 창의적 혁명을 주도했던 사람들은 이런 관점에 동의하지 않았다. 크리에이티브 부서에 자유를 주는 것으로 유명했던 전설적 카피라이터이자 크리에이티브 디렉터인 빌 번백 Bill Bernbach은 이렇게 말했다. "광고업계에는 훌륭한 기술자들이 많습니다. 그들은 모든 규칙을 알고 있습니다. (……) 그들은 광고의 과학자들입니다. 하지만 한 가지 문제가 있습니다. 광고는 본질적으로 설득이며, 설득은 과학이 아니라 예술입니다."[19] 번백은 포커스 그룹을 필요로 하지 않았다. 그는 오직 직관에 의존하며 이렇게 말했다. "우리는 모든 것을 우리 스스로에게 테스트합니다. 우리가 마음에 들면 좋은 것이고, 마음에 들지 않으면 형편없는 것입니다."[20] 이들보다 더 온건한 입장을 가진 이들조차 연구가 과도하다는 점을 인정하는 경우가 많았다. 광고업계의 원로였던 어니스트 엘모 콜킨스Earnest Elmo Calkins는 이렇게 썼다. "좋은 광고는 크게 두 가지 유형의 사고에서 나온다. 체계적이고 질서 있는 비즈니스 사고와 자유롭고 창의적이며 발명적인 사고다." 이는 알렉스 오즈번의 주장을 떠올리게 한다. 콜킨스는 후자야말로 "광고에 생명과 의미 그리고 결과를 부여하는 불꽃"의 원천이라며, "초기의 통계적 노력─연구, 시장조사, 테스트, 평가─은 모두 도움이 된다. 하지만 그런 노력은 본질적 요소인 **아이디어**에 이르지 못한다"고 주장했다. 그에 따르면 아이디어는 "현장 조사나 실험실 연구를 통해 발견될 수 있는 것이 아니라, 본능과 직관을 통해 자연스럽게 솟아나는 것"이었다. 아이디어는 과학과 상업의 계산적 논리를 모두 벗어난다고 믿었던 그는 "아이디어는 측정될 수도, 거래될 수도 없다"고 말했다.[21] 그는 창의적인 사람들의 사고는 비록 회사 사무실 내에 있더라도 상업적 범위를 초월해 작동한다고 주장했다.

내부의 타자

광고업계가 '창의적인 사람들'을 이해하고 수용하는 능력은 시스템을 파괴하지 않고도 반대와 반항을 시스템 안에 통합할 수 있는 가능성을 보여주는 상징이 되었다. 20세기 초반에 광고인들은 광고 기획자와 창의적인 사람의 차이에 대해 논의하곤 했는데, 이 논의에서 창의적인 사람들은 때때로 약간 믿을 수 없고 보헤미안적 성향을 지닌 것으로 묘사되기도 했다. 하지만 제2차 세계대전 이후에 이 가상의 구분은 굳어졌고, 두 집단은 서로 대립하게 되었다. 프랫 인스티튜트*에서 공부한 아티스트로서, 자신의 작업을 무시하는 사람들에게 가끔 물리적으로 대응하기도 했던 조지 로이스George Lois는 광고 기획자들에 대해 이렇게 말했다. "그들은 우리가 일하는 방식, 말하는 방식, 옷 입는 방식을 싫어한다. 그들은 광고가 무엇인지도, 좋은 광고가 어떻게 만들어지는지도 모른다. 그들은 이 업계를 제약하고 있으며, 우리를 둘러싸고 있는 형편없는 광고를 만드는 데 일조하고 있다."[22] 관리 역할에 염증을 느낀 로이스는 1960년에 창의적 혁명의 상징적 행보로, 광고대행사 도일 데인 번백Doyle Dane Bernbach(DDB)을 떠나 PKL을 설립했다. 이를 통해 그는 창의적 작업에 전적으로 집중할 수 있었다.

이런 이탈을 막기 위해, 많은 광고 회사는 조직 구조를 재정비함으로써 창의적 인재들이 관료적 층위에서 벗어날 수 있도록 했다. 당시 많은 광고대행사는 로이스가 떠난 뒤 개선된 DDB의 모델을 채택했다. 이 모델은 카피라이터 팀과 아티스트 팀이 임원으로부터 분리된 채 각각 작업하되 서로 긴밀히 협력하는 방식이었다. 이를 통해 그들의 생각이 상충하거나, 불합리한 의견들로 손상되거나 왜곡되지 않고 온전하게 구현될 수 있었다.[23] 1958년, 리오 버넷 에이전시는 "에이전시의 창의적 개성을 온전히 유지하기 위해" 다수의 창의적 인재를 최고 경영직으로 승진시켰다.[24] 리오 버넷은 "창의적 인재들은 이 시대의 핵심 인물입니다. 이제 그들이 마땅히 받아야 할 존경을 받을 때가 되었습니다. 에이전시는 연필을 든 사람들 중심으로 돌아갑니다"라고 선언했다.[25] 1960년대 초

---

* 미국 뉴욕시 브루클린에 있는 명문 사립 미술대학.

반, 최고의 능력을 가진 창의적 인재들이 거대 기업에서 독립해, 예산은 더 적지만 자신감 넘치는 '창의적' 태도를 바탕으로 '부티 크'나 '핫숍'이라 불리는 소규모 광고사를 설립하기 시작했다. 이 로 인해 대규모 광고대행사들은 이들을 다시 끌어들이기 위해 창 의적 자유와 높은 급여를 동시에 약속했으며, 사내에 '싱크탱크'나 '창의적 섬'이라 불리는 별도의 공간을 마련해주기도 했다.

　하지만 이런 자유와 수익성을 조화시키는 일은 쉽지 않았다. 창의적 인재들에게 얼마나 많은 자유를 부여해야 하는지 그리고 광고주가 광고대행사의 이런 새로운 태도를 좋아할지에 대해 의견 이 엇갈렸다. 실제로, 많은 이는 창의적 인재에 대해 이런 새로운 존중이 기껏해야 비효율적이고, 최악의 경우에는 광고업계에 해를 끼칠 수 있을 것이라고 우려했다. 브레인스토밍을 "게으름뱅이들" 이나 하는 것이라고 생각했던 광고계 원로 데이비드 오길비는 카 피라이터들에 대해 "그들은 혼자 남아 창의적 자유를 누리는 것을 가장 원한다고 하지만, 실제로는 많은 압박과 간섭을 바란다"고 주 장했다.[26] 또 다른 이는 "그들은 다락방에서 글을 쓰거나 그림을 그 리는 것이 아니다. 창의적 인재들에게도 명확한 목표를 향해 일할 수 있도록 하는 규율이 필요하다"고 말했다.

　창의적 혁명의 반대자들 대부분은 예술을 실용적이고 건실한 비즈니스에 반대되는, 비효율적이고 엘리트적인 개념으로 생각했 다. 미국 전국 규모의 대형 광고대행사의 회장을 역임한 아트 테 이섬Art Tatham은 자신이 일하던 회사가 『월스트리트 저널』에 게재 한 광고를 내게 보여주면서, 자신이 일하던 광고대행사에는 "상업의 훈족들에게 자신의 섬세한 자아가 강탈당했다고 느끼며 비판을 견디지 못하는 자기중심적인 미학주의자들"을 위한 자리가 없었다며, "내가 아는 위대하고 창의적인 광고인들은 자기도취가 전혀 없이 가혹한 창의적 환경에서 살고 일한다"고 말했다. 또한 그는 진정한 창의적 인재는 "순수한 자기표현―즉 예술을 위한 예술―에서 성취감을 찾는 것이 아니라, 창의적 재능을 다음 달의 매출 곡선에 흔적을 남기는 데 사용하는 데서 만족감을 찾는다"고 말했다. 광고대행사 매캔 에릭슨의 의장 겸 회장 매리언 하퍼Marion Harper 는 "광고의 창의성 숭배"를 "시간 낭비"라고 부르며, 광고주들이 잡지와 TV를 "장식하기 위해" 수십억 달러를 쓰고 있는 것이 아니라고 지적했다. 그는 "따라서 광고를 준비하는 사람들이 창의성이라는 개념의 주변을 맴돌아서는 안 된다"고 말했다.[27] 과학적 시장조사와 '이유 설명' 광고의 저명한 옹호자였던 앨프리드 폴리츠Alfred Politz 는 기업 규칙이 자신의 창의성을 억누른다고 주장하는 광고인들이 "예술과 과학 분야의 진정한 창의적 천재들이 부끄럽게 여길 만한 자유를 요구하고 있다"고 말했다.[28] 그는 "창의적임"이라는 단어의 진정한 의미는 "엄격한 규칙을 준수하고 실질적 조건을 충족시키면서 **목적에 맞게 사용되는 고도의** 상상력"이라고 썼다.[29] 흥미롭게도, 이런 사람들이 반대한 것은 창의성 자체가 아니라, 그 단어가 자신들이 용납할 수 없는 자유를 정당화하는 데 사용되는 방식이었다. 그들은 창의성이라는 용어를 거부하는 대신 재정의하려 했다. 테이섬은 "우리 업계에서 중요한 창의성은 매출과 수익 문제를 해결하는 데 관련된 창의성뿐이다"라고 선언했다.[30]

양극단에 치우친 사람들이 있기는 했지만, 창의적 혁명이 일어나는 동안 대부분의 광고인은 중도적인 입장을 취하면서, 반사회적인 보헤미안과 줏대 없는 예스맨이라는 이미지 사이에서 균형을 잡으려 했다. 아스토리아 회의에서 스미스가 말했듯이, 그들에게 창의성은 "괴짜들"만의 것이 아니라 실용적인 사람들 또한 공유하는 "근본적인 능력"이었다. 그들에게 창의적 혁명은 보헤미안 감성을 수용하는 과정인 동시에 그와 거리를 두려는 과정이기도 했다. 또한 '창의성'은 보헤미안 정신을 판매라는 목적에 봉사하도록 만드는 수단이기도 했다. 따라서 창의적 혁명과 가장 밀접하게 연관된 인물이 여전히 빌 번백이었다는 점은 놀랍지 않다. 그의 강렬한 독립성에도 불구하고, 그의 광고는 자기만족에 빠진 예술적 자기표현이 아니라 기능성과 절제를 실천한 사례였으며, 무엇보다도 군중 속에서 돋보이고 주목받을 방법을 찾아낸 광고였다.

창의적인 사람을 어떻게 대하고 육성해야 하는지에 대한 합의는 없었지만, 그들이 특별하다는 점에는 거의 모두가 동의했다. 한 임원은 이렇게 썼다. "그들 모두에게 똑같은 묘사를 적용할 수도 없고, 동일한 정책을 적용해서도 안 된다. 유일하게 내릴 수 있는 전반적인 결론은, 창의적 인재는 다른 사람들과 동일하게 대우받아서는 안 된다는 것이다." 드레이퍼 대니얼스는 이런 생각을 다음과 같이 혼란스럽게 표현했다. "우리는 창의적인 사람들이 다른 사람들과 얼마나 비슷한지 그리고 얼마나 다른지를 자주 잊곤 한다."[31] 실제로 경험이 풍부한 관리자의 관점에서 보면, 카피라이터나 아티스트를 관리하는 데 가장 좋은 방법이 단 하나가 아닌 것은 물론이고, 광고 기획자, 비서, 청소부를 관리하는 데도 정답이 하나가 아니었을 가능성이 크다. 비록 관리자들은 정확히 어떻게 다른지는 설명할 수 없었지만, 그럼에도 '창의적인 사람들'이 나머지 사람들과는 어떤 면에서든 다르다는 확신을 품고 있었다.

창의적인 사람은 적어도 상징적인 의미에서 광고업계 '내부의 타자'였다. 창의적인 사람들은 광고업계가 두려워하던 과도한 합리주의에 대한 해독제 역할을 했다. 창의적 인재의 자율성을 옹호하는 일은 개별 회사의 차원을 넘어서는 중요한 문제가 되었고, 미국 자본주의의 운명이 이에 달려 있었다. 1960년, 영 앤드 루비캠 Young & Rubicam(Y&R) 에이전시의 유명한 광고는 창의성에 대한 자유방임주의적 접근을 자랑하며, 나뭇가지에 나무늘보처럼 한 팔로 매달린 채 만족스러운 미소를 짓고 있는 남자를 담았다. 그 광고의 카피는 다음과 같았다.

당신이 어떤 아이디어를 가진 사람이라고 가정해보세요. 그 아이디어를 사랑하고, 누군가가 그 가지를 잘라내거나 비웃을까 두려워하지 않고 그것을 위해 멀리까지 나아갈 수 있습니다. 그런 분위기가 회사 정책이라면, 그것은 좋은 정책입니다. 이는 사람들의 사고를 자유롭게 하여 실험할 수 있도록 만듭니다. 이러한 실험은 신선하고 새로운 사고를 낳습니다. (……) 새로운 아이디어를요. 그리고 사람들이 원하는 것은 바로 아이디어입니다. 결국, 사람들이 사는 것은 단순히 제품이 아니라, 제품에 대한 아이디어입니다. 사람들은 아이디어를 삽니다.[32]

광고는 가지에 매달린 상태라는 이미지를 통해 Y&R의 창의적 인재가 일하는 자연스러운 환경을 은유적으로 표현했다. 이 광고에서 창의적인 인재는 상업의 분주함과 소란 위에 자리 잡고, 비즈니스를 움직이는 아이디어를 기쁘게 창조하고 있었다. 이 광고는 관대하고 자유로운 환경을 원하는 잠재적 직원들을 겨냥한 것처럼 보였지만, 실제로는 미국 자본주의에서 광고 산업의 중요성에 대한 더 큰 주장을 하고 있었다. 즉, 이 광고는 자유로운 창의적 인재가 이끄는 광고 산업이야말로 궁극적인 이윤의 원천이라는 메시지를 전달하고 있었다.

욕망의 생산을 정당화하다

사람들이 제품이 아니라 아이디어를 산다는 주장, 오늘날 브랜딩 디자인 구조의 핵심에 자리 잡은 이 발상은 당시로서는 놀라우면서도 다소 불편한 주장으로 받아들여졌다. 이는 본질적으로 광고업계가 동일한 제품을 차별화하는 광고의 마법 같은 능력을 설명하기 위해 늘 주장해온 바와 같았지만, 전통적으로 적어도 판매는 제품 자체에 관한 것이어야 한다는 더 큰 믿음에서 벗어나기 어려웠다. 광고 역사의 대부분을 지배해온 '이유 설명' 패러다임은 합리적인 소비자가 제품의 특징, 예를 들어, 어떤 제품이 두 배 빠르게 청소를 해준다거나, 부드럽게 연소된다거나, 특허받은 기술로 만들어진 제품이라는 광고에 설득된다는 가정에 기초한 것이었다. 광고의 역할은 이런 특징들을 전달해(필요하다면 꾸며내) 소비자를 설득하는 것이었다. 하지만 새로운 욕망을 끌어내야 하는 풍요의 시대는 사용가치를 넘어서는 새로운 소비자 행동 이론을 요구하는 듯 보였다.

소비주의의 하수인으로서 광고인들은 그동안 불필요한 욕구에 반감을 가진 프로테스탄트적 의심에 맞서 자신들을 방어하려 애써왔다. 하지만 이제는 전후 경제 전반이 욕망의 제조에 의존하고 있었고, 이러한 사실은 비평가들에게 경종을 울렸다. 경제학자 존 케네스 갤브레이스John Kenneth Galbraith는 이렇게 썼다. "광고로 합성되고, 영업술로 촉발되며, 설득자들의 은밀한 조작으로 형성될 수 있는 욕구는 그다지 시급하지 않다."[33] 그는 진정한 필요로부터 단절된 사회는 도덕적 방향성과 초월적 목적을 잃은 사회라고 주장했다. 광고에 대한 전통적인 정당화, 즉 광고가 소비지출을 촉진하여 경제를 활성화한다는 주장은 경제성장을 중시하는 많은 사람을 설득했지만, '꼬리가 개를 흔든다'는 비난에는 업계가 더 나은 답변을 내놓아야 했다. 산업계는 사람들이 모든 실질적인 것이 공허한 것으로 변하고 있다는 사실에 불편함을 느끼지 않도록 새로운 길을 찾아야 했다.

한 가지 해결책은 이 모든 비물질성을 오히려 긍정하는 것이었다. 광고는 단순히 사람들이 제품을 구매하도록 유도하는 것이 아니라, 그 제품에 의미를 부여해야 했다. 실제로, 바로 이 의미의 풍경이 소비 자본주의를 선한 힘으로, 심지어 자기실현의 도구로 만들었다.

아이러니하게도, 창의적 광고를 경제적 번영뿐만 아니라 민주적 자유와 자기실현의 수단으로 변호한 사람은 광고에 대해 나쁜 평판을 형성하는 데 크게 기여했던 시장조사의 선구자였다. 나치 독일을 피해 미국으로 이주한 어니스트 디히터Ernest Dichter는 『타임』에서 "광고에 진정한 과학적 심리학을 처음 적용한 인물"로 묘사되었다. 1946년에 설립된 그의 동기 연구소에서 디히터는 프로이트의 정신분석을 모방해 소비자를 테스트하고 제조업체들이 미국 소비자 안에 숨어 있는 "숨겨진 욕망과 충동"을 찾아내도록 도왔다.[34] 밴스 패커드는 심층적인 심리 분석을 팬티스타킹 판매에 적용하는 것에 불편함을 느끼며, 디히터를 미국인들을 괴롭히는 "숨은 설득자"로 묘사했다. 그로부터 몇 년 후에 출판된 베티 프리던의 『여성성의 신화』에서도 디히터는 표적이 되었는데, 프리던은 그가 "여성들에게 그들의 진정한 욕구에 대해 잘못된 환상을 심어줌으로써 그들을 집 안에 머무르게 하고 소비하게 만든다"고 비판했다. 디히터는 프리던에게 솔직하게 다음과 같이 설명했다. "적절히 조작하면, 미국의 주부들은 물건을 구매함으로써 그들이 부족하다고 느끼는 정체성, 목적, 창의성, 자기실현, 심지어 성적 기쁨까지 느낄 수 있습니다." 디히터는 즉석 케이크 믹스에서 탈수 계란 성분을 제거하고 실제 계란을 직접 추가하게 한 것으로 유명한데, 이는 실제 계란을 직접 넣는 단순한 행위가 주부들에게 "창의적이라는 느낌"을 주고, 여성적 기술에 실패할 것이라는 깊은 불안을 완화한다고 그가 생각했기 때문이었다. 하지만 프리던은 그의 이런 시도를 "미국 여성들의 삶을 사업의 목적에 종속시키는 것"

에 불과하다고 보았다.[35]

디히터는 사람들을 설득해 물건을 구매하도록 하는 것이 속임수가 아니라 공공 서비스라고 보았다. 그는 소비주의에 대한 모든 우려가 미국 문화의 낡은 "청교도적" 경향에서 비롯된 것이라고 주장했다. 절약, 절제 그리고 만족의 지연은 이전 세대에는 적합했지만, 현대사회에서는 단지 시대에 뒤떨어졌을 뿐만 아니라 위협이 된다고 보았다. 그는 이렇게 썼다. "우리 경제는 대량 소비 없이는 하룻밤 사이에 무너질 것입니다." 그는 이 논리에 기초해 도덕주의자들이 아니라 "구매할 권리를 옹호하는 개인들"이야말로 "삶에 대한 긍정적 관점을 지닌 진정한 옹호자들이자 번영의 진정한 판매원, 따라서 민주주의의 판매원"이라고 주장했다.

허버트 마르쿠제와 테오도어 아도르노Theodor Adorno를 비롯한 여러 유대계 망명 지식인들처럼, 어니스트 디히터는 서양에서 전체주의가 부상하고 심리적·정치적 혼란이 일어난 이유가 부르주아적 자기 절제에 있다고 보았다. 하지만 디히터는 루트비히 폰 미제스Ludwig von Mises, 피터 드러커를 비롯한 다른 망명자들처럼, 전체주의의 등장이 시장 체제의 정당성을 입증하는 것이라고 믿기도 했다.[36] 이런 전후 망명 지식인들의 이론을 독특하게 결합한 디히터는 상품 물신주의의 노골적인 옹호자가 되었다.

소비를 통해 기쁨을 얻는 것은 디히터에게 거짓되거나 피상적인 것이 아니라, 사회적으로 파괴적인 행동의 안전한 대안이었으며, 풍요의 순환을 지속시키는 원동력이었다. 그는 자주 매슬로를 인용하며, 서구 사회가 거친 경쟁에서 벗어나 좀 더 자기표현적이고 자기실현적인 방식으로 진화하고 있다고 주장했다. 디히터는 제조업체와 광고주들이 광고에 "리비도를 다시 불어넣고", 남성이 자동차를 구매할 때 실제로는 불륜의 스릴을 구매하고 있다는 것을 이해하도록 도울 수 있다면, 자동차 판매원, 수백만 부부 그리고 미국 경제에 도움이 될 것이라고 생각했다.[37]

디히터에게 '창의성'은 마케터들이 이러한 일을 할 수 있게 하는 도구였다. 처음에 그는 자신의 동기 연구를 "과학적"이라는 명분을 부여해 정당화했지만, 1950년대 후반에 컴퓨터를 활용한 정교한 양적 시장조사가 부상하면서 위협을 느낀 그는 자신의 접근법이 "창의적"이라고 주장하기 시작했다. 그는 양적 방법이 "피상적인" 반면, 자신의 방법은 정성적이고 해석적이며 심지어 시적이라고 주장했다. 그 방법은 소비 패턴의 "더 깊고 감정적인 요인"에 접근하는 것이었다.[38] 물론 그의 접근법은 예상치 못한 영역으로 사람들을 이끈다는 점에서 창의적인 성격을 지니고 있었다. 그는 "기술적 연구"는 누가, 얼마나, 언제 제품을 소비하는지 알아내는 데 유용하지만, "소비자 행동을 변화시키거나 개선하려면 **창의적** 연구 기술이 필요하다"고 주장했다. 그가 말한 "창의적 광고"는 제품에 의미를 부여하는 기술이었다. 그는 이렇게 썼다. "담배는 담배일 뿐이고, 비누는 비누일 뿐이다. (……) 담배가 럭키스트라이크나 폴몰이 되려면, 즉 단순한 담배를 넘어 럭키 스트라이크나 폴몰이 되려면, 소비자가 그것을 인식하는 방식을 변화시켜야 한다." 이러한 인식의 변화는 과학자가 아니라 예술가의 몫이었다. 그것은 인간 의식의 상징적이고 감정적인 영역에서 이뤄지는 작업이었으며, 여전히 광고를 지배하고 있던 논리적 '이유 설명' 수준이나 거의 행동주의적인 반복과는 거리가 멀었다. 그는 1959년에 "창의성은 1960년대의 신조여야 한다"고까지 주장했다.

디히터는 경력 말미에 창의성 개념에 사로잡혔고, 양적 접근의 확산으로 일을 잃을 위기에 봉착하자 창의성 컨설턴트로 변신해 새롭게 일하려 했다. 그는 어니스트 디히터 크리에이티비티 주식회사를 설립하고 3일과 5일짜리 "창의성 세미나"를 제공했으며, "재미와 수익을 위한 창의성"이라는 주제로 산업 단체에서 강연을 하고, "일상에서의 창의성"이라는 제목의 교육용 카세트테이프 세트를 출시하기도 했다.[39] 그의 강연을 듣는 사람들은 오즈번의 이론, 시넥틱스 등 기존 창의적 사고 방법을 조합하여 만든 "디히터 박사의 창의성 12단계"를 배우게 되었으며, 그의 자료에는 케임브리지에서 열린 일주일간의 시넥틱스 훈련 일정과 지도가 포함되어 있었다. 그는 "예술가를 떠올리지 말라"는 주장을 반복하곤 했다. "일상에서의 창의성"이라는 화려한 홍보책자 표지에는 발레 댄서, 조각가, 유화 화가의 사진이 실려 있었고, 홍보책자 내부에는 두 명의 임원이 도시 거리를 자신감 있게 걸어가는 사진이 등장했다. 이 홍보책자에는 "예술가는 그것을 창의성이라고 부릅니다. 임원들은 그것을 다른 이름으로 부릅니다. (……) 성공이라고요"라는 카피가 적혀 있었다. 디히터의 이러한 경력 변신이 얼마나 성공적이었는지는 분명하지 않다. 그는 테이프 세트를 대부분 팔지 못했으며, 임원을 대상으로 한 창의성 훈련도 몇 번에 그쳤다. 소비자 유행을 읽어내는 데 경력의 대부분을 보냈음에도 불구하고, 그는 창의성 열풍에 너무 늦게 뛰어든 것이었는지도 모른다.

　어쨌든, 디히터의 요점은 '창의성'이야말로 카피라이터와 시인이 상징적 의미를 생산해내는 공통된 원천이며, 광고업계가 소비자들의 진정한 욕구에 호소할 수 있게 하는 요소라는 것이었다. 풍요의 시대에, 감정적이고 심리적인 욕구를 이해하는 '창의적' 전문가는 경제적 가치뿐만 아니라 더 깊은 의미에서의 가치를 창출하는 원천이 되었다. 창의성이라는 말은 욕망의 생산을 자유민주주의적 가치에 반하는 죄악에서 고결하고 사회적으로 책임감 있게 추구해야 할 목표로 변모시킬 수 있었다.

창의적 혁명과 반문화

　1969년 8월 19일 자『뉴스위크』커버스토리는 "광고의 창의적 폭발"을 찬양했다. 수염을 기르고 장식이 달린 옷을 입은 힙스터들이 책상 위에 발을 올리고 앉아 트랜스월드 항공과 버지니아 슬림 담배 광고를 논의하기 위해 테이블에 모여 있는 사진들과 함께 이 기사는 "창의성이 작가들의 비좁은 작업실과 예술가들의 화실을 벗어나 부상하고 있다. 오랫동안 광고업계를 지배해온 냉철한 수익 중심의 인물들은 마침내 새로운 아이디어의 물결을 주도하는 상상력이 풍부하고 관습에 얽매이지 않는 남성과 여성들에게 자리를 내주어야 했다"고 전했다. 광고의 전반적인 미학과 태도는 이 젊은 세대의 변화를 반영했으며, 환각적 이미지, 세련된 속어, 심지어 반소비주의적 태도까지 활용해 역사상 가장 부유하면서도 가장 회의적인 세대에 어필했다. 역사학자들과 마케팅 교재들은 이 서사를 반복하면서, 창의적 혁명을 대형 에이전시를 장악한 새로운 반항적 비전가들의 물결과 연관 짓곤 했다. 이들은 매디슨가에 반문화적 감각을 불어넣으며 혁신적이고 흥미로운 광고를 쏟아냈다. 『뉴스위크』 기사가 강조한 것처럼, 광고업계가 몇십 년간 수익성 저하와 대중의 부정적인 인식에 흔들리다 다시 번영을 찾게 된 것은, 비즈니스에 적대적이었던 이런 유형의 사람들을 흡수한 덕분이었다.[40]

이 창의적 혁명은 1959년, DDB의 폭스바겐 광고 시리즈로 시작되었다는 것이 지난 60년간 마케팅 수업에서 반복된 이야기였다. 당시 독일 기업인 폭스바겐은 여전히 제3제국의 이미지와 연관되어 있는 상태에서 미국 자동차 시장에 진입해야 했다. 자동차 산업은 당시 미국 경제를 이끄는 주요 원동력이었으며, 매년 새로운 모델과 로켓 모양의 테일 핀 등 과장된 장식을 자랑하는 제품을 출시하는 "빅 3" 자동차 제조업체*들이 지배하고 있었다. 이런 상황에서 단순하고 실용적인 제품을 생산하는 폭스바겐은 미국 내 마케팅에 어려움을 겪었다. 하지만 빌 번백은 이를 기회로 보았다.

대중이 끊임없이 이어지는 환상적인 자동차 광고와 그것이 상징하는 피상적인 소비사회에 피로감을 느끼고 있다는 사실을 감지한 번백은 방향을 틀어 솔직하고 직설적으로 접근했다. 그는 전

---

* 제너럴 모터스, 포드, 크라이슬러를 말한다.

형적인 스타일의 일러스트 대신 단순한 배경에서 사물이 돋보이는 깔끔한 흑백사진을 사용했으며, 당시 도로 표지판이나 설명서 외에는 거의 사용되지 않던 실용적인 헬베티카 글꼴로 카피를 작성했다. 카피는 제품을 약간 자조하는 느낌으로 묘사했다. 한 광고는 폭스바겐의 비유행성을 안정성으로 내세우며, 중앙에 비틀을 놓고 "1951년, 1952년, 1953년, 1954년, 1955년, 1956년, 1957년, 1958년, 1959년, 1960년, 1961년의 폭스바겐"이라는 카피를 달았다. 또 다른 광고는 자동차를 지위의 상징으로 여기는 인식을 비틀었다. "성공했다는 걸 보여주고 싶다면 크고 아름다운 전차를 구입하세요. 하지만 그저 목적지에 도달하고 싶다면 비틀을 구입하세요." 여기에는 두 가지 숨겨진 의미가 있었다. 첫 번째는 대대적으로 홍보되었으나 실패한 1958년 포드 에드셀의 슬로건 "당신이 앞으로 나아간다는 것을 보여줍니다"를 직접 겨냥한 것이었고, 두 번째는 1959년 자동차 산업을 비판한 베스트셀러 『무례한 전차 The Insolent Chariots』를 암시했다. 이러한 위트 있는 유머를 통해, DDB의 광고—혹은 안티 광고—는 폭스바겐을 "안티 자동차"로 자리 잡게 했다. 이는 공허한 소비주의에 염증을 느낀 깨어 있는 운전자들의 반감을 공유하는 유일한 회사로 폭스바겐을 차별화했다.[41] 토머스 프랭크Thomas Frank는 이 새로운 광고가 "대중사회의 획일성과 위선에 염증을 느끼셨습니까? 그런 당신을 위한 자동차가 있습니다!"라는 메시지를 전달했다고 간결하게 요약했다.

DDB의 폭스바겐 광고는 곧 광고업계에서 고전으로 자리 잡았다. 이 광고는 경쟁이 치열한 시장 속에서 제품을 돋보이게 만들었을 뿐 아니라, 더 근본적인 교훈을 담고 있었다. 이 광고는 번백 같은 개인이 반체제적 감성을 효과적인 광고로 전환할 수 있음을 증명했고, 반소비주의적 감정을 더 많은 소비로 전환할 수 있음을 보여주었다.[42] 히피들이 A 지점에서 B 지점으로 이동할 수단을 찾기 시작했을 때 이미 어떤 차를 선택할지 알고 있었다는 것은 우연이 아니었다.[43] 어쩌면 그 여정은 셰이커하이츠에서 헤이트로 향했을 수도 있고, 매디슨가에서 끝났을 수도 있다.* 창의적 혁명은 또한 인문학적 성향을 가진 젊은 세대에게 "탈출"하지 않고도 의미 있는 일을 찾을 수 있음을 보여주었다. 뉴욕 맨해튼의 고급 아파트에서 안락하게 살면서도 창의성을 발휘할 수 있다는 메시지를 전달한 것이었다. 광고계에서 DDB의 폭스바겐 광고는 창의적 혁명의 상징이 되었는데, 이는 광고의 참신함, 예술과 카피 중심의 접근 방식 그리고 매디슨가를 현대 자본주의의 병폐에 대한 해독제로 재조명한 비순응적인 태도에서 비롯된 것이었다.

매디슨가의 창의성은 히피적 가치가 아니었다. 물론 1960년대에 매디슨가가 자동차와 담배를 팔기 위해 환각적 이미지나 페미니즘적 슬로건 등 히피 문화의 요소를 차용한 것은 사실이지만, '창의성'은 그보다는 자생적인 개념이었다. 실제로 창의성은 광고업계의 반문화 흡수를 진정성 있게 느껴지도록 만든 요소였다. 광

---

* 셰이커하이츠는 미국 오하이오주의 부유한 교외 지역으로, 중산층 이상의 백인 가족, 안정된 생활, 보수적이고 전통적인 가치관을 상징한다. 헤이트는 샌프란시스코에 있는 지역으로 1960년대 히피 문화의 중심지로 유명하며, 매디슨가는 뉴욕의 거리로, 한때 미국 광고업계의 중심지였다.

고업계와 히피들이 새롭고 독창적인 것을 추구한다는 공통의 목표 아래 하나로 결속된 것처럼 보이게 했기 때문이다. 창의적 혁명의 새로운 미학과 새로운 자유주의 경영 방식을 뒷받침한 것은 개념적 혁명이었다. 다시 말해, 창의성이라는 개념은 광고업계 내에서 확고히 자리 잡으며, 진정한 광고인이라면 모두 따르게 될 신조로 급부상했다. 당시에도 창의성은 여전히 모호한 개념이었지만, 위기에 빠진 광고업계에 더 큰 목적과 결집의 구호를 제공했다. 다른 산업 분야에서도 그랬듯이, '창의성'이라는 단어는 광고업계에 어딘가 익숙하면서도 낯설게 들리는 특별한 느낌을 주었다. 이 말은 기존의 비즈니스 방식을 파괴하는 요소라는 낯선 느낌과, 산업의 핵심 목표인 영구 혁명과 쉽게 조화를 이룰 만큼의 친숙함을 포함하고 있었다.

* * *

1970년대 중반, 창의적 혁명은 절정을 지난 상태였다. 불황과 반문화적 후유증으로 많은 핫숍이 문을 닫았고, 노골적으로 환각적이던 이미지는 다시 금전적 실리를 중시하는 '이유 설명' 광고로 일부 회귀했다. 하지만 광고 미학의 표면 아래에는 중요한 변화의 흔적이 그대로 남아 있었다. 광고업계는 문화적 혁신과 반항의 힘이라는 정체성을 여전히 생생하게 살아 있었으며, 이는 애플의 "1984"와 "다르게 생각하라", 리바이스의 월트 휘트먼Walt Whitman 광고 그리고 켄들 제너Kendall Jenner가 패션 촬영을 멈추고(광고를 위한 연출이다) 음악가, 예술가, 기타 창의적 인물들과 함께 "Love"와 평화 기호 같은 1960년대의 무해한 슬로건과 "대화에 참여하라"라는 다소 기업적인 메시지가 적힌 플래카드를 든 채 항의 시위에 동참한다는 내용을 담은 불운한 펩시 슈퍼볼 광고와 같은 수많은 반反대중문화 캠페인에서 뚜렷이 드러난다. 이 시위의 대상이 명확하지 않다는 점은 반항의 대상이 아니라 반항 그 자체가 중요하며, 해당 제품이 현상 유지 상태로 머물지 않도록 하는 데 도움을 줄 수 있다는 아이디어를 강조한다. 이런 종류의 반체제적 마케팅—껌이든 요가복이든—은 프랭크가 "소비사회의 허위성, 조잡함, 일상적 억압에 대한 혐오를 자극해 쉴 새 없이 가속하는 소비의 바퀴를 돌리는 문화적 영구 운동 기계"라고 부르는 것을 작동시킨다.[44]

창의적 혁명은 후대에 새로운 직업, 즉 광고를 넘어 '창의적 산업'으로 알려지게 될 분야를 점유할 '크리에이티브'라는 직업을 남겼다(이는 우연이 아니다). 미학적인 경제, 브랜딩, 인터넷의 부상과 함께, 인상을 형성하는 예술과 기술은 점점 더 우리 경제의 중심적인 부분이 되었다. 미국 기업들이 점점 더 생산을 해외로 이전하고 스스로를 제품의 생산자가 아니라 아이디어와 이미지를 생산하는 존재로 보기 시작하면서, 광고업과 그 파생 산업은 미국 비즈니스의 청사진이 되었다. 오늘날 대부분의 기업들은 '창의적 에이전시'나 디자인 및 엔터테인먼트 분야의 '스튜디오'를 모델로 삼으며, 자신들이 상업보다는 예술에 더 가깝다는 신호를 보내고 있다. 보헤미안을 전면에 내세우고 '창의적인' 직장 환경을 강조하는 것도 이제는 창의적 산업이나 그런 '창의적 분위기'를 모방하고자 하는 기업에서 필수적인 요소가 되었다.[45]

광고의 문화적 혁명이 처음 시작되던 시기와 마찬가지로, '창의적 산업'이나 '창의적인 사람들' 자체가 정확히 어떻게 창의적인지에 대한 정의는 다층적이다. 이들은 새롭고 가치 있는 상징, 이미지, 메시지를 창조한다는 점에서 창의적이다. 하지만 이들은 성격적 측면에서도 창의적인 존재로 여겨진다. 오늘날의 '창의적인 사람들'은 경제적 역할이자 하나의 유형으로 간주되며, 특정한 소비 패턴, 작업 습관, 개성을 가진 존재로 여겨진다. 전후의 창의적 혁명가들처럼, 이들 대부분은 자신들이 자본주의의 경계에 위치해 있다고 여긴다. 하지만 사실 여러 측면에서 이들은 자본주의의 중심에 자리하고 있다. 이들은 소비주의에 대해 회의적인 견해를 보이는 경향이 있지만, 정작 생계는 나이키 광고를 제작하며 유지한다. 정치적으로 진보적이거나 심지어 좌파 성향일 수 있지만, 진정한 예술가들이 그렇듯이 '지루함'과 진부함에 가장 깊은 분노를 느끼며, 이 점에서는 고용주와 고객들과도 의견이 일치한다. 앞으로 이 책에서 살펴보겠지만, 창의성이라는 개념은 문화 산업 종사자들 그리고 나아가 기술 업계에서 일하는 사람들에게 도덕적 역할을 수행한다고 할 수 있다.

7장

창의성은 죽었다

1960년대 중반, 창의성 연구는 이미 초기 목표 중 많은 부분을 달성한 상태였다. 창의적 능력 평가가 공군과 NASA에서부터 제너럴 일렉트릭에서 쇼클리 반도체에 이르기까지 주요 조직에서 활용되고 있었다. 길퍼드가 1950년에 지적한 창의성에 관한 과학적 연구의 공백은 확실히 메워졌다. 수백 편의 논문이 발표되었고, 심리학 교과서와 학부 강의 계획서에 창의성 연구가 포함되기 시작하면서 창의성이라는 주제는 점차 학계에 영향을 미치고 있었다. 예를 들어, 『머신 디자인』은 1965년 5월부터 6월까지 창의성 테스트에 관한 3부작 특집을 연재하며 독자들에게 길퍼드와 다른 연구자들이 사용한 발산적 사고 테스트, 토런스 창의적 사고 테스트 중 그림 완성 과제, IPAR의 배런과 매키넌이 사용한 여러 성격 검사를 포함하여 다양한 예제를 제공했다.[1] 대중 매체 홍보를 통해 창의성 전문가들은 전략적, 경제적, 문화적, 개인적 성장에 창의성이 얼마나 중요한지를 널리 알렸다. 『아메리카나 백과사전Encyclopedia Americana』에 '창의성'이 표제어로 실리기 몇 년 전인 1968년,[2] 프랭크 배런은 창의성이 중요한 주제로 주목받고 있다는 점을 들어 자신의 학문적 성과를 다음과 같이 자랑스럽게 말했다. "인류 역사상 어느 시점에도 일상 활동에서 창의성을 발휘하는 것이 이만큼 긍정적인 가치로 폭넓게 인정받은 적은 없었다."[3] 이렇듯 분명한 진전의 흐름은 공동의 성찰을 요구하는 듯했다.[4] 1962년에서 1964년 사이, 캘빈 테일러, 프랭크 배런, E. 폴 토런스, 시드니 패니스 등 이 분야의 주요 인물들이 각각 책을 출간하며 이 분야의 진전된 성과를 종합했고, 서로의 연구를 활발하게 인용하며 다양한 방법론이 성과를 내고 있다고 주장했다. 캘빈 테일러는 이 분야가 1950년 이후 얼마나 발전했는지에 경탄하며, "이제 더는 창의성에 대한 내실 있는 연구를 할 수 없다고 말할 수 없다"고 자랑스럽게 말했다.[5]

하지만 모든 심리학자가 창의성 연구가 정말로 그렇게 탄탄한 기반 위에 있다는 데 동의한 것은 아니었다. 길퍼드의 연설이 있고 14년이 지난 후, 미국 심리학회 회장 퀸 맥네마Quinn McNemar는 같은 연단에 올라 "이 분야를 들여다보는 사람은 누구나 눈에 보이는 혼란에 놀랄 것"이라고 말했다.[6] 토런스의 연구를 지원했던 미국 교육 연구 협회 회장 로버트 L. 이벨Robert L. Ebel은 창의성 연구자들이 "신기루를 좇고 있다"고 비판했다.[7] 또한 사회심리학자 리엄 허드슨Liam Hudson은 창의성 연구를 "건강하고 활력이 넘치는 모든 사람이 기꺼이 동참한 유행"으로 간주하면서, 결국 그들은 "막

다른 골목"에 이르렀다고 한탄했다.[8]

창의성 연구에 회의적 시각을 가진 이런 학자들은 맥네마가 표현한 대로, "소위 창의성 테스트라는 것이 실제로는 '창의적 성과'를 예측할 수 있다고 믿을 만한 증거가 없다"고 보았다.[9] 1963년 8월에 발표된 한 리뷰는 "길퍼드는 자신의 창의성 테스트가 현실 세계에서의 창의적 성과와 어떤 방식으로든 관련이 있다는 것을 아직 입증하지 못했다. 그러나 그의 연구는 현재 진행 중인 거의 모든 창의성 응용 테스트 개발 시도의 기초가 되었다"고 지적했다. 여기에는 업계 전반에서 사용되던 대표적인 "AC 스파크 플러그 창의력 테스트AC Spark Plug Test of Creative Ability"도 포함되었다.[10] 허드슨은 해석의 여지가 다분한 테스트를 "창의성 테스트"라고 부르는 것을 비판하며, 하나의 테스트가 다양한 결과를 예측할 수 있다는 가정에 대해 "사실상 아무 근거도 없다"고 지적했다. 심리검사 분야의 저명한 권위자인 로버트 손다이크Robert Thorndike는 일반 지능이라는 개념이 지나치게 단순화되었다는 길퍼드의 주장에 동의했으나, "심리학자들이 '창의성 테스트'라는 용어를 사용할 때는 '지능검사'라는 용어를 사용할 때보다 더 신중해야 한다"고 경고했다.[11]

또한 비판적인 시각을 가진 사람들은 창의성 연구자들이 창의성이 지능과 구별되는지, 혹은 충분히 구별될 수 있는지조차 입증하지 못했다고 주장했다. 그들은 심지어 창의성을 연구하는 심리학자들이 인용한 핵심 연구에서도 아이큐와 창의적 성취는 여전히 높은 상관관계를 보였다고 지적했다. 따라서 아이큐 테스트는 특히 응용과학 분야에서 그리고 어느 정도는 예술 분야에서도 여전히 성공을 예측할 수 있는 가장 좋은 도구로 남아 있었다.[12] 그 시대의 대표적 창의성 테스트로 여겨지던 토런스 창의적 사고 테스트는 많은 비판의 대상이 되었다. 토런스 본인도 훗날, 자신이 개발한 테스트에서 어린 시절에 높은 점수를 받은 것과 성인이 된 후 창의적 성과의 상관관계가 낮게 나타난 것에 실망했다는 사실을 인정했다.[13] 하지만 토런스는 자신의 테스트가 창의성을 예측하는 능력이 있다고 믿으면서도, 창의성이라는 전체 현상의 일부분만을 포착할 수 있다고 주장했다. 그는 대규모 종단 연구를 위해 테스트가 필연적으로 단순화되었다는 점을 비평가들에게 상기시켰다(이 테스트는 원래 전기적 요인과 성격 요인에 관한 다른 두 가지 연구에도 사용될 예정이었다).[14]

하지만 창의성 연구자들이 새로운 도구를 사용하는 데 들뜬 나머지, 이러한 세부 사항은 대부분 간과되었다. 테스트는 일단 발표되면 고정된 실체로 간주되는 경향이 있다. 발산적 사고 테스트를 실행하고 결과를 보고하는 과정에서 '창의적 사고'와 '창의성'의 구별은 희미해졌고, 높은 점수를 받은 사람들이 '창의적'으로 분류되었다. 1967년, 영향력 있는 발달심리학자인 제롬 케이건은 길퍼드가 수년 전 '천재성' 개념에 대해 제기한 비판을 반영해, '창의성'이 현실에서 발현되는 능력이 아닌 테스트 점수로 정의되었다고 지적했다. 그는 이 상황을 "말 앞에 마차가 놓인 격"이라고 묘사하면서 이렇게 썼다. "이전 세대는 이 용어를 신중하게 그리고 개별적으로 적용하는 것이 적합하다고 보았다. 하지만 우리 세대는 매일 수백 명의 젊은이에게 이 용어를 지나치게 광범위하게 적용하고 있다. 이전 세대의 학자들은 증거가 충분히 확보된 경우에만 이 용어를 사용했다. 하지만 우리 동시대인들은 창의성이 개념적으로 본래 자녀 수처럼 실제로 나타난 결과와 같은 것인데도, 그것을 마치 기대수명처럼 예측할 수 있는 것으로 여기고 있다."[15] 케이건은 창의성이 잠재적 능력이 아니라 누군가가 실제로 무엇을 창출했는지를 의미해야 한다고 보았다. 심리학자들이 '창의성'을 정량화할 수 있는 정신적 특성으로, '창의적인 사람'을 식별 가능한 유형으로 변화시킨 것은 창의성을 실증적 연구 대상으로 삼기 위한 불가피한 결과였을지도 모른다. 그들은 '창의적'이라는 말을 단지 어떤 사람이 갖고 있는 고정된 속성으로 바꿔버린 셈이었다.

하지만 테스트가 존재하지 않을 때도 창의적인 유형이 존재했는지는 점점 더 중요한 질문이 되었다. 비판의 기술적 근거는 이른바 창의성 측정 지표들이 의미 있는 '상관관계'를 가지지 못한다는 점이었다. 연구자들이 테스트한 다양한 속성―발산적 사고 능력, 자아 강도, 비대칭 선호 등―이 실제로는 동일한 개인에게서 함께 나타나는 경향을 보이지 않았기 때문이다. 이로 인해 연구자들이 창의성이라고 부른 모든 속성들이 객관적인 심리학적 의미에서 하나의 개념으로 묶일 수 있는지에 대해 의문이 제기되었다. 그들은 어떤 의미에서는 수십 년 전 지능검사자들이 범한 오류와 동일한 오류를 범했다. 즉 '창의성'이라는 단어가 존재하기 때문에 **뇌 어딘가에** 창의성이라는 것이 존재해야 한다고 가정한 것이었다.[16] 게다가 어떤 분야에서든 새로운 결과물을 만들어내는 특정한 정신적 능력이나 과정이 실제로 존재한다고 말할 수 있을지도 분명하지 않았다.

창의성 연구에 대한 이런 근본적인 비판은 여러 심리학자에 의해 반복되어왔다. 비교적 최근인 2012년에도 『창의적 행동 저널』이 이러한 근본적인 질문을 다시 한번 제기했다.

일반 지능 g와 비슷한, 대부분의 영역에서 창의적 성과를 예측할 수 있는 c라고 부를 만한 것이 존재할까? 창의적 광고 캠페인을 구상하는 데 유용한 창의적 사고 기술들이 창의적인 소네트를 쓰거나, 겹치는 일정에 대해 창의적인 해결책을 찾거나, 공학 문제에 대해 창의적인 새로운 접근법을 개발하거나, 창의적인 춤 동작을 안무하거나, 창의적인 과학 이론을 고안하는 데도 동일하게 활용될 수 있을까?[17]

현재까지의 연구에 따르면 반드시 그렇지는 않을 것으로 보인다. 한 분야에서의 창의성(정의에 따라 다르지만)은 특정한 특성과 행동 단위에 의존하고, 다른 분야에서는 그와는 다소 다른 특성과 행동 단위에 의존하는 것으로 보였다. 이는 "영역 일반적인 기술이나 특성이 창의적 성과에 거의 기여하지 않는다"는 뜻이다. 게다가 길퍼드의 테스트 도구나 토런스 창의적 사고 테스트 같은 이른바 영역 일반적인 창의성 테스트는 "연구자들에게 근거 없는 해석을 유도했을 가능성이 있다". 따라서 이러한 테스트를 기반으로 수행된 모든 연구—창의성 연구에서 상당히 중요한 자리를 차지하는 연구들—의 타당성을 재검토할 필요가 있다. 창의성이라는 범주 자체에 관해서는 다음과 같은 지적이 나온다.

'창의성'은 다양한 종류의 흥미로운 산물, 과정, 사람들을 하나의 범주로 묶기에 편리한 용어이며, '창의적 사고 기술'이라는 용어는 서로 다른 내용과 영역에서 작동하는 서로 관련 없는 인지 과정을 연결하는 데 유용한 방식일 수 있다. 이러한 개념들은 오해를 불러일으킬 수 있는데, 관찰자에게 비슷하게 보이는 것들을 연결하더라도, 근본적인 인지심리학적 타당성이 없기 때문이다.[18]

다시 말해, 재즈 피아니스트, 엔지니어, 어린이는 모두 '창의적'이라고 여겨지는 일을 할 수 있지만, 이들을 심리학적으로 연결 짓는 사실은 존재하지 않는 듯하다. 이는 심리학적 관점에서 보면, '창의성'이라는 것이 존재하지 않을 수도 있다는 뜻이다.

이미 1960년대에 비판적인 시각을 가진 사람들은 '창의성'이 연구자들이 긍정적으로 여기는 다양한 특성을 포괄하는 일종의 만능 용어에 불과하다고 지적했다. 예를 들어, 허드슨은 다음과 같이 썼다.

이 이상한 단어는 이제 심리학 용어의 일부가 되었으며, 특정 유형의 심리 테스트에 대한 답변부터 배우자와 좋은 관계를 형성하는 것까지 모든 것을 포괄한다. 다시 말해, '창의성'

은 심리학자들이 긍정적으로 평가하는 모든 특성에 적용된다. 그리고 다른 많은 덕목과 마찬가지로—이를테면 정의正義처럼—이 단어는 비판하기 어려운 만큼 그 의미를 명확히 설명하기도 어렵다.[19]

창의성이라는 단어의 정의가 모호하다는 것은 오래전부터 좌절감을 불러일으키는 요인이었다. 1950년대 후반의 한 대규모 창의성 토론회에 초청된 심리학자 H. 허버트 폭스H. Herbert Fox는 그곳에서 발표된 논문 수십 편 중 그 어느 것도 창의성이라는 단어에 대해 명확한 정의를 제시하지 않는다는 것에 짜증이 났다. 그는 이렇게 썼다. "말, 또 말, 끝없는 말들. 모호하고 두서없으며 회피적이고 알쏭달쏭하고 이해할 수 없다. 창의성의 다양한 측면에 대한 수백만 개의 단어를 읽어도 단 한 번도 그것이 정의되는 것을 보지 못했다는 사실이야말로 이 분야의 사고가 얼마나 허술하고 혼란을 일으키고 있는지를 여실히 보여준다." 또한 그는 연구자들은 독자들이 그 단어가 무엇을 의미하는지 알고 있다는 "암묵적 가정"에 따라 이 용어를 "전혀 신중하지 않게" 사용하는데, "현재 이 주제가 미완성인 상태에서는 다른 사람들이 우리가 생각하는 창의성과 동일하게 창의성을 생각하고 있다고 확신할 수 없다"고 지적했다.[20] 이 토론회에 대한 보고서를 검토한 한 연구자는 "'창의성'이라는 용어가 이해의 장벽이 되고 있으며 불필요한 것이므로 버려도 된다는 생각이 들 정도다"라는 결론을 내렸다.[21]

창의성이여, 영원하라

창의성 연구자들은 자신들을 비판하는 사람들이 천재성이나 지능 같은 시대에 뒤떨어진 개념에 고집스럽게 매달리면서 진보를 방해하고 있다고 비난했다. 이들은 방어적인 입장에서 스스로를 창의적인 개인에 비유하며, 항상 시대를 앞서가고, 변화에 대한 사회의 자연스러운 저항에 자신감 있게 홀로 맞서는 존재라고 묘사하기도 했다. 하지만 창의성 연구자들조차 창의성이라는 용어의 정의가 어렵다는 사실을 인정하지 않을 수 없었다. 1959년에 열린 세 번째 유타 회의에서 이미 캘빈 테일러는 "창의성을 연구하는 모든 학자를 만족시킬 수 있는 [창의성에 대한] 단일한 정의는 아직 내려지지 않고 있다"며, 양립할 수 없는 판단 기준이 너무 많아서 창의성 연구의 진전을 방해하고 있다고 지적했다.[22] 같은 해에 심리학 교수 어빙 테일러Irving Taylor도 창의성이 "어린이가 처음으로 그린 인간 형상의 '올챙이' 그림부터 아인슈타인의 질량과 에너지 관계 공식에 이르기까지 모든 것을 의미할 수 있기 때문에 소통 효과가 크게 떨어진다"고 인정하며, "어떤 용어가 너무 많은 의미를 포괄하고, 그중 일부가 모순적일 경우, 혼란을 피하기 위해 그 용어 자체를 다시 검토해야 한다"고 주장했다.[23] 어빙 테일러는 창의성에 대한 100개가 넘는 정의를 검토한 결과, "명확히 구별되는 심리언어학적 용법의 군집" 다섯 가지를 발견했다. 하지만 창의성 연구의 타당성을 진심으로 믿었던 그는 창의성이 서로 다른 다섯 가지 현상이라고 결론 내리지 않고, 대신 창의성은 하나의 개념이며 "다섯 가지 수준"으로 구성되어 있다고 추론했다. 이 수준은 어린이의 "표현적 창의성"에서 패러다임 전환적 사고를 하는 사상가의 "창발적 창의성"에 이르기까지 다양했다. 이 밖에도 창의성의 다양한 "측면"이나 "차원"을 설명하기 위한 유사한 체계가 여럿 등장했다. 널리 채택된 체계 중 하나는 "빅 C" 창의성과 "리틀 c" 창의성을 구분했는데, 전자는 위대한 예술 작품이나 획기적인 과학적 성과를, 후자는 일상적인 창작과 문제 해결을 나타냈다. 또 다른 체계는 창의성을 "네 가지 P", 즉 개인Person, 과정Process, 산출물Product, 환경Place으로 나누어, 각 항목에 대한 연구가 반드시 겹치지는 않는다는 것을 설명하려 했다.[24]

다시 말해, 창의성이라는 일반적인 개념이 실제로 존재하는지에 대한 의문이 제기되었음에도 불구하고, 진정한 신봉자들은 그 문제를 마치 맹인과 코끼리 이야기처럼 여겼다. 즉, 그들은 각자가 커다란 하나의 대상 중 일부만을 이해하고 있다고 생각했다. 캘빈 테일러는 "창의성은 다양한 방식과 매체로 표현될 수 있다"는 점에서, 다양한 정의가 나오는 것은 당연하다고 결론지었다.[25] 테일러의 이 말에서 우리는 창의성이라는 개념이 얼마나 철저히 고정되고 강화되었는지를 엿볼 수 있다. 연구를 통해 창의성이 '단일한' 것이 아니라 '복합적인' 것임이 분명히 밝혀졌음에도 불구하고, 당시 창의성 연구자들 사이에서는 창의성이라는 '단일한 실체'가 여전히 존재하며, 테일러의 표현대로 '표현되기를 기다리고 있다'는 생각이 확고하게 자리 잡고 있었다.

심리학적으로 볼 때, 창의성이라는 것이 존재한다는 믿음을 가장 잘 보여주는 사례는 창의성 연구자들이 창의적 성취에 대한 더 가능성 있는 다른 설명들을 무시한 일일 것이다. 이런 설명 중 대표적인 것은 교육이나 계층 같은 '외부적' 또는 '환경적' 요인에 기초한 설명으로, 당시에는 심리학의 연구 범위를 벗어난 것으로 간주되었다. 한 신뢰할 만한 연구에 따르면, 창의적인 과학자들은 아버지가 전문직 종사자인 경우가 많았으며, 파트타임 일을 하면서 학비를 벌기보다는 장학금이나 연구 지원금을 받은 경우가 많았다(연구 대상자들이 장학금이나 연구 지원금 외에 개인적인 소득이나 재산이 있었는지에 관한 조사도 같이 이뤄졌는지는 불분명하다). 또한 이 연구는 창의적인 과학자들이 비창의적 과학자들보다 대학원에서 더 오래 연구하며 더 많은 논문을 발표했음을 보여주었다. 그러나 연구 저자는 이러한 결과를 연관 지어 해석하기보다는, 예를 들어 스스로 학비를 벌어야 했던 사람들은 학업이나 논문 작성에 쓸 시간이 부족할 수밖에 없었다는 가설을 세우기보다는, 다양한 특권의 영향을 무시하고 성공을 단순히 '동기부여'에 의한 것으로만 설명했다.[26]

실제로 성공한 과학자, 건축가, 예술가, 또는 이미 사망한 거장들에 대한 연구를 보면, 창의적 성취에 있어 가장 공통적으로 나타나는 요소는 동기부여, 헌신, 그리고 노력(그리고 그것을 실행할 수 있는 시간과 여유)인 것으로 보인다. 창의적인 사람이 높은 아이큐를 가졌는지, 일찍 또는 늦게 재능을 보였는지, 내향적 또는 외향적인지, 제너럴리스트인지 스페셜리스트인지, 보통 사람들보다 발산적 사고에서 월등한 성과를 보였는지에 대한 연구는 결론이 나지 않았다. 하지만 그들의 공통점 한 가지는 자신의 작업에 대한 한결같은 헌신이었다. 이는 전혀 놀라운 일이 아니었다. 인내의 중요성은 오래전부터 전승된 지혜이자 과학적 사실로 확립된 것이었기 때문이다. 캐서린 콕스는 1926년에 발표한 논문에서 "높지만 최고 수준은 아닌 지능과 최고의 인내가 결합된 사람은 최고 수준의 지능을 가졌으나 인내심이 다소 부족한 사람보다 더 뛰어난 성과를 거둘 수 있다"고 주장했다.[27] 하지만 이는 에디슨의 말처럼, 성공은 "1퍼센트의 영감과 99퍼센트의 노력"이라는 상식적 신념의 과학적 증거였을 뿐이다.

전후 창의성 연구의 결과가 오랜 통념을 확인해주었을 때, 사람들은 캘빈 테일러가 자신의 연구를 후원한 미국 국립 과학 재단에 아이큐가 상당히 높은 성실한 사람들을 찾아 그들에게 시간과 여유만 주면 된다고 간단히 보고했을 것이라고 생각했을지도 모른다. 하지만 테일러를 비롯한 창의성 연구자들은 창의성이라는 더 큰 개념에 헌신했기에 계속해서 그것을 찾으려 했다. 길퍼드는 인내가 창의적 성공의 가장 좋은 단일한 예측 변수라는 아이디어를 아예 무시했다. 그는 "인내는 어떤 분야에서든 성취와 명성에 기여할 수 있는 특성이지만 (……) 창의성과 고유하게 관련이 있다는 증거는 없다"고 주장했다. 돌이켜보면, 길퍼드가 설명하려 했던 창의적 성취가 단순한 노력 이상의 결과라는 증거가 있었는지는 명확하지 않다. 그러나 창의성이라는 개념은 그동안 축적된 논의로 인해 존재론적 무게를 지니고 있었다. 당시 창의성이라는 개념은 이야기를 구성하고 현실을 설명하는 강력한 힘을 가지고 있었다.

다시 말해, 창의성이라는 개념 자체가 과학자들로 하여금 창의성을 계속해서 찾게 만들었다고 할 수 있다.

* * *

우리는 창의성 연구의 문제점을 미리 예견하거나 부분적으로 인지하고 조용히 이 분야를 피한 심리학자들이 얼마나 되는지 결코 알 수 없을 것이다. 하지만 1960년대 후반에 이르러 창의성 연구의 열기가 점차 식어가기 시작했다는 것은 분명하다. 실제로, 1965년에는 창의성 관련 논문이 역대 최대로 발표되었지만, 유타 회의, IPAR 창의성 연구, 길퍼드의 적성 프로젝트 등에 대한 연구비 지원은 이미 종료된 상태였다. 토런스는 미네소타 대학교를 떠났다. 그의 학문적 성과에 대한 의문이 계속 제기되었기 때문이었을 것이다. 1964년에는 캘빈 테일러조차 "창의적 노력 자체와 마찬가지로, 창의성 연구도 불완전함, 필연적인 미완성, 이루지 못한 목표에 대한 가슴 아픈 자각 그리고 여러 면에서 부족했음을 결국 받아들여야 한다"고 인정했다.[28] 1969년에는 현실을 어느 정도 자각한 프랭크 배런이 창의성 연구자들에게 "자신만의 비전을 너무 심각하게 받아들이지 말라"고 경고하기도 했다.[29]

1960년대 후반이 되자, 연구비 지원 기관과 학과들이 다른 방향으로 전환하면서, 창의성 연구자들은 '창의적 문제 해결'이라는 실용적 분야에서 우호적인 기반을 찾았다. 1967년에는 창의성 연구를 전문적으로 다루는 최초의 학술지 『창의적 행동 저널』이 창간되었는데, 이는 알렉스 오즈번이 창의적 사고에 대한 자신의 철학을 전파하기 위해 설립한 버펄로의 CEF의 후원을 받은 것이었다(2장 참조). 이 학술지의 창간은 기존 학술지에서 더 이상 인정을 받지 못하던 창의성 연구를 위한 공간을 마련하려는 목적이 일부 있었던 것으로 보인다.[30] 1960년대부터 최소한 1980년대까지 배런, 토런스, 길퍼드는 정기적으로 기고를 하면서 이 학술지를 이끌었다.[31] 아마도 이는 자연스러운 결과였을지도 모른다. 실증적 창의성 연구 진영과 실용적 창의성 연구 진영은 초기의 상호 불신에도 불구하고, 창의성을 증진한다는 공통된 목표와 서로에 대해 열린 마음을 공유했다.

비록 많은 문제가 있었지만, 창의성 연구는 전후 시대의 새로운 탁월성 개념을 중심으로 인적 자원을 분류하는 도구를 재설정하려는 심리학자들의 진지한 열망을 반영했다. 창의성은 천재성보다 더 민주적이고, 지능보다 더 영웅적이며, 단순한 창의적 발명이나 재능보다 더 기발하고, 단순한 상상력이나 예술성보다 더 유용한 무언가를 상징했다. 창의성은—적어도 창의성 연구자들이 상상하기로는—군사적·문화적·정신적 진보를 연결하는 공통의 실이었으며, 과거의 에디슨과 미래의 화이트칼라 노동자를 이어주는 개념이었다. 인간 중심의 이상과 군산복합체의 요구 사이를 조율하며, '일상적인 것과 숭고한 것 사이를 오갈' 방법을 찾는 과정에서 이 전문가들은 새로운 심리적 범주를 만들어내고 이를 더욱 현실화하는 기술을 구축하는 데 기여했다.[32]

창의성이라는 개념이 지닌 정의의 확장성은 창의성 연구의 치명적인 결함이자 이를 가능하게 하는 조건이었다. 이는 창의성에 관한 지식의 통합을 거의 불가능하게 만들었지만, 동시에 심리학 분야 내에서 서로 다른 방법론, 이론, 경향을 하나로 모으는 데 기여했다. 이러한 경향과 이를 대표하는 사람들은 상호 구원의 약속에 이끌려 서로 연결된 듯했다. 매슬로, 로저스, 배런의 인본주의적 아이디어는 심리측정학자들이 단순히 군산복합체에 인재를 공급하는 것을 넘어 더 폭넓은 사회적·도덕적 역할을 할 수 있도록 도왔으며, 인본주의 심리학자들은 자유세계의 존속을 책임지는 사람들이 자신들의 지혜를 필요로 한다는 사실에서 연구의 중요성과 긴박감을 느꼈다. 극도로 합리적인 심리측정학적 접근법과 해석적인 정신분석학적 접근법을 모두 수용함으로써, 창의성 연구자들은 즉각적인 전략적 요구와 민주주의, 노동 그리고 미국적 정체성과 같은 광범위한 주제들을 연결하면서 그들의 연구가 중요한 의미를 지닌다고 주장할 수 있었다. 창의성 연구가 군 고위 관계자들과 괴짜 학생들의 성장을 바라는 사람들을 한자리에 모이게 했다는 사실은, 그들의 노력이 얼마나 중요한지를 모두가 느끼게 했다. 이러한 통합에서 우리는 냉전 시대 특유의 욕망, 즉 엄격한 합리주의를 인간적인 접근으로 조율하려는 노력을 엿볼 수 있다. 리엄 허드슨은, 창의성 연구자들이 미국의 "군수산업"을 대표하는 물리학자들에게 집착하는 것은 심리학 내의 "온건한 진보적 전통"에 반하는 일이며, "강경한" 과학적 행동주의자들과 심리측정학자들에게 유리하게 작용할 것이라고 지적했다. 그러면서 그는 "'창의성' 연구의 가장 중요한 특성은 계몽적이고 진보적인 휴머니즘"이라고 말했다.[33] 물론, 많은 경우 이렇듯 다양한 목소리는 서로 다른 말을 하거나 때로는 서로 반대하기도 했다. 하지만 차이를 조율하려는 그들의 시도 속에서 우리는 심리학 분야가 그 시대의 열망에 부응하기 위해 노력했다는 것을 알 수 있다.

8장

예술가를
닮은
엔지니어?

1968년 이후에 미국에서 학교를 다녔다면, 선생님이 프로젝터나 시청각 카트를 꺼낸 다음 불을 끄고 틀어준 25분짜리 매력적인 영화 〈왜 인간은 창조하는가Why Man Creates〉를 본 적이 한두 번쯤은 있을 것이다. 솔 배스가 각본과 연출을 맡은 이 영화는 아카데미 단편영화상을 수상했으며, CBS의 시사 프로그램 〈60분60 Minutes〉 첫 에피소드에서 처음 방영되었다. 현재 이 영화는 미국 의회 도서관의 국가 영화 기록물로 보관되어 있으며, 역사상 가장 많이 시청된 교육영화로 알려져 있다. 〈스쿨하우스 록Schoolhouse Rock〉*이나 〈더 포인트The Point〉**를 떠올리게 하는 애니메이션으로 시작하는

---

* 1973년부터 미국 ABC에서 방영한 교육용 애니메이션.
** 1971년에 ABC에서 방영된 애니메이션.

이 영화는 서양의 발전사를 유머러스하게 압축해 4분 만에 보여준다. 이 애니메이션에서는 카메라가 점점 위로 이동하며 발견, 아이디어, 발명품들이 쌓이는 모습을 담는 동안, 선사시대의 사냥, 동굴벽화, 바퀴의 발명, 새로운 신의 창조, 피라미드 건설, 돌에 알파벳 새기기, 철과 청동 도구 제작 같은 익숙한 문명 발전 단계들이 묘사된다. 그리스 철학자들, 흥망을 거듭하는 로마, 암흑시대(중세)에서 계몽주의로 넘어가며 와트의 증기기관, 베토벤의 피아노 연주, 에디슨의 전구 발명 장면 등도 속도감 있게 지나간다. 프로이트는 다윈의 진화론을 전하며 인간이 동물이라고 말한다. 대중이 모이고, 비누 상자 위에서 사람들이 정치적 구호를 외치고, 자동차, 비행기, TV가 어지럽게 쌓이는 장면이 소란스럽게 펼쳐지다 갑자기 카메라가 멈춘다. 작고 고독해 보이는 한 남자가 소용돌이치는 방사능 구름에 휩싸인 채 서 있다. 그는 기침하며 허공 속으로 외치는 듯 울부짖는다.

창의성의 미덕을 찬양하는 영화치고는 다소 이상한 시작이다. 그러나 소비주의와 통제 불능의 기술에 대한 1960년대 특유의 냉소를 보여주는 과장된 서곡 직후, 영화는 갑자기 유쾌하고 낙관적인 분위기로 전환된다. "아이디어는 어디에서 오는 걸까?" 부드러운 목소리의 내레이터가 부드러운 톤으로 묻는다. 그리고 우리는 창의성에 대한 짧은 '탐구, 에피소드, 논평'으로 인도된다. 사회의 기대를 벗어나는 사례를 다룬 사랑스러운 스톱모션 '만화'는 한 탁구공이 기준보다 너무 높이 튄다는 이유로 조립 라인에서 쫓겨나지만 결국에는 신을 존경하는 다른 탁구공 무리를 만나며 점점 더 높이 튀어 올라 우주로 날아가는 모습을 보여준다. 이 영화에서 우리는 아이디어가 "장난을 하면서 놀다가" 나오기도 하지만, 끈기와 노력에서 나오기도 한다는 것을 배운다(이 부분에서 에디슨, 헤밍웨이, 아인슈타인의 말이 인용된다). 또한 우리는 화난 행인들이 카메라 밖의 어떤 예술 작품에 대고 모욕을 퍼붓는 장면을 통해, 사회가 새로운 아이디어를 거부할 것이라는 사실을 배우게 된다. 영화의 주인공인 약간 히피스러운 백인 남성이 카우보이 복장을 하고 이 비판을 몇 발의 총격으로 맞는 장면도 나온다. 한편, 만화 속 달팽이는 이렇게 묻는다. "급진적인 아이디어가 기존 제도를 위협하다가 결국 그 제도의 일부가 되고, 다시 새로운 급진적인 아이디어를 거부하는 제도가 된다는 걸 생각해본 적 있나요?" 마침내 경외감 어린 분위기가 돌아오고, 내레이터는 영화의 주제에 관해 근본적인 질문을 던진다. "왜 인간은 창조하는가?" 고대 예술 작품, 로켓 발사, 인상파 그림, 악보 그리고 그라피티가 포함된 몽타주가 흐르는 동안 내레이터는 이렇게 답한다. "인간의 모든 표현 속에서 하나의 연결 고리, 즉 공통된 흔적을 볼 수 있다. 그것은 자신을 들여다보고 세상을 바라보며 '이것이 나다. 나는 특별하다. 나는 여기 있다. 나는 존재한다'라고 말하려는 열망이다." 이 영화는 피타고라스의 정리에서부터 마르크스주의, 원자폭탄, 보잉 747에 이르기까지 모든 발전이 궁극적으로는 개인이 자신의 개성을 표현하고자 하는 열망에서 비롯되었다고 주장하는 것으로 보인다. 이런 주장은 유화 작품의 경우에는 설득력이 있어 보이지만, TNT 폭약의 발명과 같은 경우에는 덜 그럴듯해 보인다. 하지만 이 주장은, 우리가 지금까지 살펴보았듯이, 전후 창의성 개념의 핵심 그 자체다. 다시 말해, 태양 아래 모든 새로운 것은 개인이 만든 것이라는 생각에 기초한 주장이다. 어떤 것을 발명해야 하는지 결정하고 수천 명의 노동자를 조정하는 제도를 비롯한 수많은 사회적 요인은 이 주장에서 무시된다. 결국 남는 것은 단지 자신을 드러내고 싶어 하는 고독한 창조자뿐이다.

이 영화는 결국 모든 것이 독성 쓰레기 더미로 귀결된다면, 왜 창의성이 애초에 좋은 것인지에 대해서는 끝내 언급하지 않는다. 영화 제목의 "왜"는 궁극적인 목적—인간은 **무엇을 위해** 창조하는가—에 대한 질문이 아니라, 창조를 자극하는 충동에 관한 것이었다. 영화 초반의 기술 회의주의와 나머지 부분에서의 창의적 과정에 대한 찬양이 묘하게 대비되는 이 상황은 다음과 같은 슬로건으로 요약될 수 있다. "진보는 죽었다. 창의성이여, 영원하라."

문제는 솔 배스에게 이 영화를 제작하도록 의뢰한 오클랜드 소재 기업 카이저 알루미늄이 왜 이런 메시지에 관심을 가졌을까 하는 점이다. 카이저 경영진은 묵시록적 더미에 비행기 동체가 있는 모습을 보고 불편함을 느꼈지만, 이 영화의 개봉을 막지는 않았다. 오히려, 미국에서 세 번째로 큰 알루미늄 생산업체로서 군용 제트기 동체부터 즉석식품 용기까지 다양한 제품을 제조했던 카이저 알루미늄(군수업체와 소비재 제조업체의 연결 관계를 이 회사만큼 잘 보여주는 예는 없다)은 영화를 일반 대중에 공개하기 전에 자사 직원 수천 명에게 상영했다. 또한 이 회사는 "당신과 창의성You and Creativity"이라는 제목을 달아 『카이저 알루미늄 뉴스*Kaiser Aluminum*

News』특별판을 배포했는데, 이 특별판에는 샌프란시스코 스튜디오에서 제작한 환각적 느낌의 총천연색 포스터가 칼 로저스, 에이브러햄 매슬로, J. P. 길퍼드, 프랭크 배런, 알렉스 오즈번, 시넥틱스사의 인용문과 함께 나란히 실렸다. 또한 이 특별판에는 독자들이 벽돌의 독특한 용도를 나열하는 과제를 포함한 창의성 연습 문제들도 실려 있었다. 이는 지난 20년 동안 축적된 창의성에 대한 다양한 해석—실용적인 것에서부터 과장된 것까지—을 맛볼 수 있는 일종의 샘플 모음이었다.

앞서 우리는 미국의 기업들이 어떻게 창의성 지식을 소비하고 생산했는지 살펴보았다. 이는 과학적 연구에서부터 실용적인 창의적 공학 프로그램에 이르기까지, 혁신을 촉진하는 동시에 소외와 대중의 회의론에 대처하려는 시도였다. 창의성이라는 개념을 통해 대중사회에 대한 다양한 비판이 체제의 중심부로 흡수될 수 있었다(브레인스토밍에 대한 비판에서 배스 자신도 현대 문명의 진보 과정에서 자신의 역할에 대해 양가적 태도를 보였으며, 광고 전문가들이 "마약 판매자"에 불과할 수도 있음을 인정했다). 배스가 "창의성 영화"라고 부른 이 영화는 미국의 기업들이 창의성이라는 아이디어를 활용해 기술에 대한 믿음이 무너지는 것을 막으려고 노력했던 특정한 방식을 보여준다. 이 시기는 산업의 도덕적 정당성이 오랫동안 기반을 두고 있던 진보라는 개념이 심각하게 훼손되던 시기였다.

그렇다면 이 과정은 구체적으로 어떻게 진행되었을까? 칼 로저스는 창의성이 본질적으로 도덕적이지 않은 개념이라고 언급한 바 있다. 그는 "창의적 과정에서 '좋은' 목적과 '나쁜' 목적을 구분하려고 해봐야 아무 소용이 없다"며 "어떤 이는 고통을 덜어주는 방법을 발견하는 반면, 또 다른 이는 정치범을 위한 새로운 고문 방식을 고안할 수도 있다"고 썼다.[1] 지나치게 낙관적인 『카이저 알루미늄 뉴스』 특별판조차도 "빈민가와 전쟁, 전쟁 무기, 빈곤과 범죄, 쓰레기와 오염은 화가의 이젤 위 그림, 공장의 기계, 공중의 음악과 마찬가지로 인간의 창조물이다. (……) 창의적 행위에는 그 결과물이 유익하거나 쓸모 있을 것이라는 보장이 없다"고 인정했다.[2] 하지만 창의적 산물이 끔찍할 수는 있어도, 창의성 자체는 무해한 것으로 여겨졌다. 매슬로는 창의성이 "평가 이전의, 도덕 이전의, 윤리 이전의, 문화 이전의 (……) 선악에 앞서는 것"이라고 주장했다.[3]

카이저 알루미늄을 비롯한 전후 미국의 기업들이 창의성을 수용했다는 것은 제품에서 과정으로 초점을 이동시키겠다는 것을 의미했다. 실제로, 〈왜 인간은 창조하는가〉에서도 초점이 그렇게 이동한다. 영화 속 제품들은 항상 모호하다. 화면 밖에 있거나, 너무 우스꽝스럽고 추상적이어서 특정한 것을 나타내지 않는다. 영화는 실제 제품이 묘사될 때조차 예술, 과학, 기술 그리고 인문학에서 대표적인 예시들을 고루 포함시키는 방식으로 표현된다. 이렇게 제품에서 과정으로 초점이 이동하고, 낙서, 고급 예술, 철학, 첨단 기술을 동등하게 다룸으로써 창조 행위는 일반적이고 중립적인 것으로 여겨지기 시작한다. 창의적 과정이 이처럼 도덕적 중립성을 갖추었다는 점은 기술을 좀 더 인간적으로 만들고자 하는 이들, 혹은 적어도 그렇게 보이게 하고자 하는 이들에게 매력적인 주제가 되었다. 이 장에서 살펴볼 몇 가지 사례처럼, 대체로 창의성은 기술에 대한 명백히 도덕적인 대항마로 여겨졌다. 이 생각은 '창의적' 사고는 더 지혜롭고, 사회적으로 책임감 있는 창조물을 낳을 것이라는 가정에 기초한 것이었다. 한편, 창의성은 과학과 기술의 도덕적 딜레마를 완전히 회피하는 방식으로 그 문제를 해결하기도 했다. 이는 초점을 **제품에서 과정으로**, 사회적 맥락에서 개인 창작자로 이동시킴으로써 이뤄졌다. 창의성이라는 개념은 기술을 무의미하고 비인간적인 시스템의 산물이 아니라, 군중을 거부하는 순수하고 열정적인 개인들의 지속적인 노력으로 재구성했다. 이런 서사는 과학기술 노동자들과 그들을 고용한 기업이 자신들의 일을 이해시키고 그 가치를 전달할 때 그 일에 새로운 고귀한 가치를 부여할 수 있게 했다.

통제 불능의 과학기술

제2차 세계대전 이후의 시대는 과학, 기술 그리고 진보의 가능성에 대한 깊은 양가적 감정으로 특징지어졌다. 예를 들어, 좌파 이론가 루이스 멈퍼드Lewis Mumford는 전쟁 이전에는 집단의 손에서 구현될 '기술'의 인간적 가능성에 대해 열렬히 찬사를 보냈지만, 전쟁 이후에는 '거대 기계'에 대한 비관론자로 변모했다. 칼을 쟁기로 바꾸자는 전후 질서에 대한 이상이 냉전에 의해 허구임이 드러나자, 멈퍼드는 자크 엘륄Jacques Ellul 같은 인물들과 뜻을 같이했다. 엘륄은 삶의 모든 영역에 침투한 효율성 집착과 도구주의적인 사고방식을 강하게 비판한 신학자로, 그로 인해 사회에서 인간적이고 도덕적인 가치가 고갈되고 있다고 지적했다.[4]

전후 시대 지식인들은 과학과 기술이 냉전에 얽혀 있는 현실을 우려했다. 기업들이 점점 더 많은 박사 학위 소지자를 흡수하고, 대학들이 기업처럼 운영되는 연구 센터를 설립하고, 학계와 정부, 산업 간 인력이 자유롭게 이동하자, '연구'와 '개발', '순수 과학'과 '응용과학' 사이의 경계가 계속 흐려졌다.[5] 한 학자는 "과학자와 엔지니어를 동시에 의미하는 단어가 필요하다는 것, 이 둘이 단일 공동체를 이루고 있다는 것이 명백하다"고 단언하기도 했다.[6] 이는 전통적인 자유주의 모델로부터의 극적인 전환이었다. 역사가 스티븐 샤핀Steven Shapin에 따르면, 전통적 모델에서 "과학 탐구의 목표는 진리이고, 비즈니스의 목표는 이익이었다. 순수한 과학적 탐구의 자연스러운 주체는 '자유롭게 활동하는 개인'이었으며, 연구 개발의 주체는 '조직된 팀'이었다".[7] 윌리엄 화이트는 과학자들에 대한 과도한 관리가 발전을 저해할 것이라는 우려와 더불어, 과학자의 도덕적 주체성 또한 억압할 것이라는 걱정을 드러냈다. 그는 "사회윤리"를 옹호하는 관리자들은 "조직의 목표와 도덕이 일치한다고 생각하는 경향이 있다. 하지만 최근의 역사, 특히 제3제국의 부상은 그렇지 않음을 시사한다"고 지적했다.[8] 한편, 이전 세대가 정신노동의 합리적 분업이자 진보의 열쇠로 보았던 '전문화'는 당시에 미국인의 사고를 좁힌다는 비난을 받았다. 또한 한때 국가 기술 관료이자 계몽된 지도자로 여겨졌던 산업 과학자와 엔지니어들은 단순히 '조직의 지시에 따라 맹목적으로 행동하는 사람들'로 간주되었다.

특히 도덕적 관점에서 과학이 군대와 깊이 연관되어 있다는 사실은 우려를 자아냈다. 드와이트 D. 아이젠하워Dwight D. Eisenhower 대통령은 "군산복합체"의 부상을 경고하면서 대학은 "역사적으로 자유로운 사상과 과학적 발견의 원천이었던 곳이었으나, 정부 계약이 사실상 지적 호기심을 대체하는" 위험한 상황이 올 수 있다고 지적했다. 또한 그는 "역으로 공공 정책이 과학기술 엘리트의 포로가 될 수 있는 상황의 위험성"도 강조했다.[9] 당시 화이트칼라 전문가들에게 군산복합체와의 관계는 일종의 파우스트적 거래였다. 군산복합체는 그들에게 국가 운영에 대한 비민주적 권력을 부여했지만, 결국 그들은 자신의 정신노동을 정부와 자본가 계급에 팔아넘기게 되었다.

요약하자면, 문제는 기술 자체에 대한 신뢰의 위기가 아니라 테크노크라시, 즉 기술관료제에 대한 신뢰의 위기였다. 사회의 완벽성을 믿는 메시아적 신념을 가진 반문화와 시위운동의 참여자들조차 기술의 약속을 완전히 배척하지는 않았다. 이들은 진보적인 기술에 대한 신념이 어느 정도 있었다. 다만 대규모 상명 하달식 조직이 그런 진보적 기술을 만들어낼 가능성은 낮다고 생각했다. 대신, 그들은 기술을 다루기 위해 민주적이고 스스로 구축해가는 윤리를 구축했다. 즉, 그들은 개인과 소규모 공동체가 중심이 되어 기술을 창의적이고 자율적으로 개발하고 활용해야 한다는 접근 방식을 선호했다.[10]

이 모든 상황은 과학자와 엔지니어들을 난처한 입장에 빠뜨렸다. 그들은 막강한 권력을 가지고 있음에도 철인왕*의 역할을 하기에는 충분히 계몽되지 못했다거나, 정치적 압력에 맞설 수 있을 만큼 도덕적 주체로서 힘이 충분하지 않다는 비판을 받았다. 그들은 이런 비판에 특히 민감했다. 이런 비판이 그들의 생계를 위협할 수 있을 뿐만 아니라, 20세기 초부터 이어져온 '진보주의 시대'를 살면서 자신들의 기술 연구를 정당화했던 자기희생과 합리성이라는 이상을 근본적으로 흔들었기 때문이다. 하지만 그들 대부분은 계산 자를 내려놓고 코뮌에 합류하기보다는(혹은 인문학 교수가 되기보다는) 자신들이 만든 기술적 질서를 구원하는 영웅이 되고자 했다. 그들은 역사가 스티븐 위스니오스키Stephen Wisnioski가 "기술 변화의 이데올로기"라고 부른 것을 옹호하면서, 기술 변화는 불가피하며, 아이러니하게도 오직 기술 전문가들만이 기술이 야기한 문제를 해결할 수 있다고 믿었다. 하지만 그들에게는 구체적인 해결 방법이 없었다. 그 순간에 그들 중 일부에게는 '창의성'이 좋은 답처럼 들렸다.

책임감으로서의 창의성

과학자와 엔지니어들이 자신의 직업을 구원하는 한 가지 방법

---

* 철학적인 지식과 정치적인 능력을 겸비한 가상의 통치자.

은 기술의 방향에 대한 '책임감'을 갖는 것이었다. 원자폭탄을 만들고 후회한 인물로 알려진 J. 로버트 오펜하이머J. Robert Oppenheimer 같은 저명한 인물들은 과학과 기술에 계몽적이고 민주적인 감독이 중요하다는 주제에 대해 국가적 논의를 촉발했다. 이들 중 일부는 의회 기술평가국 같은 규제 기관을 설립하는 데 중점을 두었고, 다른 일부는 내부에서 과학기술을 개혁하는 데 집중했다.[11] 이런 개혁 과정에서 창의성은 상당한 역할을 했다. 스탠퍼드 연구소 소장 E. 핀리 카터는 "방어 및 파괴 무기 개발에 많은 노력이 투입되고 있다"는 점을 인정하며, 이에 대한 대응책으로 "이 상황을 초래한 조건들을 더 잘 이해하기 위해서는 더 많은 창의적 사고를 이끌어낼 필요가 있다"고 주장했다.[12] 스탠퍼드 연구소는 제2차 세계대전 이후 스탠퍼드 대학교의 인재들을 군부와 산업 맞춤형 프로젝트에 활용하기 위해 설립되었으며, 1959년에는 사회과학에서부터 무기 시스템에 이르기까지 다양한 프로젝트에 1000명 이상의 과학자와 엔지니어를 고용하고 있었다. 그해에 카터는 이렇게 말했다. "우리는 무책임하게 계속해서 머릿속 아이디어를 마구 쏟아내고, 그 아이디어들을 다른 누군가가 알아서 발전시키도록 방치해도 되는 것일까? 아니면, 우리의 책임은 계속되는 것일까? 우리가 만든 기기가 고아로 남지 않도록 하고, 성숙할 때까지 개선하는 작업을 하며, 그 기계들을 진정으로 통제해 더 풍요로운 삶을 가능하게 하는 것은 우리의 책임이다."[13] 카터는 기술을 진정으로 통제하려면 창의성을 장려해야 하고, "내적 동기"와 과학자가 연구를 통해 얻는 "더 넓은 의미에 대한 감각"도 포함되어야 한다고 설명했다.[14] 그는 창의적인 내적 동기에 의해 움직이는 과학자들이 어떻게 더 큰 책임감을 갖게 될지에 대해서는 구체적으로 설명하지 않았지만, 그들의 도덕성이 방향타 역할을 할 것이라고 암시했다.

MIT와 스탠퍼드 대학교의 교수로서 제너럴 모터스에서 창의적 공학 프로그램을 개척한 존 E. 아널드에게 창의성은 기술적 사고방식을 '사회적' 문제에 민감하게 반응하도록 변화시킬 수 있는 힘이었다. 아널드는 창의적 사고란 전통적인 공학적 사고방식에서 벗어나는 것이라고 보았다.[15] 아널드는 "미래의 창의적 엔지니어"를 "과학자와 예술가의 혼합체"라고 정의하며, "그는 예술가가 하는 것처럼 새로운 조합을 시도하고 발명하려 노력할 것이다. 하지만 동시에 과학자의 방식으로 매우 체계적이고 신중하게 이를 시도할 것이다"라고 설명했다. 스탠퍼드 대학교 기계공학부 산하 스탠퍼드 디자인 연구소의 설립자로서 기계공학부와 경영학부 교수를 겸임한 아널드는 엔지니어들이 사람들의 감정적 요구를 더 효과적으로 반영해 기계를 설계하고, 자신의 아이디어를 다른 사람들에게 더 명확히 전달할 수 있도록 하기 위해 문학, 작문, 미술 과목을 교과과정에 포함시켰다. 그는 이 두 가지 기술이 모두 현대 소비자 경제에서 필수적인 능력이라고 생각했다.[16] 그가 "포괄적 엔지니어"라고도 불렀던 창의적인 엔지니어는 사회적 사고를 하는 사람이자, 기아나 경제적 불평등 같은 거대한 문제를 해결하기 위해 적극적으로 나서는 "세계 지향적" 인물이었다. 그는 "창의적 공학의 목표 중 하나는 물리 과학, 사회과학, 예술 간의 결합을 이루는 것"이라며, "이러한 방식으로, 아마도 이러한 방식으로만 우리의 혁신이 인간의 필요를 더 충족시킬 수 있을 것"이라고 강조했다.

아널드의 목적은 사람들의 고통을 완화하려는 데 있었지만, 동시에 그의 이런 시도는 엔지니어라는 직업 자체를 구하기 위한 것이기도 했다. 그는 사회 설계를 정치가들에게 전적으로 맡기기보다는, 엔지니어들이 오히려 삶의 더 많은 영역을 점유해야 한다고 보았다. "창의적 문제"(옳고 그름의 명확한 답이 없는 문제를 그는 이렇게 불렀다)가 존재하는 곳이라면 어디든 "창의적인 엔지니어"가 있어야 한다고 주장했다. 오즈번과 브레인스토밍 사례에서 보았듯이, 창의적 사고를 통해 '사람들의 문제'를 해결할 수 있다는 개념에는 국가 개입에 반대하고 비정치적이라는 전제가 깔려 있었다. 아널드는 창의적인 엔지니어가 사회적 불평등을 인식해야 한다고 주장하면서, "이러한 불평등은 정치적 재분배로는 해결될 수 없으며, 궁극적으로는 기술적 해결책을 찾아야 한다"고 강조했다. 그는 "어떻게든 원료를 더 유용하게 만들고, 에너지를 더 멀리 전달하며, 모든 인간의 삶을 더 효과적이고 효율적으로 만들어야 한다"고 덧붙였다. 예술에 대한 관심에도 불구하고, 공학을 더 창의적으로 만들려는 그의 노력은 본질적으로 철저히 합리주의적이고 기술 관료적인 사고방식에 뿌리를 두고 있었다. 엔지니어라는 개인들이야말로 창의성이 규제와 정책이 해결하지 못하는 문제를 해결할 수 있을 것이라는 믿음을 담고 있었다.

창조 행위로서의 예술과 과학

창의성이 기술을 더 도덕적으로 만들 수 있다는 카터와 아널드의 믿음은 18세기와 19세기에서 이어져 내려온 믿음, 즉 예술가가 일종의 사제 역할을 해야 한다는 믿음이 반영된 것이었다. 이러한 관점에서 창의적이라는 것은 기술을 지혜롭게 다루는 것을 의미했다. 하지만 예술가가 중요한 인물로 떠오른 또 다른 이유는 자율성의 모델로 여겨졌기 때문이었다. 창작을 자신의 내적 동기에서 비롯된 행위로 바라보는 창의적 예술가의 이미지는 전후 과학기술 연구의 도덕적 모호성을 헤쳐나가는 데 강력한 모델로 작용했다. 창의성이라는 개념은 과학자와 엔지니어가 예술가와, 그리고 예술가가 그들과 공유하는 본질을 규명했다.

예를 들어,『사이언티픽 아메리칸*Scientific American*』1958년 9월 호는 "과학의 혁신"을 주제로 다루며 표지에 아기 예수와 성모마리아, 천사를 그린 르네상스 시대 그림의 한 부분을 실었다.『사이언티픽 아메리칸』은 냉전 시대에 과학기술에 대한 대중의 인식을 형성하는 데 중요한 역할을 했으며, 엔지니어, 과학자, 연구 관리자뿐만 아니라 "과학에 관심이 있는 보통 사람들", 즉 과학의 발전과 응용에 진지한 관심을 가진 미국 시민을 독자층으로 삼았다.[17] 이 잡지의 지면에는 새로운 로켓 과학, 레이더, 반도체와 같은 국방 예산의 결과물이 자랑스럽게 소개되곤 했다. 그리고 대부분은 첨단 과학과 관련된 사진이나 세련되고 양식화된 기계, 실험실 또는 우주의 이미지를 표지에 실었다.

그런데 편집진은 왜 국가 안보가 모두의 관심사였던 시기에, 특히 혁신을 주제로 한 호에서, 놀라운 기계들의 이미지를 보여줄 수 있었음에도 불구하고 500년 된 종교적 이미지를 선택했을까? 커버스토리를 쓴 영국의 박학다식한 학자 제이컵 브로노프스키Jacob Bronowski는, 레오나르도 다빈치의 〈암굴의 성모Madonna of the Rocks〉(1483~1486년 제작)를 선택한 것은 바로 그 그림을 그린 화가의 중요성을 지적하기 위한 것이라고 설명했다. 브로노프스키는 다빈치가 과학과 예술의 자연스러운 통합을 구현한 인물이라고 설명하며, 이 그림 속 인물과 식물의 해부학적 세부 사항이 다빈치의 면밀한 과학적 관찰을 통해 완성된 것임을 강조했다. 브로노프스키 자신도 르네상스적 인물로 알려져 있었다. 물리학자이자 수학자인 그는 윌리엄 블레이크William Blake의 시에 관한 글을 쓰기도 했으며, 히로시마와 나가사키 폭격의 영향을 다룬 영향력 있는 보고서와 저서 『과학과 인간의 가치Science and Human Values』(1956)로 철학적 질문을 두려워하지 않는 과학자로 명성을 얻었다[18](참고로, 광고인을 "마약 판매자"로 지칭해 솔 배스를 충격에 빠뜨린 사람이 브로노프스키였던 것으로 추정된다).[19]

이 글에서 브로노프스키는 심리학적 차원에서 볼 때 과학과 예술의 구분은 인위적인 것이라고 주장했다. 특히, 과학은 흔히 떠올리는 고정관념처럼 그리 "합리적"이지 않다고 보았다. 그의 주장에 따르면, 우선 과학적 이해에는 미적 요소가 존재한다. 예를 들어, 그는 코페르니쿠스의 행성 운동 이론은 순수한 이성의 산물이 아니라, 오히려 "통일성에 대한 미적 감각"에 의해 떠오른 것이라고 말했다. 또한 그에게는 빛이 파동인지 입자인지를 둘러싼 논쟁 역시 궁극적으로는 "비유의 갈등, 시적 은유의 충돌"이었다. 그에게 과학 이론은 객관적 현실의 단순한 기록이 아니라 창조적 산물, 즉 "사실을 넘어서는 상상력의 선택"이었다. 브로노프스키는 과학적 이해가 "미적" 통일성에 대한 직관적 인식에 의존하고 있으며 모든 지식은 어떤 근본적인 목적에 의해 추구된다는 존 듀이John Dewey의 이론과 사상에 기초해, 과학과 예술 모두 "주변 환경을 통제하려는" 의지에 따라 움직인다고 주장했다. 그는 사람들이 셰익스피어의 『오셀로Othello』는 "진정한 창조물"로 보면서, 콜럼버스의 서인도제도 발견이나 벨의 전화 발명은 왜 그렇게 보지 않는지 의문을 제기했다. 브로노프스키는 후자가 예술 작품만큼 "하나의 독창적 정신의 존재"를 명백히 드러내지 않는다고 해서, 본질적으로 같은 재료로 이뤄져 있지 않다고 볼 수는 없다고 주장했다.

그는 성향 면에서도 예술가와 과학자는 유사하다며, 신중한 과학자와 격정적인 예술가라는 고정관념은 잘못된 통념에 불과하다고 주장했다. 아일랜드 과학자 윌리엄 로언 해밀턴William Rowan Hamilton이 과도한 음주로 사망한 일은 "어느 방탕한 젊은 시인의 만취만큼이나 그의 천재적 작업의 일부"였다고 그는 주장했다[20](이 주장은 IPAR의 프랭크 배런이 해당 호에서 "높은 독창성을 지닌 과학자와 예술가에게는 특정한 공통점이 존재하는 듯하다"고 쓴 글로 뒷받침되었다).[21] 흥미롭게도, 브로노프스키는 그 반대의 경우—합리적이고 단정한 예술가의 경우—에 대해서는 거의 언급하지 않았다. 그 이유는 예술가들에게 그들이 과학자와 비슷하다는 사실을 설득하려는 것이 아니라, 과학자와 엔지니어들에게 그들 또한 본질적으로 예술가라는 점을 납득시키려는 데 목적이 있었기 때문이다. 이 글은 몽티냐크의 동굴 벽화와 헨리 무어Henry Moore의 현대 조각 이미지를 처음과 끝에 배치하며, 독자들에게 서양의 진보를 이끌어온 개인적 상상력의 오랜 전통 속에서 자신을 발견할 것을 제안했다.

브로노프스키에게 가장 중요한 점은, 진정한 과학자는 진정한 예술가와 마찬가지로 개인주의적이라는 것이었다. 20세기 중반의 지식인들이 과학과 예술을 자기희생적인 연구자들에 의해 수행되는 집단적 프로젝트로 찬양한 것과 달리, 브로노프스키는 이를 고독하고 개인주의적인 추구로 묘사했다. 그는 과학과 예술이 고대 그리스와 르네상스 같은 개인주의적 환경에서 번성했으며, "익명의" 중세나 "동양의 장인적 국가들"에서는 그렇지 않았다고 주장했다.[22] 이런 주장은 냉전 시기 미국에서는 거의 신념에 가까운 것이었다. 또한 반가톨릭적이고 인종차별적인 전제로 가득 찬 이 주장은, 소련을 동양화된 집단주의 사회, 즉 시대에 뒤떨어진 유물로 묘사하기 쉽게 만들었다.

그러나 이런 주장은 전후 과학기술의 현실과 명백히 모순되었다. 집단주의를 명시적으로 채택한 소련은 기술 발전에서 미국을 압도하고 있었을 뿐 아니라, 미국 과학자와 엔지니어들 대부분은 고도로 협력적이고 체계적으로 관리된 실험실에서 일하는 자신을 영웅적이고 고독한 천재로 생각하기 어려웠을 것이다.

브로노프스키의 암시적인 논점 중 더 중요한 것은 응용과학,

즉 발견보다는 발명을 옹호하는 주장이었다. 그는 새로운 아이디어가 번성하도록 허용하는 서구의 개인주의가 수도원적이거나 "관조적인" 성향이 아닌 "능동적" 성향과 맞닿아 있다며, 과학이 본질적으로 객관적 발견에 관한 것이라는 기존의 생각에 반대했다. 그러면서 과학자가 발명을 통해 창의적 역할을 한다는 점을 강조했다. 그는 이론 역시 창조물이자 사고의 도구라고 보았다. 브로노프스키는 "순수" 과학과 "응용" 과학의 구분이 예술과 기술의 구분만큼이나 허구적이라고 보았다. 그는 이 모든 것이 결국 세계를 지배하려는 인간의 욕망으로 귀결된다고 생각했다.

독자들은 브로노프스키가 제시한 예술, 과학, 기술의 관계 속에서 자신들의 복잡한 직업적 정체성을 조화시키는 방식을 발견했을지도 모른다. 전통적인 자유주의적 과학관에서는 독립적 사고와 객관적 진리 추구가 긴밀히 연결되어 있었다. 이는 진정한 과학자라면 자신을 위해 일하거나 적어도 학문의 자유를 보호받는 상태에서 일하며, 발명이 아니라 발견을 한다는 뜻이었다. 이런 생각은 냉전 시대의 상황과 잘 맞지 않았다. 하지만 브로노프스키가 말하듯, 본질적으로 모든 것이 발명이라면, 상품의 발명과 제조에 동원된 과학자로서의 역할도 결코 문제가 될 것이 없었다. 게다가 그는 독립적인 사고방식을 제도적 조건이 아니라 심리적 상태로 해석함으로써, 과학자가 스스로 선택한 주제가 아닌, 지시에 따라 주어진 과제를 수행하면서도 진정한 과학자로 존재할 수 있다는 상상을 가능하게 만들었다. 과학에 수동적 발견이란 것이 존재하지 않는다는 개념은 냉전 시대 과학자들이 객관적 진리 추구자이면서 동시에 실용적 목표를 위한 행위자로서의 정체성 사이에서 갈등을 덜 느끼고 둘 모두를 받아들이도록 도왔을지도 모른다.[23] 그리고 그들은 자신이 이해하거나 통제할 수 없는 시스템의 급여를 받는 구성원으로서, 적어도 자신의 머릿속에서는 예술가만큼이나 개인주의적일 수 있다는 점에서 위안을 얻었을 것이다. 당시에 '창의적인 과학자'라는 개념은 모순된 개념이 아니라 새로운 이상이었다.

하지만 다시 한번, 창의성이라는 개념의 특수한 모호성 덕분에 이는 실용주의와 비실용주의 간의 논쟁에서 양쪽을 모두 대변할 수 있었다. 예를 들어, '창의적 과학'이라는 용어는 때로는 단순히 발견하는 것이 아니라 창조한다는 점에서 '응용과학'의 동의어로 사용되었지만, 때로는 반대로 순수한 아이디어의 영역을 의미하기도 했다. 『사이언티픽 아메리칸』의 특별판이 출간되기 직전, 이 잡지 편집장인 데니스 플래너건Dennis Flanagan은 뉴욕 아트 디렉터스 클럽이 주최한 회의에서 원자폭탄은 진정한 창의적 행위가 아니라고 주장했다. 그것이 파괴적이어서가 아니라, 단순히 기계적 도구에 불과했기 때문이라는 것이었다. 그는 이렇게 말했다. "과학에서 진정한 창의적 행위란 새로운 원리를 발견하는 것이며, 원자폭탄의 발명은 이미 알려진 원리의 적용일 뿐이다. 과학에서 창의적인 행위란 태양을 태양계 중심에 배치한 코페르니쿠스의 행위 같은 것이다."[24] 플래너건은 우리의 제도가 이런 진실을 존중하고 과학자들이 기술의 실용적 문제로부터 보호받을 수 있도록 해야 한다며, "우리는 과학과 기술 사이의 구분을 엄격하게 유지해야 한다"고 말했다.[25]

그는 이어 "우리 사회는 실용적인 일에 대해서는 기꺼이 자금을 지원하지만, 여전히 '긴 머리들longhairs', 즉 중산층의 체면에서 벗어난 고급 예술 애호가들을 의심하며, 과학적 재능이 있는 젊은 이들에게 실용적인 사람이 되라고 가혹한 경제적 압박을 가한다"고 말했다. 플래너건은 이 "긴 머리들"의 특징이 순수하고 멈출 수 없는 호기심이라고 보았다. 그는 "음악가는 음악을 만들어야 하고, 예술가는 그림을 그려야 하며, 시인은 글을 써야 한다"는 매슬로의 말을 인용해, 창의적인 사람에 대해 이렇게 말했다. "세상의 어떤 것도 그들의 알고자 하는 욕구를 막을 수 없다. 이는 마치 세상의 어떤 것도 재능 있는 화가가 그림을 그리고자 하는 욕구를 막을 수 없는 것과 같다."[26] 또한 그는 "긴 머리들"은 실용적인 사람이 아니라 예술가처럼 사고한다고 보았다. 브로노프스키의 말을 인용하며, 플래너건은 근본적인 과학적 발견의 과정을 "끈기 있고 기계적인 사실 수집"이 아니라, "직관적이고," "잠재의식에 의해 이뤄지는" 것이며, "시인, 화가, 작곡가의 방식"이라고 묘사했다.[27] 플래너건에게 진정한 창의성은 의미 자체를 탐구하는 것이었다. 과학과 기술의 결합을 찬양하던 잡지의 편집장으로서, 이런 그의 발언은 당시에는 충격적인 것이었다. 물론, 그가 기술에 반대한다는 뜻은 전혀 아니었다. 그는 창의적인 사람의 비실용성은 이념적 또는 정치적 입장이 아니라 심리적 특성이며, 궁극적으로 그러한 특성은 덜 창의적인 실무자들의 노력을 통해 우리 모두를 위한 물질적 진보로 이어질 것이라고 보았다.

당시 과학기술계에 종사하는 사람들에게 가장 이상적인 본보기는 창의성을 구현한 예술가였다. 진정한 엔지니어는 진정한 예술가를 새로운 것을 창조하는 동료 발명가로 생각했고, 진정한 과학자는 진정한 예술가를 아이디어 그 자체를 위해 헌신하는 동료 사상가로 생각했다. 창의성을 순수 과학자의 특성으로 보든 응용 과학자의 특성으로 보든, 사심 없는 발견자의 특성으로 보든 일상적 문제 해결자의 특성으로 보든, 모든 사람은 창의성이 기술자에게 더 필요하다는 데 동의할 수 있었다.

기업 가치로서의 창의성

창의적인 사람이 자신의 아이디어를 실용적인 응용으로 전환하는 능력은 과학이든 예술이든 모든 분야에서 보편적이다. (……) 교향곡을 작곡하든, 소네트를 쓰든, 기적의 신약을 개발하든, 수학적 모델을 구상하든, 원자로를 설계하든, 동일한 기본 현상이 아이디어를 구상하게 하고 이를 유익한 결론으로 이끌어간다.

이 문구는 1949년에 미국 해군이 추진한 핵 프로그램 개발을 위해 피츠버그 부근에 설립된 정부 소유의 연구 개발 실험실인 웨스팅하우스 베티스 원자력 에너지 부서의 광고에 실린 것이었다. 앞서 우리는 심리학자들이 이와 비슷한 표현을 사용해 그들의 연구 범위를 정의하는 사례를 살펴본 바 있다. 그렇다면 『사이언티픽 아메리칸』 독자들은 이 광고 문구를 설득력 있게 받아들였을까? 이 잡지 9월 특별판에 실린 광고들은 기사만큼이나 많은 것을 드러낸다. 이 광고들은 기업이 창의성이라는 개념을 활용해 대중은 물론이고, 그들 중 상당수가 잠재적 직원인 미국 엔지니어 집단에 어떻게 어필했는지를 보여준다. 이 광고들은 기업이 차갑고 합리적이며 관료적인 거대 조직이라는 이미지와 반대되는 이미지를 구축하기 위해 기업을 예술과 개인 창작자와 동일시하려는 전략을 드러낸다.

보잉 과학 연구소의 광고에는 톱니 모양으로 날카롭게 뻗어 있는 사각형들이 서로 겹쳐지며 동심원의 아메바 모양 고리들 위를 가로지르는 추상화가 실렸다. 이 그림은 "예술가-과학자" 팀이 만든 백조자리의 그림으로, 그들은 "우주에 대한 지식은 인간의 시각이 아니라 상상력의 시야에 달려 있다. 우리의 눈은 우리에게 백조자리를 보여준다. 하지만 전파 망원경과 같은 우리의 천재적 창조물은 언젠가 인간이 정복할지도 모르는 미지의, 설명되지 않은 에너지원을 드러낸다"고 설명했다. 브로노프스키의 생각을 반영한 이 광고 문구는 망원경과 그림을 동일시하며, 둘 다 우주를 정복하려는 충동의 표현이라고 주장했다. 알코아 화학의 광고에는 하늘을 향해 솟아오르는 네 개의 미사일을 선명한 색상과 입체파 스타일로 그린 그림을 특징으로 했다(이 그림을 그린 S. 닐 후지타S. Neil Fujita는 이듬해 발매된 데이브 브루벡 퀸텟Dave Brubeck Quintet의 〈Take Five〉와 찰스 밍거스Charles Mingus의 〈Mingus Ah Um〉 앨범 커버에 비슷한 추상 이미지를 제공하기도 했다). 이 광고는 이름이 밝혀지지 않은 회사의 엔지니어들이 "알코아 알루미나라는 특허 받은 화학 제품에 상상력을 더해" 내열성이 더 뛰어난 미사일의 노즈콘nose cone* 을 만들어냈다고 자랑했다.

이 그림을 해석하는 한 가지 방법은 끔찍한 폭력을 아름답게 보이도록 만들려는 시도로 보는 것이다. 하지만 잡지 전반에 걸쳐 미사일 사진이 자랑스럽게 배치된 점을 고려하면, 『사이언티픽 아메리칸』의 독자들은 무기에 대해 거부감을 느끼지 않았을 가능성이 높다. 정확히 말하면, 이 광고의 의도는 미사일을 단순한 기술이 아닌 예술로 변모시키는 것이었다. 예술의 관점에서, 미사일은 기업화된 군대가 기술적 문제를 해결한 결과물이 아니라 '상상력'의 산물로 보일 수 있었다. 보는 사람의 시선은 세계에 실제적이고 잠재적으로 파괴적인 영향을 미칠 수 있는 결과물(미사일)에서 그 제작 과정으로 이동한다. 브로노프스키와 보잉 광고가 과학 이론과 위성을 시와 그림에 비유했던 것처럼, 알코아의 광고는 대륙간탄도유도탄을 인간 상상력의 양식화된 표현으로 그려냈다.

"상상력과 결합하라"라는 광고의 기발한 감각은 예술과 공학을 결합하려는 알코아의 더 큰 캠페인의 일환이었다. 1957년, 알코아는 찰스와 레이 임스 스튜디오의 디자이너 존 뉴하트John Neuhart를 고용해 알코아의 소재와 태양전지를 사용한 "아무것도 하지 않는 기계"를 설계하게 했다. 뉴하트가 설계한 화려하면서 노골적으로 실용성을 배제한 이 기발한 기계는 예술의 순수한 형태로서

---

* 미사일의 가장 앞부분에 위치한 뾰족한 원뿔형 구조.

mix imagination with Alcoa Aluminas **and see ceramics do what
ceramics never did before!** A case in point: Missile designers needed a nose cone material transparent to electronic impulses and able to withstand a holocaust of friction heat. Looking to high alumina ceramics—products of imagination plus Alcoa® Aluminas—they found the answer. Another case in point: Metalworkers wanted improved tool performance for finer, less costly machining. Ceramic engineers blended imagination with Alcoa Aluminas . . . developed sapphire-hard alumina ceramic cutting tools now setting new records of metalworking quality and tool durability. The cases in point are almost endless. When *you* are faced with a tough materials problem, see what ceramics can do when you mix imagination and engineering with Alcoa Aluminas. Contact our nearest sales office or outline your problems in a letter to ALUMINUM COMPANY OF AMERICA, CHEMICALS DIVISION, 706-J Alcoa Building, Pittsburgh 19, Pennsylvania.

For finer products . . . let Alcoa add new directions to your creative thinking!

"알코아가 당신의 창의적 사고를 새로운 방향으로 이끕니다!"
냉전 시기 예술과 기술의 융합을 보여주는 광고. 알코아, 1958년.

인간의 상상력을 상징했다. 이 기계는 브로노프스키의 논제를 실용성이 아닌 놀이와 기발함으로 전환한 비실용적 변주였다. 혁신은 정복하려는 욕구에서 비롯되는 것이 아니라 놀이와 기발함에서 나온다는 의미였다. 또한 순수 과학과 마찬가지로 순수 기술도 특정한 목적을 가지고 있지 않다는 암시를 담고 있었다. 예컨대 태양전지가 원래 위성에 전력을 공급하기 위해 개발되었든, 자동차를 구동하기 위해 개발되었든, 그것의 최종 응용은 인간의 상상력만큼이나 무한할 수 있었다. 재료과학을 이용해 철저하게 실용적인 제품을 만들어온 제조사가 아무런 기능도 하지 않는 기계를 설계하도록 디자이너를 고용하거나, 화가를 고용해 붓질로 미사일의 노즈콘을 미학적으로 다듬은 사실은 기업들이 기술 발전에 관해 상반되는 두 가지 태도를 취하고 있었음을 드러냈다.[28]

종합해보면, 이런 광고와 홍보용 정밀 장비들은 기업들이 기술 진보의 오만한 견해나 개인이 관여하기 힘든 지정학적 힘에 의해서가 아니라, 창의적인 직원들의 개별적인 사고에 따라 운영된다는 점을 보여주려 했음을 알 수 있다. 이러한 공공 이미지를 만드는 캠페인은 일반 대중뿐만 아니라 특히 직원과 잠재적 직원들을 대상으로 했던 것으로 보인다. 뉴저지, 보스턴, 선벨트의 광대한 기업 캠퍼스로 새로운 엔지니어들을 유인하며, 이들 기업은 '창의성'이라는 이름 아래 자율성, 자유로운 활동, 존중의 이미지를 홍보했다. 원자로를 소네트에 비유한 웨스팅하우스 원자력의 광고는 그 회사가 "창의적인 과학 인재를 가장 열렬하게 지지하는 기업"이라고 주장하면서, "우리는 창의성을 개인에게서 발견하고 이를 훈련과 실습을 통해 발전시키며, 이를 장려하는 환경적 요소를 제공하는 데 자부심을 느낀다"고 말했다. 많은 회사가 창의적인 환경을 강조했다. 링크 애비에이션의 광고는 "팰로앨토의 기후는 완벽합니다"라고 자랑하면서, 이 문장에서 기후라는 말은 온화한 날씨뿐만 아니라 창의적 작업에 적절한 "정신적" 환경도 의미한다고 명시했다. 제너럴 일렉트릭 미사일 및 군수 시스템 부문의 광고는 최근 드러난 미국과 소련 간의 "미사일 격차"를 언급하며, "엔지니어의 타고난 잠재력과 창의적 성과 간의 격차를 좁힌다"고 자랑했다. "많은—어쩌면 대부분의—과학자와 엔지니어가 자신의 창의적 역량을 문제 해결에 온전히 발휘할 기회를 거의, 혹은 전혀 갖지 못한다고 절실히 느끼고 있다"는 점을 강조하며, 제너럴 일렉트릭은 "창의성의 완전한 실현"을 가로막는 일반적인 장애물들, 즉 "경직된 지시", "과학적 도전이 부족한 과제", "개인의 아이디어에 대한 무관심"이 자사에서는 존재하지 않을 것이라고 약속했다.[29]

냉전 시대에 게재된 엄청난 수의 엔지니어 구인 광고는 냉전 시기 공학 분야의 직업이 급격히 부상했음을 증명한다. 이런 광고들이 급여, 복지, 동료애를 강조하기보다는 창의성을 발휘할 기회를 (다양한 의미로) 강조하며 잠재적 직원들의 관심을 끌려고 했다는 사실은, 이 직업군이 정당성을 확보하는 과정에서 도전에 직면하기 시작했다는 것을 보여준다. 화이트칼라의 고립감, 군국주의, 기술관료 사회의 도덕적 한계에 대한 우려가 겹치면서, 전문성과 전문지식을 강조하던 전통적 호소 방식에 이제 더 개인적이고 표현적인 가치가 추가되기 시작했다. 그리고 혁신 자체는 조직화된 과학의 초기 옹호자들이 구상했던 기계화된 사회적 과정이 아니라, 자유롭고 방해받지 않는 통합적인 정신, 즉 창의적 정신에서 비롯된 아이디어들의 축적으로 다시 정의되기 시작했다.

* * *

　지금까지 우리는 창의성이라는 개념이 전후 미국의 구조적 모순을 심리적으로 해결하는 데 어떻게 기여했는지를 살펴보았다. 이 개념은 진보적, 자유주의적, 반동적 요소를 동시에 포함한, 새로운 개인주의와 대중사회라는 부인할 수 없는 두 현실을 조화시켰다. 창의성은 냉전 시기의 미국이라는 토양에서 피어났는데, 이는 전략적, 경제적, 이념적 압박이 독특하게 결합된 환경이었다. 또한 우리는 창의성의 열렬한 지지자들이 창의성이라는 개념에 어떻게 모든 중요한 요소를 포함시켰는지도 살펴보았다. 창의성은 대중적 평범함에 맞서는 탁월함은 물론 열린 사회의 민주적 잠재력을 상징했다. 창의성은 역동성과 혁신을 상징하면서도 무질서하지 않았으며, 엔지니어들로 가득한 세상에 절실히 필요했던 인본주의적 요소를 제공하면서도, 근본적으로는 혁신, 소비주의, 경제성장을 지지했다. 또한 창의성은 생산성과 자기실현을 결합시켜, 소비주의 시대에도 더 부드럽고 심리적이며 다소 여성화된 형태로 고전적 부르주아 생산 윤리가 부활할 수 있도록 만들었다.
　이제 남은 과제는, 이러한 모든 것이 1960년대 이후에 등장한 전혀 다른 세상과 어떻게 연결되는지를 설명하는 일이다.

9장

창의성이여,
영원하라

지금까지 우리는 창의성이라는 개념이 냉전과 소비주의 그리고 순응과 소외에 대한 집착이 두드러졌던 전후 미국에서 탄생한 산물임을 살펴보았다. 하지만 당시에 창의성의 여정은 시작 단계에 불과했다. 창의성이 본격적으로 우리의 집단적 어휘와 상식 속으로 깊숙이 스며든 시기는 1970년대 이후의 수십 년 동안이다. 이 시기에 창의성은 독일의 사회학자 안드레아스 레크비츠Andreas Reckwitz가 "창의성 디스포지티프creativity dispositif(창의성 장치)"라고 부르는 특징으로 설명될 수 있을 정도로 미국 문화뿐만 아니라 유럽, 호주, 아시아의 여러 지역에서 뚜렷한 문화적 방향성이 되었다. 창의성 디스포지티프라는 말은 우리의 언어, 제도, 정체성에 깊이 내재된 전반적인 창의성 지향 성향을 뜻한다.[1]

이 과정은 수많은 발언과 사업 계획, 사명 선언문과 교육 계획, TV 프로그램과 졸업 연설 등을 통해 이뤄졌다. 먼저, 수치부터 살펴보자. 구글 북스에 따르면 2000년에 '창의성'이라는 용어를 사용한 빈도는 1970년의 두 배에 달했다. 이는 여러 면에서, 이전에 '상상력'이나 '기발한 재주' 같은 단어를 사용하던 일상적인 상황에서도 '창의성'이라는 용어를 그 단어들 대신에 사용하는 경향이 확산되었음을 보여준다. 이러한 맥락에서 본다면, 창의성이라는 용어의 구체성이 다소 약화되고 있음을 알 수 있다. 여러 비평가가 지적했듯이, 이 용어는 공식적인 창의성 담론을 훨씬 넘어선 범위에서 유행어로 자리 잡고 있다. 하지만 이 단어의 의미는 창의성 지식과 전문성의 생산 및 제도화를 통해 점진적으로 구축되어 왔다. 이런 과정은 지금까지 우리가 살펴본 두 가지 흐름, 즉 학계의 심리학 연구와 '응용 창의성' 연구의 지속을 통해 이뤄진 것이다. 새로운 창의성 지식의 대표적 산물인 『창의성 백과사전Encyclopedia of Creativity』의 편집자들에 따르면, 1999년에서 2011년 사이에 출판된 창의성 관련 책과 논문은 그 이전 40년간의 출판물보다 더 많았다.[2] 이 마지막 장에서는 1970년대부터 2000년대에 이르기까지 이 분야에서 이뤄진 성과를 간략히 살펴본 뒤, 창의성과 관련해 1990년대 후반과 2000년대 초반에 일어난 일련의 현상을 조명할 것이다. 여기에는 '창의적 산업', '창의적 계급', '창의적 도시'와 같은 개념이 포함되며, 이는 창의성을 구체화하는 과정에서 나온 결과물이자 동시에 중요한 새로운 발전을 대표한다. 이런 사례를 통해 우리는 창의성이라는 개념이 어떻게 번성했는지 그리고 어떻게 전후 수십 년과 우리 시대를 나누는 중대한 변화를 가능하게 했는지를 이해할 수 있을 것이다.

전후 시대 이후

1973년경, 창의성 개념 구축의 토대였던 전후 질서가 무너지기 시작했다. 경제적으로 볼 때 이 시기는 한 세대 만에 처음으로 미국의 성장률이 둔화되고 실질임금이 정체되기 시작한 시기였다. 그로부터 얼마 지나지 않아 석유파동, 환경오염, 스태그플레이션이 닥쳐왔다. 과거 '풍요로운 사회'에서 이뤄졌던 삶의 방향에 대한 논의는 갑자기 낡아 보이게 되었고, 사람들은 전후 질서의 기반이었던 끊임없는 성장 가능성에 대해 매우 회의적인 시각을 갖게 되었다. 당시 민주당은 내부 모순으로 분열되기 시작했고, 케인스주의 경제 계획가들은 해답을 제시하지 못하고 있었다. 이 틈을 타 자유 시장을 열광적으로 옹호하는 새로운 세력이 권력을 잡았고, 그 세력은 국가 규모를 축소하기 위해 일련의 조치를 시행했다. 번영을 위해서는 규칙과 규제가 필수적이라는 전후 시대의 생각은 사라지고, 노동의 유연화와 탈규제, 권한 이양이라는 새로운 '와일드 웨스트' 시대가 도래했다.

이런 소위 신자유주의 개혁은 1950년대부터 시작된 탈산업화 경향을 더욱 가속화했다. 다국적 기업들은 인수 합병을 통해 절대적인 규모를 확장하면서도, 동시에 다양한 방식으로 해체되기 시작했다. 그들은 노동조합을 피하고 노동 비용을 줄이기 위해 공장을 해외로 이전했을 뿐 아니라, 많은 경우 공장을 아예 매각하고, 익명성이 보장되는 복잡한 글로벌 네트워크에서 주문을 외주로 처리했다. 이는 기업 내부에 지식재산권, 디자인, 마케팅 같은 핵심 기능만 남겨두는 방식이었다. 이런 현상은 아마도 애플 제품에 새겨진 다음과 같은 말로 가장 잘 요약될 것이다. "캘리포니아주 애플 본사에서 설계하고 중국에서 조립했습니다."

탈산업화 서사는 선택적으로 구성된 이야기이며, 일종의 자기 충족적 예언과 같은 면이 있다. 미국은 21세기에 들어서서도 여전히 세계 최대 제조국으로 제조업 분야에서 수익을 창출하고 있었다. 다만, 그 수익이 국가 전체에 고르게 분배되지 않았을 뿐이다. 가장 전망이 밝아 보였던 분야는 해외로 이전하기 어렵고 불평등이 심화되고 있을 때도 그 불평등을 기반으로 성장할 수 있는, 이른바 FIRE(금융finance, 보험insurance, 부동산real estate, 공학engineering) 산업과 디자인, 마케팅, 엔터테인먼트, 미디어 분야였다. 이처럼 양질의 일자리가 남아 있는 분야는 경제학자와 정책 입안자 그리고 미국의 미래에 대한 낙관적인 이야기를 찾으려는 이들의 관심을 매우 많이 받았다. 비록 소매업, 환대 산업* 같은 저임금 서비스산업에서 일자리가 가장 많이 증가했지만, 이 "새로운 경제"는 '정보 경제', '지식 경제' 또는 우리가 앞으로 다루게 될 '창의적 경제'로 불리게 되었다. 이런 상황은 전통적인 제조업 같은 "더럽고 낡은" 산업이 더 깨끗하고 스마트한 무언가로 대체된 것 같은 느낌을 주었다.

과거의 질서, 즉 포드주의적 질서는 제조업의 견고한 기반과 노동의 투박한 현실에 뿌리를 둔 것이었다. 하지만 새로운 질서는

* 숙박, 외식, 관광 등의 서비스산업.

더 이상 상품을 만들지 않고, 그 대신 경험, 라이프 스타일, 정체성, 이미지를 만들어낸다(최소한 그렇다고 주장된다). 기업들은 이제 '브랜드'로 지칭되는 것이 일반적이다. 심지어 레스토랑조차 이제는 단지 '콘셉트'로 여겨진다. 실제로 우리 중 많은 사람이 콘텐츠, 메시지, 아이디어, 디자인, 정체성을 창조하는 비즈니스에 어떤 형태로든 관여하고 있다. 또한 여가 시간조차도 주목 경제*의 플랫폼에 올리기 위해 무료 콘텐츠를 생산하거나 그 플랫폼에서 콘텐츠를 소비하는 데 사용하는 사람이 많다. 과거의 모든 견고했던 것은 허공 속으로 사라졌다. 현재의 전반적인 분위기는 흐름, 즉 '유동성'이 지배하고 있다. 지그문트 바우만Zygmunt Bauman이 말한 바와 같이 자본은 물처럼 가장 낮은 곳을 향하고, 더 이상 자본의 이런 흐름을 막을 것이 없는 상태에서 우리 모두는 그 흐름에 몸을 맡긴다.[3]

이 새로운 경제 질서는 가치관의 변화를 동반했다. 과거 사회가 중시한 것이 신뢰성, 충성심, 전문성, 팀워크였다면, 새로운 질서는 기업가 정신, 유연성 그리고 관습을 거스르는 태도를 찬양한다.[4] 이제는 병원에서 위스키 브랜드에 이르기까지 모두가 자신을 '혁신적'이고 '파괴적'이라고 주장한다. 포드주의 아래에서 약속되었던 직업 안정성은 사라졌다. 40년간 한 회사에서 일한 뒤 황금 시계를 받는 일은 이제 옛말이 되었고, 우리는 서른 살이 되기도 전에 네 곳의 회사를 거친다. 점점 더 많은 일이 계약직, 하도

---

* 정보 홍수 시대에 사람들의 주의를 끌어서 가치를 만드는 경제활동.

급, 컨설턴트, 프리랜서, 임시직으로 이뤄지는 프로젝트 기반으로 수행된다. 불안정성은 이제 표준이 되었다. 우리는 '긱gig'(이 예술적 용어가 선택된 것은 우연이 아니다)*으로 일하며, 여전히 많은 일이 단조롭고 무의미해 보일지라도, 2005년 스탠퍼드 대학교 졸업식에서 스티브 잡스가 한 조언을 따르려 애쓴다. "당신이 사랑하는 일을 하라."**5**

이런 서사들 중에 잘 알려진 한 버전에서는 이 새로운 정신이 인터넷 시대의 산물로, 히피들이 자라 기업가가 된 결과물이라고 묘사한다. 실제로 1970년대 이후의 시기는 개인의 해방, 자기 계발, 인간 잠재력, 정체성과 라이프 스타일에 대한 자유로운 탐색이 활발하게 이뤄진 시기였다. 이런 노력 중 상당수는 적어도 암묵적으로 혁명적인 의도를 지니고 있었지만, 1960년대 말 이후로 관찰자들이 지적했듯, 이는 자기실현에 대한 갈망을 충족시키는 소비 자본주의와 완벽히 맞아떨어졌다. 그러나 우리가 본 바와 같이, 이러한 '새로운' 자본주의 문화의 씨앗은 이미 1950년대에 발아하고 있었다. 탈산업 사회의 선지자들, 특히 창의성을 옹호했던 이들은 이미 그러한 사회의 도래를 상식적인 결과로 보이게 만들고 있었다. 그들이 사회적 계약을 기반으로 한 자유주의의 약화를 예견하거나 지지하지는 않았을지라도, 자신들이 확산시키는 데 일조한 새로운 규범들에는 미소를 지었을 가능성이 높다. 관료주의와 9시

---

* 원래 이 용어는 공연에 개인적으로 출연하는 음악가나 희극배우를 가리키는 말이었으나 현재는 주로 임시직이나 프리랜서를 뜻한다.

부터 5시까지 일하게 하는 나태한 산업 노동 근무 환경에 대한 경멸, 뿌리 없음과 적응력, 타협하지 않는 개인주의의 미화, 열정이 곧 일의 원동력이 될 수 있고 그래야 한다는 확신 그리고 혁신적인 아이디어가 모든 문제를 해결할 수 있다는 굳은 믿음……. 이 모든 가치는 포드주의 기업 질서의 실패에서 비롯되었으며, 새로운 경제를 움직이는 이상으로 자리 잡았다. 이러한 의미에서 창의성에 대한 숭배는 전후 시대와 현재를 연결하는 일종의 이데올로기적 다리로 볼 수 있다. 1960년대 이후 시대의 단절에도 불구하고, 창의성만은 흔들림 없이 지속되었다.

창의성 연구의 연속성과 변화

1960년대 중반의 창의성 연구는 인상적인 연구 성과와 학문적 입지를 구축했음에도 불구하고, 주제 자체에 대한 개념적 혼란과 학계 전반의 반발에 직면해 어정쩡한 시점에서 멈춰 있었다. 하지만 1970년대에 학문적 창의성 연구가 잠시 주춤한 뒤, 새로운 세대의 연구자들이 창의성 연구의 깃발을 다시 들어 올렸다.

이 새로운 연구 중 일부는 사회과학 전반의 더 큰 흐름을 반영하고 있었다. 한편으로는 신좌파가 학계에 진입하면서 '사회적' 맥락에 대한 재발견이 일어났다. 많은 연구자는 초기 세대의 창의성 연구가 지나치게 "창의적인 개인"에만 초점을 맞췄다고 보고, 사회적·문화적 맥락이 창의적 행동에 미치는 영향을 탐구하기 시작했다.[6] 하지만 이런 사회 지향적 연구 역시 여전히 맥락이 개인의 창의성에 미치는 영향을 주로 다루었으며, 대체로 창의성에 대한 자율주의적 개념을 강화했다. 예를 들어, 테리사 애머빌Theresa Amabile은 창의성이 외적 보상보다는 "내적 동기"에 의존한다는 연구 결과를 제시했다.[7]

또 다른, 다소 대조적인 흐름은 신경과학의 부상이었다. 뇌를 들여다봄으로써 사랑에서 약물중독에 이르기까지 모든 신비를 해명할 수 있다는 매력적인 주장이 우리 시대의 상상력을 사로잡은 상태에서 사람들이 창의성 연구에 열광한 것은 놀랄 일이 아니다. 이런 주장은 길퍼드가 그의 실증적 방법론을 개발하면서 했던 주장과 매우 비슷하다. 2008년에 발표되어 널리 알려진 한 연구에서는 재즈 피아니스트가 fMRI 기계에 누운 채 배 위에 놓인 키보드를 연주할 때 뇌의 어느 부위가 활성화되는지 관찰했다.[8] 사회심리학과 신경과학의 많은 연구는 길퍼드의 테스트 도구와 토런스 창의적 사고 테스트 같은 발산적 사고 테스트를 계속 활용해왔다. 하지만 이런 도구들의 예측 타당성에 대해서는 여전히 의문이 남아 있었다.

이 모든 과정 속에서도 '위인 이론'은 꾸준히 연구되고 있었다. 하워드 가드너Howard Gardner의 『창조적인 사람들: 프로이트, 아인슈타인, 피카소, 스트라빈스키, 엘리엇, 그레이엄, 간디의 삶에서 나타난 창의성에 관한 분석Creating Minds』이 대표적인 예다. 창의성과 리더십, 천재성에 관한 여러 저서를 집필한 딘 키스 사이먼턴Dean Keith Simonton은 과학, 철학, 문학, 음악, 예술, 영화, 정치, 전쟁 등 다양한 분야에서의 '명성, 재능 그리고 능력'을 이해하기 위해 평생을 헌신했다. 새 천 년을 전후로 창의성 분야에서 널리 인용된 작가 중 한 명인 미하이 칙센트미하이는 초기 경력을 창의성과 지능 연구로 유명한 제이컵 게츨스Jacob Getzels의 지도 아래 시작했다. 게츨스는 1962년에 발표한 획기적인 연구서 『창의성과 지능 Creativity and Intelligence』에서 창의성을 고유한 능력으로 간주해야 한다고 주장했다. 하지만 칙센트미하이는 그의 스승이 창의성을 "발산적 사고"와 과도하게 동일시했다고 비판하며, 명확한 창의적 성과를 보이는 집단을 대상으로 한 연구를 통해 창의성 연구를 확실한 기반 위에 올려놓으려 했다. 그는 사회학자 데이비드 리스먼, 생물학자 스티븐 제이 굴드Steven Jay Gould, 피아니스트 오스카 피터슨Oscar Peterson을 비롯해 수십 명의 저명한 인물들을 연구했다. 그는 또한 심리학자이자 정치가 그리고 창의성 연구의 후원자인 존 가드너와, 창의성을 오랜 기간 지지했던 모토로라의 CEO 로버트 갤빈에 대해서도 연구했다(갤빈은 알렉스 오즈번의 『당신의 창의력: 상상력 사용법』을 회사의 모든 직원에게 배포하기도 했다).[9]

하지만 이 연구들의 핵심은 언제나 그렇듯 천재성이나 명성을 그 자체로 이해하는 데 있지 않았다. 오히려, 이를 통해 우리 모두가 배울 수 있는 교훈을 추출하려는 데 목적이 있었다. 테리사 애머빌은 학자들이 "피카소, 다빈치, 아인슈타인의 경험을 이해하려 노력하는 이유는, 이 놀라운 인물들과 우리가 어떤 점에서 공통점을 가질 수 있는지 확인하기 위해서"라고 설명했다. 칙센트미하이는 1997년 그의 저서 『창의성의 즐거움』에서 "창의적인 사람들을 이해함으로써 우리의 삶을 더욱 흥미롭고 생산적으로 만들 수 있다"고 말했다.[10] 또한 그는 이 책에서, 창의적 삶은 "대부분의 삶보다 더 만족스러운 삶의 방식"으로 일종의 "모델"이 될 수 있다고 했다. 이 책의 목적은 독자들에게 "어떻게 하면 자신의 삶을 창의적 모범으로 삼은 사람들의 삶과 비슷하게 만들 수 있을지"를 알려주는 것이었다.[11]

냉전과 포드주의 질서가 쇠퇴했음에도 불구하고, 창의성 연구자들은 현대사회의 제도가 발전을 방해하고 있다는 두려움과 창의적 사고를 통해서만 문명이 구원될 수 있다는 신념에서 여전히 동기를 얻고 있다. 애머빌과 베스 A. 헤네시Beth A. Hennessey는 "창의성을 통해서만 우리는 학교, 의료 기관, 도시와 마을, 경제, 국가 그리고 세계가 직면한 수많은 문제를 해결할 수 있을 것이다. 창의성은 문명을 앞으로 나아가게 하는 주요 요인 중 하나다"라고 썼다.[12] 칙센트미하이는 창의성을 생물학적 진화의 "문화적 등가물"로 비유하며, "빈곤이나 인구과잉 문제의 해결책은 저절로 마법처럼 나타나지 않을 것"이기 때문에 창의성을 이해해야 한다고 주장했다.[13] 처음과 마찬가지로, 창의성 연구는 창의성이 충분하지 않다는 명백한 우려에서 비롯되었다.

현대의 창의성 연구자들도 여전히 전후 시대 연구자들을 괴롭혔던 판단 기준 문제에 직면하고 있다. 재즈 피아니스트의 fMRI 연구 결과가 저명한 과학자의 전기와 상응할 수 있는지 여부는 여전히 불분명하다. 그럼에도 이 분야를 통합하려는 열망은 강하다. 애머빌과 헤너시는 새로운 창의성 연구의 급증이 이 분야를 "분열"로 이끌고 있다고 우려하며, "신경학적 수준에서부터 문화적 수준에 이르기까지"의 연구를 통합할 수 있는 "포괄적인" 이론을 제안한다.¹⁴ 그들은 이러한 가설적 이론을 동심원으로 표현했는데, 중심에는 신경학적 연구가, 그다음으로 인지, 성격, 집단 그리고 가장 바깥에는 사회적 요인들이 배치되어 있다.¹⁵ 하지만 사회적인 측면을 강조하는 이런 연구들도 여전히 창의적인 개인, 더 정확히는 창의적인 두뇌가 그 중심에 자리 잡고 있다.

예전과 마찬가지로 학문적 창의성 연구 분야의 성장은 '응용 창의성' 연구의 성장과 맞물려 이뤄졌다. 브레인스토밍은 너무 흔해져 그 역사조차 잊힐 정도로 일상화되었고, 매년 늘어나고 있는 창의성 기법, 강의, 컨설턴트는 점점 더 많은 사람에게 그들 역시 창의적일 수 있다는 메시지를 전달하고 있다. 이러한 흐름은 전 세계로 확산되고 있다. 2019년, 나는 네덜란드 최대의 과학기술 대학인 델프트 공과대학교 산업디자인공학부에서 연구를 하기 시작했다. 첫날, 나는 스튜디오를 지나가다 컴퓨터 화면에 '시넥틱스'라는 단어가 떠 있는 것을 보았다. 나의 흥분에 어리둥절해하던 학생들은 자신들이 디자인 방법론 강의를 듣고 있으며, 창의성을 자극하는 기법들에 대해 배우고 있다고 설명했다. 얼마 지나지 않아, 나는 창의성과 관련된 새로운 부전공 프로그램 개발 팀에 합류하라는 초대를 받았다. 전 세계의 여러 대학 프로그램에서 창의성을 연구한 그들은 알렉스 오즈번, 시드니 패니스, 조이 폴 길퍼드를 이 분야의 명백한 창시자로 여기며 이들을 새로운 교육과정에 포함시킨 상태였다. 그로부터 얼마 지나지 않아, 나는 유럽 창의성과 혁신 협회European Association for Creativity and Innovation 행사에 참석했다. 이 행사에는 시드니 패니스의 연구를 이어받은 그의 아내 비아 패니스Bea Parnes가 (온라인) 손님으로 초대되었다.

버펄로 대학교는 여전히 이 분야의 중심지다. 이 대학에서는 지금도 해마다 CPSI 회의가 열리고 있으며, 1967년에 시드니 패니스가 설립한 버펄로 주립 단과대학의 국제 창의성 연구 센터International Center for Creativity Studies는 현재 과학 석사 학위와 창의성 부전공 학위를 제공하고 있다. 현재는 조지아 대학교의 토런스 창의성 및 재능 개발 센터Torrance Center for Creativity and Talent Development를 포함해 창의성을 연구하고 실습하는 센터도 여럿 새롭게 등장한 상태다. 졸업생 중 다수는 경영, 마케팅, 예술 분야에서 경력을 쌓고 있지만, 컨설턴트나 퍼실리테이터*로 활동하는 사람들도 많다. 한편, 창의성 기법에서는 새로운 변형들이 지속적으로 등장하고 있으며, 최근 가장 주목받는 기법은 브레인스토밍과 놀라울 정도로 유사한 디자인 싱킹Design Thinking(DT)으로 보인다. 두 기법 모두 반복 가능한 단계와 상징적인 자료를 특징으로 한다. 브레인스토밍의 상징이 아이디어 목록이라면, DT의 상징은 포스트잇 노트다. 포스트잇은 DT 세션에서 계속 쓰임새가 늘어나고 있다. 두 기법 모두 대학의 부속 연구 센터를 통해 확립되었다. DT는 스탠퍼드 대학교의 하소 플래트너 디자인 연구소, 흔히 'd. school'로 알려진 곳에서 발전했다. 오즈번과 마찬가지로, DT의 주요 옹호자인 데이비드

---

* 회의나 교육 등의 진행이 원활하게 이뤄지도록 돕는 역할을 하는 사람.

켈리David Kelley는 DT가 모든 유형의 문제를 해결할 수 있다고 믿는다. "인간 중심 디자인"의 실천자인 켈리는 디자인이 "체계적" 변화에 초점을 맞춰야 하며, 진정한 창의성은 "공감"을 통해 더 인간적인 해결책을 만들어내는 것이라고 주장한다. 따라서 오즈번과 마찬가지로, 켈리 역시 DT가 모든 분야에서 실행되어야 하며, 모든 학과의 교육과정에 통합되어야 한다고 믿는다. 하지만 브레인스토밍과 마찬가지로, DT도 디자이너와 인문학자들로부터 비판을 받고 있다. 디자이너들은 DT를 실제 디자이너가 하는 일을 지나치게 낙관적으로 단순화한 것으로 본다. 한편, 인문학자들은 DT가 지나치게 실용적이며 애초의 기대와는 달리 정치적·철학적 문제보다는 상업적 문제 해결에만 초점을 맞추고 있다고 지적한다.

실제로, 언제나 그렇듯 창의성을 추구하는 과정은 학문적 연구든 응용 창의성이든 대부분 암묵적으로나 명시적으로 산업을 중심으로 이뤄진다. 최근의 창의성 연구는 조직학 분야에서 많이 나왔으며, 주요 연구자들 중 다수가 경영대학에 소속되어 있다. 창의성 연구를 지원하는 많은 학술 센터는 예술, 인문학, 정책 또는 사회 정의보다는 디자인, 공학, 경영대학과 협력하는 경향이 있다.[16] 응용 창의성을 연구하는 사람들은 따뜻하고 활기찬 이들이지만, 대부분의 비용을 기업 자금에서 충당해야 한다는 사실에 대해서는 복잡한 심정이다. 이들은 자신들이 고루한 기업 문화의 주변부에 있거나 심지어 그 외부에 있다고 여기기 때문이다. 그런 입장에서 이들은 문제 해결에 있어 더 '인간 중심적'이거나 '책임 있는' 접근 방식을 기업에 촉구하는 역할을 한다. 동시에 이들은 어떤 맥락에서든 문제를 해결하는 일이 창의성을 포함하기만 하면 좋은 일이라는 거의 순수한 믿음을 가지고 있다.

영원한 신화

현재의 창의성 연구에서 가장 흥미로운 점 중 하나는, 70년이 지난 지금도 창의성 전문가들이 **여전히** 창의성에 대한 낭만주의적 오해와 싸우고 있다는 것이다. 이는 창의성 분야가 처음 등장했을 때 길퍼드, 배런, 매슬로가 바로잡으려 했던 문제이기도 하다.

『비즈니스위크*Bussiness Week*』의 전 편집자이자 파슨스 디자인 학교의 혁신 및 디자인 교수인 브루스 누스바움Bruce Nussbaum은 이렇게 말한다. "우리는 고독한 시인이 다락방에서 굶주리며 작품을 쓰거나 문명과 멀리 떨어진 연못가에서 글을 쓰는 모습을 낭만적으로 그려왔다. 하지만 점점 늘어나는 연구 결과는 우리 모두가 창의성을 발휘할 수 있는 능력을 지니고 있음을 보여준다."**17** 〈일상적인 창의성Everyday Creativity〉이라는 제목의 교육용 동영상은 "창의성에 대한 놀라운 진실은, 그것이 마법적이고 신비로운 사건이 아니라 누구나 활용할 수 있는 도구라는 점"이라고 주장한다. 『창의성 백과사전』의 편집자인 심리학자 로버트 스턴버그Robert Sternberg는 "대부분의 사람들은 창의성을 소수만이 소유한 귀한 자질로 생각한다. 반 고흐, 밀턴, 베토벤 같은 인물들의 공헌은 큰 관심을 받지만 (……) 창의성은 지능과 마찬가지로 누구나 어느 정도 가지고

있는 능력이다"라고 썼다.[18] 세계적인 디자인 컨설팅 기업 IDEO
와 스탠퍼드 d.school의 설립자인 톰 켈리Tom Kelley와 데이비드 켈
리는 이렇게 말한다. "당신은 '창의성'이라는 단어를 들었을 때, 다
른 사람들과 마찬가지로 조각, 그림, 음악, 춤 같은 예술 활동을 떠
올릴 수도 있습니다. '창의적'이라는 말을 '예술적'이라는 의미와
동일시할 수도 있습니다. 혹은 창의성이 갈색 눈처럼 타고나는 고
정된 특성이라고 느낄 수도 있습니다. 즉, 창의적 유전자를 가지고
태어나지 않으면 창의적이지 않다고 생각할 수 있습니다." 그들은
사람들의 이런 생각을 "창의성 신화"라고 부른다.

하지만 우리는 창의성이 정말로 예술가나 천재들에게만 국한
된 것이라고 생각할까? 우리는 창의성이 신비롭거나 비합리적이
거나 가벼운 것이라고 믿고 있을까? 아니면 한 번이라도 그런 생
각을 한 적이 있을까? 지금까지 살펴본 바에 따르면, 적어도 창의
성에 대해 연구하는 사람들은 그렇게 생각하지 않는 것 같다. 창의
성 연구자들이 맞서 싸우고 있는 구식 관념들은 실제로 창의성 자
체에 관한 것이 아니라 다른 것들에 관한 것처럼 보인다. 사회가
진보는 천재들이 주도하는 것이라고 자주 강조했는가? 그렇다. 하
지만 천재들만이 새로운 아이디어를 낼 수 있다고 말한 적이 있는
가? 당연히 아니다. 예술적 재능과 기계적 재능을 별개의 것으로
간주하는 경우가 자주 있는가? 물론이다. 하지만 발명가가 창의적
이지 않다고 한 적이 있는가? 내가 아는 한 그런 적은 없다.

그렇다면 창의성 연구자들은 자신들이 주장하듯 이 끈질긴 신
화들에 정말로 좌절하고 있는 것일까? 아니면 그러한 신화들의 존

재—설령 그것이 허수아비 같은 형태일지라도—는 창의성에 대한 어떤 주장을 가능하게 하는 본질적 요소인 것일까? 우리가 창의성은 나와 관련이 없다는 믿음을 **실제로** 가지고 있다면(그리고 창의성 전문가들에 따르면, 그들은 본인이 "창의적이지 않다"고 주장하는 사람들을 정기적으로 만난다고 한다), 그 생각은 창의성에 대해 글을 쓴 모든 사람이 항상 예술가와 천재들을 잠시 무대에 올렸다가 곧바로 퇴장시킨 뒤, 처음부터 그 이야기가 그들에 관한 것이 아니었다고 부인하는 방식과 관련이 있을지도 모른다. 톰 켈리와 데이비드 켈리의 책에서 "창의성 신화"에 대한 언급이 등장하는 부분에는 매우 예술적이고 추상적인 수채화 사진이 실려 있다. 이 책 전반에 걸쳐, 비슷하게 생생하고 약간 만화 같은 스타일의 삽화들이 반복적으로 등장한다. 화가가 이젤 앞에 앉아 있거나 음악가가 거리에서 기타를 연주하는 모습 등이다. 하지만 이 책은 그림을 그리거나 노래를 쓰는 방법에 대해서는 다루지 않는다.[19]

학문적이든 실용적이든 창의성 연구라는 장르는 예술과 비예술, (그리고 1960년대 이후 점점 두드러진) 고급 예술과 상업 예술, 천재와 비천재 사이의 끊임없는 밀고 당김으로 정의된다고 해도 과언이 아니다. 창의성이라는 개념은 비판적 개입 없이는 논의될 수 없거나 흥미롭지 않은 것으로 생각되는 것 같다. 역사의 '위인' 이론에 반대하면서도 여전히 그 인물들을 찬양하고, 낭만주의의 엘리트주의와 난해함에 반대하면서도 우리의 일상을 다시 매혹적으로 만들려고 하는 그 개입 자체를 허용하는 것처럼 보인다.

이는 영리한 수사적 전략이다. "모든 사람이 X라고 생각하지만, 사실은 Y다"라는 글쓰기 공식은―모든 사람이 실제로 X라고 생각하든 그렇지 않든 상관없다―거의 모든 대중 논픽션의 출발점이며 상당수 학술적 글쓰기의 기초이기도 하다. 또한 이 공식은 창의성 연구라는 장르 안에 깊숙이 숨은 논리를 드러내기도 한다. 전후 연구자들이 천재와 창의성을 구분하려 하면서도 여전히 천재들에 대한 연구를 계속했던 것처럼, 그리고 인본주의 심리학자들이 창의성이 단순히 예술에 국한된 것이 아니라고 주장하면서도 예술가를 창의적인 사람의 전형으로 삼았던 것처럼, 현대 창의성 저술 역시 자신이 부정하는 개념들에 의존함으로써 자신이 차지하고 있는 새로운 공간을 정의하고 있는 것이다.

사실, 우리가 지금까지 살펴본 바와 같이, '창의성'이라는 용어는 결코 천재적인 행위나 예술적 자기표현에 국한된 의미를 지닌 적이 없었다. 오히려, 창의성이라는 개념은 천재성이라는 개념보다 훨씬 보편적이고, 예술뿐만 아니라 발명에도 똑같이 적용되는 특성을 나타내는 개념이었다. 이는 오랫동안 오해받아온 무언가에 대한 숨겨진 진실을 발견한 것이 아니라, 우리가 보고자 했던 진실을 담을 수 있는 개념을 창조해낸 것에 가깝다.

창의적인 모든 것

21세기 들어 창의적 산업, 창의적 계층, 창의적 도시, 창의적 공간 같은 용어들이 일상 언어의 일부로 자리를 잡고 있다. 이런 용어들은 언뜻 들으면 직관적으로 이해할 수 있을 것처럼 보인다. 예를 들어, 창의적 산업은 디자인, 영화, 출판, 패션 같은 창의적 직업들로 구성된다고 이해할 수 있을 것이다. 지난 수십 년간 이 분야들이 성장한 만큼, 이를 포괄하는 새로운 용어를 만드는 것은 어느 정도 타당해 보인다. 하지만 이러한 용어들은 단순히 기술적인 것에 그치지 않는다. 이 용어들이 이상적인 목표를 내포하고 있기 때문이다. 이 모든 경우에 '창의적'이라는 단어는 단순히 범주적 구분(예를 들어, 예술 대 과학이나 공학)을 나타내는 것이 아니라, 키스 니거스Keith Negus와 마이클 J. 피커링Michael J. Pickering이 말했듯이 "가치를 부여하고 문화적 위계를 세우는 수단"으로 작용한다.[20]

'창의적 산업'이라는 용어는 1990년대 영국과 호주에서 처음으로 널리 사용되기 시작했다. 영국의 신노동당 정부는 이를 주요 의제로 삼았으며, 학교에서도 창의성을 강조하는 정책을 추진했다. 이 용어는 이전의 '문화 산업'이라는 용어에서 미묘하게 변화된 것으로, 전통적 예술과 상업적 엔터테인먼트를 포함한 개념이었다. 새롭게 등장한 이 용어는 범주를 확장해 수익성이 매우 높은 '정보산업', '지식재산권 산업', '지식산업'의 일부까지 포괄하게 되었다. 이로 인한 이점은 두 가지 형태로 발생했다. 기술 및 정보 분야는 혁신이라는 개념을 통해 예술에 경제적 중요성을 부여했으며, 예술은 기술 및 정보 산업에 세련된 이미지를 더하고 국가의 더 큰 문화적 삶에 기여한다는 인식을 심어주었다.[21] 창의성을 강조하는 교육 개혁 또한 직업적 실용성과 진보적 이상을 모두 충족시킨다는 점에서 매력적이었다.

창의적 산업의 성장은 광고와 그 관련 분야가 주도적인 역할을 했다. 광고는 미디어 제작, 글쓰기, 디자인, 전략 등을 포함하도록 확장되었으며, 현재의 '크리에이티브 에이전시'는 이 모든 전략을 종합적으로 구사한다. 이런 비즈니스는 광고 산업의 관행, 서사, 언어를 물려받았으며, 그중에는 창의적 혁명이라는 서사 구조도 포함되어 있다. 이 서사 구조 안에서 이들 기업은 고객이 좋아하든 말든 가치를 가져다주는 재미있고 반항적인 비전가로 스스로를 규정한다. 숀 닉슨Sean Nixon은 광고 분야에 있는 사람들이 직장에서 정체성을 성공적으로 형성하기 위해 "창의성의 언어를 구사하고, 창의적이라는 인상을 주는 스타일, 태도 등을 추구하는 독특한 아비투스*를 길러낸다"고 말한다.[22] 창의적 산업을 연구하는 사람들은 전후 시대에 확립된 융통성 있는 창의적 성격에 대한 지식을 활용해, 과거 문화 산업의 중심에 있었던, 노조 소속의 음악가나 배우가 아니라, 세련된 프리랜서나 독립 스튜디오 아티스트를 이 새로운 경제의 주역으로 만들었다.

이와 비슷한 재분류 작업은 2002년 베스트셀러 『창조적 변화를 주도하는 사람들Rise of the Creative Class』에서도 이뤄졌다. 이 책에서 저자 리처드 플로리다Richard Florida는 사회의 새로운 지배 계층이 "새로운 아이디어, 새로운 기술, 새로운 창의적 콘텐츠를 창조하는 사람들"이라고 주장했다.[23] 이 그룹에는 과학자, 엔지니어, 교사, 심지어 은행가도 포함되었지만, 그 중심에는 예술가, 작가, 디자이

---

*   특정한 환경에 의해 형성된 성향이나 사고, 인지, 판단, 행동 체계.

너, 영화 제작자, 건축가 등으로 이뤄진 "초超창의적 핵심"이 자리하고 있었다. 플로리다는 이러한 기존 질서에 대한 극적인 반전을 설명하며, "자본주의는 (……) 이제껏 배제되어왔던 괴짜나 비순응주의자들의 재능까지 포용하며 영역을 확장했다. (……) 보헤미안 주변부에서 활동하던 기이한 이단아로 여겨졌던 이들이 이제는 혁신과 경제성장의 중심에 자리 잡고 있다. (……) 창의적 개인은 (……) 새로운 주류가 되었다"라고 썼다.[24] 저임금 서비스 부문보다도 규모가 작지만 문화적 영향력은 더 큰 창의적 계층은 새로운 규범을 만들어가고 있었다. 플로리다는 보헤미안 라이프 스타일의 특정 요소들이 모든 분야의 기업 문화에 일반화되었음을 지적했다. 카페에서 일하기, 캐주얼한 복장, 비정상적인 근무 시간 등이 그 예다. 그는 '프로테스탄트' 가치와 '보헤미안' 가치가 결합된, 열심히 일하고 열심히 즐기는 태도를 "창의적 정신"이라 부르며, 이것이 우리 시대의 정신이라고 정의했다.

『창조적 변화를 주도하는 사람들』은 도시가 투자 부족과 백인들의 탈출로 쇠퇴한 이후 한 세대 만에 사람들이 다시 도심으로 이동하는 이유를 설명했다. 플로리다는 "도시는 창의성에 적합하다"고 말했다. 고전 경제 이론에서는 노동자가 가장 높은 임금을 제공하는 곳으로 이동한다고 보았지만, 플로리다는 창의적인 사람들이 단순히 돈 이상의 동기에 의해 움직이며, 부모 세대가 떠났던 바로 그 도시에서 창의성의 원천—진정성 있는 공동체, 감각적 경험, 다양성, 저렴한 작업 공간—을 찾았다고 주장했다. 플로리다는 도시의 성공 요인을 "3T"로 정의했다. 기술Technology, 재능Talent

그리고 관용Tolerance이다. 여기서 관용은 동성애자에 대한 환대 수준으로 측정되었으며, 플로리다는 이를 모든 형태의 비전통적 사고에 대한 열린 태도의 대리 변수로 가정했다. 이 세 가지 요소를 종합하여 플로리다는 '창의성 지수Creativity Index'를 만들었고, 이를 기반으로 미국 도시들에 순위를 매겼다.

플로리다는 모든 사람이 창의적 잠재력을 지니고 있듯이, 모든 도시도 창의적인 중심지로 거듭날 기회를 가지고 있다고 주장했다. 단, 이 주장은 도시가 창의적 "라이프 스타일 사고방식"을 수용한다는 전제하에 가능한 것이었다. 피츠버그와 디트로이트는 "조직화 시대"에 갇혀 있었으며, 보수적이고, "프로테스탄트적이고", "가부장적이고 백인 중심적이고 (……) 9시부터 5시까지 성실하게 일하는 것을 강조하는" 태도를 가진 도시로 묘사되었다. 반면 오스틴은 괴짜들을 환영하는 도시였다.[25] 그는 도시들이 대기업 사무실, 쇼핑몰, 경기장에 대한 세금 혜택을 포기하고, 안전하게 걸어다닐 수 있는 거리, 자전거도로, 역사 유물 보존 그리고 창의적 계층이 선호하는 "진정성 있는" 문화 편의 시설에 집중할 것을 권장했다.

또한 플로리다는 전 세계를 여행하며 정부와 기업 지도자들에게 창의성으로 수익을 창출하는 방법을 조언했다. 2003년, 그는 멤피스에서 회의를 주최했는데, 이 도시는 인구 100만 명 이상인 도시 중 창의성 지수에서 최하위(49위)를 기록한 곳이었다. 회의가 끝난 후, 북미 전역에서 온 참가자들("창의적 100인")은 세 쪽 분량의 「멤피스 선언Memphis Manifesto」에 서명하며 창의성의 복음을 공유했다. 선언문 서문은 이렇게 시작한다. "창의성은 인간 존재의 본질이며, 개인, 공동체 그리고 경제적 삶의 중요한 자원이다. 창의적인 공동체는 활기차고 인간적인 장소로, 개인의 성장을 촉진하고, 문화적·기술적 혁신을 일으키며, 일자리와 부를 창출하고, 다양한 라이프 스타일과 문화를 수용한다. (······) 창의적 100인은 아이디어의 힘이 이끄는 미래의 비전과 가능성을 믿는다."

'창의적 도시들'이 곧 세계 곳곳에서 등장하기 시작했다. 이는 리처드 플로리다의 '창의적 계층 그룹Creative Class Group'의 컨설팅을 거친 결과였다. 로드아일랜드주 프로비던스부터 싱가포르에 이르기까지 다양한 지역에서 나타난 창의적 도시 현상은 지역 '디자인 지구'에서부터 도시 리브랜딩에 이르기까지, 몇몇 예술가 스튜디오에 대한 보조금에서 대규모 '혁신 허브'에 이르기까지 다양한 정책과 실현으로 이뤄진 느슨한 집합체였다. 창의적 도시는 1960년대로 거슬러 올라가는 문화 정책, 도시 설계, 지역경제계획 아이디어들이 혼합된 면이 있다. 여기에는 풀뿌리 공동체 예술 활동과 전술적 도시주의, "창의적 클러스터creative clusters"이론, 관광을 촉진하기 위해 박물관과 문화 편의 시설을 활용하는 "빌바오 효과Bilbao effect" 그리고 예술가들이 저소득 지역에 더 부유한 거주자들을 끌어들여 부동산 투자를 유발하는 "소호 효과SoHo effect" 등이 포함된다. 이와 동시에 새로운 세대의 도시 계획가들은 걷기에 적합하고, 활력이 넘치며, 다목적으로 이용 가능한 도시 공간을 장려했다. 창의적 도시 현상은─리처드 플로리다의 작업 덕분에─창의성이라는 개념으로 연결된 경제 모델 속에서 이러한 흐름을 하나로 묶어냈다. 즉, 창의적 편의 시설이 창의적 노동자를 끌어들이고, 이들이 경제적 창의성을 이끄는 역할을 한다는 것이다.[26]

창의적 도시 패러다임은 예상치 못한 연합을 만들어냈다. 탈산업화된 도시의 지도자들은 이 패러다임에서 다양성과 공동체 개발을 강조하는 자신들의 목표와 조화를 이룰 수 있는 새로운 경제성장의 원천을 발견했다. 소규모 도시주의를 지지하는 도시 계획가들은 자신들의 신념에 경제적 근거를 제시할 수 있다는 점을 환영했으며, 부동산 개발업자들은 방치된 창고가 거주 겸 작업 공간으로 전환될 새로운 가능성을 보았다. 문화적으로 진보적인 기업 대표들은 예술을 지원하는 데 있어 수익성을 뒷받침할 논리를 얻었고, 전통적인 박물관에서 소규모 공동체 극단에 이르기까지 많은 예술가와 문화 기관은 지원을 요청할 새롭고 강력한 언어를 발견했다. 실제로 창의적 도시 패러다임은 완전히 새로운 예술 실천의 패러다임을 고취시켰다. "창의적 장소 만들기"는 플로리다의 책에서 영향을 받은 것으로 알려진 미국 연방 예술 기금의 사업 계획에 반영되었으며, 이는 예술가들이 침체된 도시 공간을 미화하고 재활성화하는 데 기여했다.

창의적 산업, 창의적 계층, 창의적 도시 운동을 포함한 창의적 경제 패러다임은 전후 시대의 대중문화 비판이 성숙기에 접어들며 얻게 된 결과물이다. 이 패러다임은 대기업보다는 창의적 기업가를, 새로 지은 화려한 오피스 단지보다는 적응된 재사용을, 포드주의적 기능 분리보다는 '살기, 일하기, 즐기기'의 융합을 선호한다. 또한 고급문화와 대중문화의 경계를 허무는 포스트모던적 특성을 공유하며, 블루스 바를 미술관과 동일하게 문화적·경제적 가치가 있는 장소로 본다. 이 패러다임은 예술과 상업, 예술과 기술을 분리하지 않을 뿐만 아니라, 오히려 이들 사이의 연결을 적극적으로 장려한다.

물론, 현실은 복잡하다. 창의성 옹호자들이 장려한 연합 형성과 부문 간 융합은 그렇게 쉽게 이뤄지지 않았다. 창의적 계층 내부에도 갈등이 존재했다. 더그 헨우드Doug Henwood는 "브루클린 부시윅의 이전 공업단지에서 전자음악을 만드는 사람, 맨해튼 미드타운에서 파생 상품을 설계하는 투자 은행가, 브루클린 덤보에서 앱을 개발하는 사람은 매우 다른 삶을 살며, 매우 다른 종류의 수입을 벌어들인다"고 지적했다. 디자인, 패션을 비롯한 "초창의적 핵심" 직종에서 기회가 급속히 확대되고 있었지만, 실제 성장과 돈은 그보다 덜 매력적인 FIRE 산업의 두뇌 노동자들에게 돌아갔다. 부동산 투기는 이 도시들을 멋지게 탈바꿈한 예술가들을 내쫓았다.[27]

저명한 미디어 연구자 니컬러스 가넘Nicholas Garnham은 창의적 산업이라는 개념 자체가 "매우 이질적이고 종종 잠재적으로 적대적인 이해관계에 있는 집단들을 결집시키는 데 기여한다"고 말했다.[28] 초창의적 핵심 내부에서도, 순수 예술가들 중 다수는 광고 및 앱 개발자들과 한데 묶이거나 혐오하는 새로운 경제체제를 위한 "미끼"로 이용되는 것에 불편함을 느꼈다. 2009년 독일 함부르크에서는 미술가와 음악가 그룹이 고급 부동산으로 대체될 예정인 건물을 점거하며 「우리의 이름으로 하지 마라Not in Our Name」라는 선언문을 발표했다. 이 선언문에는 "리처드 플로리다가 유럽에 도착한 이후, 한 유령이 유럽을 떠돌고 있다"고 적혀 있었다.[29] 플로리다는 예술가들이 정치에 별 관심이 없으며, 창의적인 작업만 할 수 있다면 기꺼이 기업에서 일할 것이라고 주장했지만, 이러한 반발은 보헤미안 문화 내부에 여전히 저항적인 정서가 남아 있음을 드러냈다.

학자와 사회정의 활동가들은 창의성 담론이 "신자유주의 도시 개발의 혐오스러운 측면"이자 젠트리피케이션을 감추는 얇은 "겉치장"에 불과하다고 비판을 제기하기도 한다. 진보적인 이미지를 띠고 있음에도 불구하고, 창의성 담론은 사회 안전망에 대한 환멸을 조장하기도 했다. 창의적인 사람들은 돈이 동기가 되지 않고, 일하는 것만으로도 행복하며, 안정적인 직업보다 특이한 일자리를 선호한다는 관념은 포드주의 이후의 세계에서 불안정성과 과로를 일상화한 측면이 있다. 성공적으로 창의적 삶을 산다는 것은 마치 세이렌의 노래처럼 사람들을 유혹하지만, 대부분의 사람들은 그렇게 살지 못한다. 그러면서 사람들은 실패를 자신의 내면적인 결함 탓으로 돌린다. 비평가들은 창의적 경제가 스스로를 착취하는 일을 어느 시대에나 존재하는 배고픈 예술가의 투쟁으로 낭만화하면서 창의적이고자 하는 "창의적인 하층 계급"의 희생을 요구한다고 지적한다. 창의적 경제라는 서사는 모든 사람이 창의성을 가지고 있다는 아이디어를 바탕으로 사람들을 설득했으며, 이 서사는 더 능력주의적이고 더 다양한 목소리를 수용할 수 있다고 주장했다. 그러나 이런 주장은 창의적 일을 자아실현의 수단으로 추구하지만, 백인 동료들이 누리는 사회적·경제적 자본을 갖추지 못한 유색인종이나 노동 계층 출신의 예비 창작자들에게는 특히 가혹할 수 있다.[30] 리처드 플로리다가 토론토 대학교에서 자리를 잡은 직후에 등장한 블로그 〈창의적 계층의 투쟁Creative Class Struggle〉은 "창의적 계층이라는 화려한 신화는 취약한 이들의 취약성을 심화시키고 강자들에게 더 많은 권한을 부여할 뿐"이라고 주장했다.[31]

그러나 많은 사람에게, 적어도 잠시 동안은, 이러한 모순들이 드러나지 않았다. 창의적 사회에 대한 비전은 놀라울 정도로 대중적인 인기를 얻었고, 지금도 그렇다. 그 이유는 분명하다. 이 비전은 혁신과 성장을 인간 중심의 통합적 가치와 조화시키는 것처럼 보인다. 이를 가능하게 하는 접착제는 다름 아닌 창의성이라는 개념이다. 창의성이라는 개념은 엔지니어와 아방가르드 영화 제작자를 동일한 '계층'으로 묶는 것을 가능하게 하고, 금융, 기술, 지식재산권에 의해 구동되는 경제가 본질적으로 보헤미안 정신의 핵심을 가진 것처럼 묘사하며, 도시들이 제한된 '인재' 풀을 놓고 경쟁하고 있음을 인정하면서도 모든 일자리를 '창의화'할 수 있다는 믿음을 심어준다. 창의성이라는 개념은 직업과 라이프 스타일 선호를 계급적 구별이 아닌 타고난 성격의 표현으로 해석하게 하고, 개인적 성장과 경제적 성장 사이에 직접적인 연결 고리를 상상하게 한다. 창의성이라는 개념은 이를 통해 후기 자본주의를 수십 년에 걸친 정치적 선택의 결과가 아니라, 인간이 자신을 표현하고자 하는 욕망을 추구하는 과정에서 형성된 자연스러운 결과로 인식하게 만든다.

가장 주목할 만한 점은 창의성 담론이 수행하는 여러 속임수가 아니라, 그것이 매우 쉽게 성공적으로 작동한다는 점이다. 이는 창의성이라는 개념이, 그 안의 모순과 함께, 이미 우리의 집단의식에 깊이 자리 잡고 있기에 가능한 것이다. 리처드 플로리다는 창의성에 대한 그의 집착이 1960년대 어린 시절에 인기 있었던 창의성 심리학과 연관이 있을지도 모른다고 말했다. 그의 서사에서 "창의적 개인"이라는 주인공이 어떤 면에서 보면 "내 안의 미술가나 음악가를 학자와 통합하려는 잠재의식적 시도"였을 수 있으며, 이 시도를 통해 "한 인간 안에서 그 두 가지 성향이 공존할 수 있다"고 말하고 싶었다고 밝혔다.[32]

21세기 초의 창의성 숭배는 50여 년에 걸친 창의성 담론이 우리의 세계관을 철저히 구조화한 논리적 결과다. 그로 인해 발생할 수 있는 왜곡을 우리는 거의 알아채지 못했다. 창의성이 우리가 보고 싶지 않은 모순들을 얼마나 쉽게 감추는지조차 우리는 깨닫지 못한다.

창의성의 문화적 모순

이러한 긴장감은 결국 창의성이 이용당하고, 왜곡되고, 본래의 의미를 잃어버렸다는 느낌으로 이어진다. 올리 몰드Oli Mould는 『창의성에 반대하며Against Creativity』라는 최근 저서에서 "창의성의 언어가 자본주의에 흡수되었다"며 오늘날의 창의성 개념은 "경제화되고 자본주의 친화적으로 변형된 창의성"일 뿐이라고 주장한다. 그는 현재의 창의성 개념에 대한 대안으로 "자본주의가 인식하지 못하는 새로운 현상을 창조하고, 자본주의에 의한 공모, 전유, 안정화에 저항하는" "혁명적 창의성"을 제안했다.[33] 하지만 진정한 창의성이 오직 자본주의에 적극적으로 저항하는 것이라면, 그렇지 않은 모든 것을 우리는 무엇이라 불러야 할까? 대중가요 작곡가나 음식 배달 앱 개발자는 진정 창의적이지 않은 것인가?[34] 몰드는 창의성이 스스로 만들어낸 신화를 그대로 믿고 있는 듯하다. 창의성은 근본적이고, 본질적으로 상업화 이전, 정치화 이전의 것이며, 원래는 자본주의와 산업 논리에 저항하는 낭만주의적 가치로 여겨졌다는 신화 말이다.

이제 우리는 창의성을 다르게 이해하고 있다. 지금까지 살펴보았듯이, 창의성이라는 개념은 실제로 자본주의 밖에서 존재한 적이 없으며, 돌이켜보면 이는 놀라운 일이 아니다. 우리가 자본주의에 대해 확실히 아는 한 가지 사실이 있다면, 그것은 자본주의가 새로움을 사랑한다는 점이다. 사실, 자본주의가 새로운 아이디어를 억압한다는 개념은 과거의 산물로, 자본주의의 특정한 시기, 특히 냉전 시대에 자유주의 비평가들이 개인의 운명을 우려의 시선으로 바라보았던 데서 비롯된 것이다. 실상은 그렇지 않다. 창의성은 사소하게 취급되지 않았고, 그 가치가 훼손되지도 않았다. 오히려 창의성은 본래 의도된 목적 그대로 사용되고 있다.

그렇다고 창의성이 본질적으로 자본주의적이라는 뜻은 아니다. 기업의 관심을 끌었던 창의성의 보편성은 진보 진영이 보기에도 매력적이었다. 이는 억압적인 체제 안에서 개인의 힘을 발견하고, 예술의 경계를 흐리며, 결과보다 과정을 강조하려는 진보적 목표와도 맞아떨어진다.[35] 예를 들어, 키린 나라얀Kirin Narayan의 2016년 저서 『일상에서의 창의성Everyday Creativity』은 히말라야 여성들의 노래를 다루며, 창의성이 "억압적이고 규율적인 제도 속에서 공간을 되찾는 방법"이 될 수 있다고 언급한다. 1970년대 이후 아프리카계 미국인의 역사 서술은 흑인들이 억압 속에서도 창의적으로 적응하고 즉흥적으로 행동하며 자유의 작은 영역을 만들어낸 방식을 자주 강조해왔다. 구조주의 이후의 관점을 가진 문화학자들은 우연성과 유동성을 강조하며, 질 들뢰즈Gilles Deleuze의 '창의적 행위' 이론을 활용해 문화 생산자들이 어떻게 인종, 성별, 계급에 대한 억압적인 관념을 적극적으로 재구성하는지 논의한다. 1960년대 이후의 급진적 예술가들은 자본주의적 상품화에 저항하기 위해 '결과보다 과정'을 강조해왔다. 브랜다이스 대학교의 "창의성, 예술 그리고 사회변혁Creativity, the Arts, and Social Transformation" 프로그램을 이끄는 신시아 코언Cynthia Cohen은 이 프로그램이 명확한 사회정의 의제를 가지고 있으며, "예술 이상의 것을 의미하는 단어"가 필요하다고 말했다. 코언은 "문화적 실천(즉, 집단적 표현 형식)이 반드시 예술 범주에 속하지는 않는다"고 설명했다(하지만 코언은 "창의성"이라는 단어가 전통적 예술뿐만 아니라 디자인과 기업가 정신도 포괄할 만큼 충분히 "모호"하다는 점에 추가적인 이점이 있다고 덧붙이며, 이를 통해 그녀의 프로그램이 비즈니스를 중시하는 대학 직원들에게도 이해되기 쉽게 만들었다).[36]

다시 말해, 창의성은 우리 시대의 공통된 감수성을 담고 있으며, 그런 의미에서 전후 시대와 오늘날을 잇는 다리로 볼 수 있다. 창의성은 한편으로는 인간이 스스로의 세계를 창조할 수 있는 능력을 찬양하는 전형적인 현대적 가치다. 그러나 다른 한편으로 창의성은 진리에 대한 강한 집착이 없고 진보라는 목표를 결여하고 있다는 점에서 전형적인 포스트모던적 가치이기도 하다. 탈산업적 유토피아를 꿈꾸는 창의성 옹호자들은 모든 문제가 해결된 최종 단계를 상상하지 않는다. 대신 그들은 세상을 끊임없이 변화하는 상태로 보고, 문제와 해결책이 끊임없이 함께 만들어진다고 본다. 이는 거대 서사에서 벗어나 유동성과 우연성을 중시하는 오늘날의 지적 환경과 잘 맞아떨어진다.

창의성에 평생을 바친 많은 사람은 우리 모두가 그렇듯, 자신도 모르게 우리 시대의 여러 모순을 화해시키려는 열망에서 동기를 얻었다. 유용성과 초월성 사이에서, 위대함을 갈망하면서도 일상의 존엄성을 믿는 마음 사이에서, 현실에 존재하는 일과 우리가 하고 싶은 일 사이에서. 이런 모순은 전후 시대 이후 오히려 더 심화되었다. 세상을 낙관적으로 바라보는 시각에 결점이 많음에도 불구하고, 리처드 플로리다가 "창의적 정신"을 우리 시대의 정신이라고 부르며 자기 세대의 열망을 적절히 대변했다는 사실만은 분명하다.

결론

이제 무엇을 할 것인가

　지금까지 나는 창의성이라는 개념을 근본부터 철저히 분석하면서, 아무리 긍정적으로 보려 해도 그것은 불안정하며 최악의 경우에는 나쁜 시스템을 정당화하는 왜곡된 인식을 퍼뜨리는 수단으로 이용되어 왔다는 것을 보여주었다. 그렇기 때문에 이 시점에서 여러분은 내가 이제 그 개념을 완전히 폐기하자고 제안하리라고 예상할 수도 있다. 실제로 그렇게 제안한 이들도 몇몇 있다.[1] 하지만 나는 그렇게 단정 짓고 싶지 않다.

　창의성이라는 개념은 하나의 도구이며, 다양한 역할을 할 수 있다. 나는 창의성 숭배의 뿌리가 냉전 시기 자본주의에 있다고 지적할 뿐, 그 개념이 오염되었거나 타락했으며, 그 개념을 수용하는 모든 진보적 목표와 활동이 훼손될 것이라고 주장하려는 것은 아니다. 나는 단지 우리가 창의성이라는 어떤 순수한 정신을 되찾을 수 있다고 상상해서는 안 된다는 점을 말하고 있을 뿐이다. 역사적 관점에서 볼 때, 순수한 형태의 창의성은 존재한 적이 없었고, 그것이 놀라운 일도 아니다. '창조하는 능력'은 자본주의뿐만 아니라 다른 종류의 시스템에서도 분명히 중요한 것이기 때문이다. 에이브러햄 매슬로의 예에서 알 수 있듯, 우리는 창의성을 공리주의와 상품화에 저항하는 방식으로 이론화하려고 노력할 수 있지만, 그런 노력이 경영대학에서 창의성을 가르치는 것을 막을 수는 없다. 만약 창의성이라는 개념이 처음부터 자본주의 외부에서는 존재하지 않았다면, 순수한 창의성을 되찾으려 할 것이 아니라, 창의성이 혁명적 힘의 근본적인 원천이라는 생각 자체를 내려놓는 것이 타당할 것이다. 하지만 그렇다고 해서 그 생각을 완전히 거부할 필요는 없다.

사실, 나는 여전히 창의성이라는 개념에 어느 정도 애착을 가지고 있다. 무언가를 만들어내는 감각, 아이디어를 떠올리고 이를 실현하며, 자신의 손에서 무언가가 형태를 갖추는 것을 보는 경험—나는 이 책을 쓰는 동안 가끔씩 그런 순간을 경험했다—은 아름답고 신비하며 삶을 긍정하게 만드는 경험이다. 이를 창의성 외에 다른 무엇으로 불러야 할지 모르겠다. 이 프로젝트를 진행하는 동안에도, 나는 가끔 난관에 부딪히거나 지나치게 학문적으로 접근하고 있다는 생각이 들 때면, 내 창의력을 어떻게 끌어낼 수 있을지에 대한 일반적인 조언을 얻으려고 했다.

또한 나는 창의성이 다루고자 하는 많은 문제를 진지하게 받아들여야 한다고 생각한다. 이 책은 어떤 면에서 20세기 중반의 산업 노동자가 느꼈던 결핍에 처음으로 이름을 붙이기 시작한 사람들에 대한 이야기이기도 하며, 우리는 그 이야기에 귀를 기울여야 한다. 나는 하루 네 시간 노동(심지어는 주 네 시간 노동)을 가로막는 노동 숭배 문화를 몹시 싫어하지만, 사람들은 본능적으로 잘 마무리된 일에서 기쁨을 느낀다는 사회주의자 윌리엄 모리스 William Morris의 생각에도 공감한다. 나는 우리가 미래의 노동이라는 문제를 생각할 때, 사람들에게 주체성과 창조성을 느낄 수 있는 일을 제공하는 것이 우선순위가 되어야 한다고 본다. 최저임금 인상이나 보편적 기본 소득제 시행을 위한 노력은 노동의 가치에 대한 관심과 함께 이뤄져야 한다. 그리고 그 노동이 물건을 만들거나, 문제를 해결하거나, 스스로 결정을 내리는 것 같은 일이라면, 또는 그 노동이 '창의적'이라는 이름으로 묶일 수 있는 다른 여러 기준 중 하나를 만족시킨다면, 그 노동은 창의적이라고 불러도 될 것이다.

창의성 숭배는 여러 가지 방식으로 합리성이 점점 더 강하게 강조되며 다양한 영역을 잠식해가는 데 대한 반응으로 등장한 것이기도 했다. 모든 것이 수치화되고, 과학, 기술, 공학, 수학(STEM)이 교육의 모든 단계에서 강화되는 반면 예술과 인문학 프로그램은 축소되고 있다. 이런 세상에서 예술교육 기회를 되살리려는 모든 노력은 환영받아야 한다. 창의성을 옹호하는 사람들은 엔지니어들에게 미술관을 방문하라고 권하거나, 과학적이지 않은 사고방식의 가치를 제안하는 거의 유일한 사람들이다.

그렇지만, 나는 창의성 숭배에 대해 몇 가지 비판을 하고자 한다. 첫째, 예술과 관련해 나는 고급 예술과 일상 문화, 심지어는 과학과 예술 사이의 경계를 규정하는 데 관심이 없다. 이는 우리가 사는 현실의 많은 부분이 이런 경계를 흔들고 있기 때문이기도 하다. 하지만 나는 창의성이라는 개념이 예술, 문화, 과학 같은 개념들을 특정한 방식으로 묶어버릴 때 발생하는 결과에 대해서는 우려하고 있다. 앞서 언급했듯이, 창의성이라는 개념은 많은 경우에 예술과 젊은 세대의 자기표현 이미지를 동반하며, 젠트리피케이션이나 석유 채굴과 같은 의심스럽거나 흥미롭지 않은 형태의 진보를 미화하는 데 사용된다. 나는 이런 식으로 용어를 사용하는 행위가 예술의 가능성을 제한할까 봐 걱정된다. 예술과 창의성을 동등한 것으로 받아들일 때, 우리는 예술의 **핵심이** 새로움이라고 생각하게 된다. 창의성을 예술의 근원으로 단정 짓는다면, 인정을 받거나 소통하거나 전통적인 지혜를 전수하는 것과 같은 다른 동기들에 대한 생각은 차단되고, 대신 우리는 지식재산권 체계의 가치만 받아들이게 된다. 지식재산권 체계는 끊임없는 차별화를 요구한다. 과학에서도 마찬가지다. 창의성을 발견보다 중시할 때, 우리는 호기심이나 이해와 같이 덜 경쟁적인 가치 체계에 속할 수 있는 다른 동기들을 간과하게 된다. 물론 창의성을 옹호하는 사람들은 호기심, 소통, 배려 또한 지지할 것이다. 이런 다른 개념들을 중심에 두면 어떤 의미가 생길까? 예를 들어, 미술관을 '창의성을 기르는 장소'가 아니라 '소통을 촉진하는 장소'로 홍보하면 어떤 변화가 나타날까? 그렇게 하면 우리의 개념적 세계가 재구성될까? 그렇게 되면, 자기 계발서나 심리학 연구에서 발명가와 기업가 대신 외교관이나 결혼 상담사가 등장하게 될까? 물론 그것도 새로운 맹점과 문제를 동반하겠지만, 이러한 사고 실험은 우리가 대체로 논쟁의 여지 없이 받아들이는 언어에 내포된 가치들을 이해하는 데 도움을 준다.

둘째, 나는 창의성 숭배가 새로운 아이디어의 중요성에 집착하는 것에 문제가 있다고 본다. 창의성을 옹호하는 사람들은 오랫동안 창의성이 세상의 복잡한 문제들을 해결하는 데 필수적이라고 주장해왔다. 하지만 나는 그렇게 생각하지 않는다. 주변을 둘러보면, 큰 문제들 대부분은 이미 다양한 해결책이 준비되어 있고, 우리에게 필요한 기술도 우리가 그것을 얼마나 우선시하느냐에 따라 적절한 속도로 개발이 잘 진행되고 있는 것처럼 보인다. 부족한 것은 정치적 의지다. 우리를 힘들게 하는 것은 하나의 큰 해결책이 필요한 하나의 큰 문제가 아니라, 각기 다른 기업가들이 개입할 수 있는 기회를 제공하는 무수한 작은 문제라고 믿도록 만드는 것은, 궁극적으로 현 상태를 유지하는 데 유리하게 작용한다. 예브게니 모로조프Evgeny Morozov는 실리콘밸리의 "파괴적 혁신가들"이 자신들의 임무를 모든 제도와 기존 규범을 초월해 모든 문제에 대해 개별적인 해결책을 제공하는 것이라고 믿는다는 점을 보여주었다. 창의성 담론에는 이러한 반反제도적 정서가 스며 있다. 하지만 창의성 담론은 기술적 해결주의보다 훨씬 범위가 넓다. 혁신가에 대한 우상화와 "세상을 구하려면 대담한 새로운 아이디어를 내놓아야 한다"는 지속적인 메시지가 결합될 때, 우리는 젊은 세대가 자신들의 이상적인 모습을, 지속적으로 변화하는 집단적 프로젝트의 일원이 아니라 개인 '사회적 기업가'로 삼도록 부추기게 된다. 물론, 제도의 경직성은 실제로 존재하는 현상이며, 외부에서 온 지도자들이 변화를 두려워하지 않고 과감히 추진할 때 매우 생산적인 결과를 가져올 수 있다(여기서 "변화를 두려워하지 않고 과감히 추진한다"는 것이 민영화나 구조조정 등을 듣기 좋게 포장한 말이 아니라면 말이다). 하지만 이렇게 '세상을 바꾸는 일'을 하면서 복잡한 문제를 신중하고 철저하게 다뤄온 전문가들, 전문직 종사자들, 활동가들을 무조건 폄하하게 되면, 우리는 그들의 체계적인 분석과 문제 해결을 위한 체계적—즉, 정치적—방법을 간과하게 된다. 그 결과, 우리는 단지 아무도 시도해본 적이 없다는 이유만으로 급진적이라 불릴 수 있는 단편적인 해결책을 제안하게 될 가능성이 높아진다.[2]

앞서 살펴보았듯, 창의성이라는 개념은 사회의 구조적 문제를 심리학적으로 해결하려는 시대적 요구 속에서 만들어졌다. 당시에는 문제를 심리학적 관점에서 보려는 경향이 강했기 때문이다. 그리고 여러 면에서 우리는 여전히 그런 시대에 살고 있다. 이는 외로움과 우울증 같은 광범위한 문제들이 깊은 사회적 뿌리를 가지고 있음에도 불구하고, 얼마나 빠르게 이를 의학적 또는 신경학적 설명으로 치환하는지 보면 알 수 있다. 우리와 더 나은 세상 사이를 가로막고 있는 것이 개인의 '창의적 사고'라는 생각은 개인으로서의 우리에게 과도한 부담을 주는 동시에 정치적 행위자로서의 책임을 벗어나게 만든다.

마지막으로, 나는 창의성 숭배가 '창의적인 일'을 하는 사람들—앞서 살펴보았듯 이 개념은 상당히 제한적으로 정의된 것이다―을 지나치게 높게 평가하고, 다른 형태의 일을 하는 사람들을 경시하는 경향이 있다고 본다. 창의성이 인간을 인간답게 만드는 요소라는 개념은 모호하고 별다른 힘이 없을 뿐만 아니라, 너무 제한적이다. 특히, 그것이 다른 매우 인간적인 충동들―돌봄, 유지, 수집, 재사용, 모방, 싸움, 심지어 추종―을 덜 중요한 것으로 여기게 만든다면 더욱 그렇다.

지난 몇 년간의 사건들은 창의성 숭배의 몇 가지 원칙에 대해 재정립을 강요했다. 코로나19 팬데믹은 내적 성장과 생산성을 동일시하는 사고를 분리하려는 새로운 태도를 드러냈다. 최근 몇 년간 출간된 책들의 제목―"당신이 사랑하는 일을 하라: 성공과 행복에 대한 또 다른 거짓말", "일은 당신을 사랑하지 않을 것이다", "열정의 문제", "더는 일하지 않는다" 등―은 일터에서 깊은 창의적 성취를 찾아야 한다는 착취적인 압력에 대한 집단적 의문을 보여준다. 많은 사람이 사랑하는 이들과 사회적 연결을 전적으로 잃게 되면서, 무언가를 생산하는 존재로서의 자신에 대해 생각하기보다는 사회적 존재로서 자신이 누구인지에 대해 진지하게 생각하기 시작했다. 한편, 팬데믹은 거의 즉각적으로 '필수적'이라는 개념에 대한 우리의 인식을 재구성했다. 그간 창의적이라고 여겨지지 않았던 직업들―가금류 공장 노동자, 식료품점 직원, 간호사, 배달 기사―이 우리 사회를 유지하고 있다는 사실에 대한 인식이었다. 우리는 아이디어가 아니라 돌봄, 유지 그리고 물질적 재화로 이뤄진 기반 시설이 우리 모두를 살아가게 한다는 점을 깨닫기 시작했다.

무엇보다도, 기후 변화에서 모든 것에 스며든 미세 플라스틱에 이르기까지, 점점 심각해지는 환경 재앙은 혁신, 성장, 파괴에 대한 숭배가 우리를 문자 그대로 죽이고 있다는 사실을 명백히 보여준다. 전 세계적으로 좌파와 우파 모두에서 신자유주의에 대한 거부가 나타나고 있으며, 서비스업과 화이트칼라 부문 모두에서 조직 노동이 새롭게 부활하고 있는 것은 집단 프로젝트에 대한 새로운 열망과, 적어도 일부에서는 수십 년간 제2차 세계대전 이후 시대의 주요 문화유산으로 여겨졌던 개인주의를 거부하는 움직임을 드러낸다.

아마도 또 다른 이상이 제기될 수도 있을 것이며, 심지어 반드시 그래야 할지도 모른다. 예를 들어, 예술가이자 작가인 제니 오델Jenny Odell은 스크린 기반의 사회적 네트워크 환경에서 끊임없이 뭔가를 만들어내고 소비하려는 충동을 자본주의가 우리의 주의를 착취하기 위해 만들어낸 계획의 일부로 본다. 목적 없이 떠돌아다니거나 새를 관찰하는 일(오델은 이 활동에 '새에게 귀 기울이기'라는 감각적인 이름을 붙였다)처럼 전혀 창의적이지 않은 행위는, 우리가 매일 마주하는 '성장이라는 담론에 대한 해독제'가 될 수 있다. 결국, 아무것도 하지 않는 것에 대해 페미니즘적이고 환경적인 정당성을 주장할 수 있다고 그녀는 말한다. 즉, 사회적으로 건설적인 행동에 대한 우리의 관점을 새로운 제품을 창조하는 것에서 '유지와 돌봄'의 관점으로 전환할 수 있다면, 지속 불가능하고 불공정한 시스템의 균형을 재조정하기 위한 집단적 의지를 형성할 수 있을지도 모른다.[3]

'유지 관리자들'이라는 과학기술학 학자 그룹도 이에 동의한다. 그들에 따르면, 과학기술은 오랫동안 '혁신'을 지나치게 숭배해왔다. 하지만 리 빈셀Lee Vinsel과 앤드루 러셀Andrew Russell은 "혁신 **이후에** 무슨 일이 일어나는지가 더 중요하다"며 "유지와 수리, 기반 시설의 구축, 기능적이고 효율적인 시스템을 지속시키는 평범한 노동은 대부분의 기술혁신보다 사람들의 일상에 더 큰 영향을 미친다"고 말했다. 오델과 마찬가지로 '유지 관리자들'은 유지 관리하는 것의 중요성을 강조한다. 여기에는 기존 시스템을 유지 관리하는 임무를 맡은 70퍼센트의 일반 엔지니어들뿐만 아니라, 새로운 것을 도입하기보다는 세상이 무너지지 않도록 지탱하는 수많은 간호사, 기술자, 청소부, 요리사, 쓰레기 수거 노동자 등이 포함된다.

　진지한 경제학자들 또한 성장 합의에 대해 근본적으로 의문을 제기하기 시작했으며, 낭비가 적을 뿐만 아니라 사회가 **무엇을** 먼저 생산해야 하는지에 대한 논의를 요구하는 이른바 탈성장 및 도넛 경제 모델을 제안하고 있다. 앞서 살펴보았듯, 창의성 담론은 혁신 담론과 마찬가지로 이러한 도덕적 질문에 대해서는 거의 다루지 않는다. 리 빈셀과 앤드루 러셀은 이렇게 말한다. "혁신 담론은 변화라는 제단에서 숭배를 하지만, 변화가 누구에게 이익을 주는지, 그 목적이 무엇인지에 대해서는 좀처럼 묻지 않는다. 유지에 초점을 맞추면 우리는 기술을 통해 우리가 진정으로 얻고자 하는 것이 무엇인지, 우리가 정말로 중요하게 여기는 것이 무엇인지 그리고 우리가 살고 싶은 사회의 모습이 어떤 것인지에 대해 질문할 수 있게 될 것이다."**4**

　하지만 이 모든 이야기 중 어떤 것도 새로운 아이디어가 중요하지 않다거나, 새로운 기술이 세상을 구하는 데 역할을 할 수 없다고 말하지 않는다. 이 이야기들은 우리가 '창의적 사고'를 장려하든 그렇지 않든, '창의성이 어떻게 작동하는지' 이해하든 그렇지 않든, 새로운 아이디와 새로운 기술이 탄생할 수 있다고 말하고 있을 뿐이다. 우리는 기술관료주의에 대한 맹목적인 신뢰로 돌아가거나 문화의 엄격한 위계를 다시 세울 필요는 없다. 지금 우리에게 필요한 것은 집단적 목표의 힘을 재평가하고, 돌봄과 유지의 윤리를 중시하며, 단순히 새로운 아이디어를 자극하기 위해서가 아니라 그보다 더 깊은 의미에서 예술을 사랑하고, 신중한 연구와 지식을 존중하며, 무엇보다도 새로운 것의 가치를 비판적으로 검토할 수 있는 여유를 위한 작은 변화일지도 모른다.

감사의 말

지난 10년간 이 프로젝트를 진행하며 정말 많은 분에게 빚을 졌습니다. 창의성은 많은 사람이 대화하고 싶어 하는 주제 중 하나로, 회의와 비행기, 파티와 세미나에서 이 주제를 함께 고민하며 제 생각을 깊게 해주신 모든 분께 감사드립니다. 이름을 일일이 열거할 수 없을 만큼 많은 분입니다.

이 프로젝트는 샌디 집, 스티브 루바, 로버트 셀프, 제이미 코언콜의 현명한 조언 아래 시작되었습니다. 이 작업 초기 단계에서 깊이 있는 피드백과 격려를 보내준 브라운 대학교 커뮤니티가 아니었다면 불가능했을 것입니다. 앤 그레이 피셔, 패트릭 청, 얼리셔 매거드와 제 동료들인 호러스 밸러드, 크리스 일라이어스, 마지다 카그보, 크리스털 응우, 마이커 샐킨드를 비롯해 세라 매티슨, 벤 홀츠먼, 존 로젠버그, 엘리자베스 서시, 세라 브라운, 오드니 헬가도티르, 코넬 밴, 로빈 슈레더, 엘리나 곤잘레즈 덕분에 이 여정이 의미 있는 경험이 되었습니다. 또한 키라 러시어, 브레턴 포스 브룩, 매슈 호퍼스, 빅토리아 케인, 이선 허트, 매슈 위스니오스키, 프레드 터너, 얼래나 스테이티의 귀중한 조언과 학문적 동료애에 감사드립니다. 셸리 로넨과 리 빈셀에게는 변함없는 열정에 대해 특별히 감사를 전합니다. 특히 초고를 여러 차례 편집해준 리즈 서시와 시작부터 끝까지 함께 해준 대니얼 플랫의 빛나는 지혜는 이 책을 한층 더 나은 결과물로 만들어주었습니다.

브라운 대학교 도서관의 디지털 학술 센터, 하티 트러스트 연구 센터, 해글리 박물관 및 도서관, 스미스소니언 연구소의 레멀슨 발명 및 혁신 연구 센터의 지원 없이는 제 연구가 불가능했을 것입니다. 에릭 힌츠의 열정적인 지도를 포함하여, 이들 기관의 지원에 깊이 감사드립니다. 또한 미국 국립 미국사 박물관 기록 센터, 뉴욕 주립 대학교 버펄로 캠퍼스, 조지아 대학교 하그렛 희귀 도서 및 필사본 도서관, 워싱턴 D.C. 의회 도서관, 브라운 대학교 록펠러 도서관의 지식이 풍부한 직원들에게도 감사드립니다.

창의성 분야는 열정적이고 따뜻하며 해박한 지식을 가진 사람들로 가득합니다. 테리사 애머빌, 밥 존스턴, 리오 부드로, 리처드 해리먼, 캐버스 고바이, 도리 샐크로스, 존 오즈번 등 많은 분이 시간과 전문성을 아낌없이 나눠주었고, 그들의 세계의 역사를 탐구하는 데 없어서는 안 될 도움을 주었습니다. 아울러 커린 히브마, 브루스 버딕, 앤디 크레이머에게는 기록물과 회고록을 제공해준 데 감사를 전합니다.

이 책은 페기 펠런과 마이클 카핸 그리고 스탠퍼드 창의적 도시 사업 계획과 스탠퍼드 인문학 센터에서 함께한 동료 및 참가자들 없이는 존재할 수 없었을 것입니다. 스탠퍼드 역사 연구 그룹의 회원들이 보내준 격려와 조언은 없어서는 안 될 것이었습니다. 또한, 델프트 공과대학의 소중한 동료들, 폴 헤커트, 피터르 데스메트, 아드잔 반 데르 헬름, 로이 벤도르, 헤이르티어 반 아흐테르베르크, 빈센트 셀루치, 밀레네 곤살베스, 빌렘하인 브로우에르, 카트리나 하이네 등 많은 분 덕분에 창의성이 실제로 직업에 어떤 영향을 미치는지 새롭게 이해할 수 있었습니다. 특히 지난 3년 동안 애정 어린 멘토이자 도전적인 대화 상대이자 열정적인 응원자였던 브레헤 반 에이켈렌에게 깊이 감사드립니다.

이 프로젝트와 저를 믿어준 제 편집자 팀 멘넬에게 감사를 전합니다. 시카고 대학교 출판부의 수재나 엥스트럼, 캐터리나 매클린, 에이드리엔 메이어스, 에번 영의 인내심 넘치는 지도로 이 프로젝트는 올바른 방향으로 나아갈 수 있었습니다. 또한 하워드 브릭과 익명의 독자의 귀중한 피드백에도 감사를 드립니다. 다이앤 캐디, 캐서린 오즈번, 앤 호로비츠, 칼리 핸들먼, 타나 워즈축은 제가 하고 싶은 말을 명확히 표현할 수 있도록 도움을 주었습니다.

살면서 '당신은 할 수 있다'고 말해주는 사람들을 많이 만났습니다. 이 프로젝트를 진행하며 제가 할 수 없다고 느끼는 순간마다 애비 덱터, 멀리사 마튼즈, 로리 할더먼, 마틴 슈바바허, 도러시 피시먼, 애런 코언의 친절하고 격려하는 목소리가 지리적, 시간적 거리를 넘어 울려 퍼지며 계속 나아가야 한다고 일깨워주었습니다. 이런 프로젝트를 진행할 자신감을 얻을 수 있었던 것은 전적으로 제 부모님, 앤드루 프랭클린과 오드리 피시먼 프랭클린 덕분입니다. 브룩 램퍼드는 위에 열거된 모든 역할을 해주었습니다. 그녀는 이 프로젝트의 많은 부분을 감당해주었습니다. 그녀의 사랑, 지혜, 희생에 대해 제가 얼마나 감사하는지 말로 다할 수 없을 것입니다.

미주

서론

1. Daniel H. Pink, *A Whole New Mind: Why Right-Brainers Will Rule the Future* (New York: Riverhead Books, 2006); David Brooks, *Bobos in Paradise: The New Upper Class and How They Got There* (New York: Simon & Schuster, 2000); Richard Florida, *The Rise of the Creative Class: And How It's Transforming Work, Leisure, Community and Everyday Life* (New York: Basic Books, 2002); Ken Robinson, *Out of Our Minds: Learning to Be Creative* (New York: Capstone, John Wiley, 2001); Kimberly Seltzer and Tom Bentley, *The Creative Age* (London: Demos, 1999).

2. Austin Carr, "The Most Important Leadership Quality for CEOs? Creativity," *Fast Company*, May 18, 2010.

3. "This Is the One Skill that Will Future-Proof You for the Jobs Market," *World Economic Forum*, October 22, 2020, https://www.weforum.org/agenda/2020/10/andria-zafirakou-teacher-jobs-skills-creativity/.

4. Norman Jackson et al., eds., *Developing Creativity in Higher Education: An Imaginative Curriculum* (London and New York: Routledge, 2006), xviii.

5. Scott Barry Kaufman and Carolyn Gregoire, *Wired to Create: Unraveling the Mysteries of the Creative Mind*, reprint edition (New York: TarcherPerigee, 2016); Jonah Lehrer, *Imagine: How Creativity Works* (Boston: Houghton Mifflin Harcourt, 2012).

6. Christopher Peterson and Martin E. P. Seligman, *Character Strengths and Virtues: A*

Handbook and Classification (New York: Oxford University Press, 2004), 4.

7. 창의성 전문가들이 자주 인용하는 이 문구는 흔히 알베르트 아인슈타인의 말로 알려져 있지만, 많은 아인슈타인 명언과 마찬가지로 실제로는 아인슈타인이 한 말이 아닐 가능성이 크다. 또한, 원래의 인용문은 "창의성"이 아니라 "상상력"에 대해 언급한 것으로 보인다. "Creativity Is Intelligence Having Fun," *Quote Investigator*, accessed November 10, 2021, https://quoteinvestigator.com/2017/03/02/fun/.

8. Mihalyi Csikszentmihalyi, *Creativity: Flow and the Psychology of Discovery and Invention* (New York: Harper Perennial, 1997), 1-2.

9. Beth A. Hennessey and Teresa M. Amabile, "Creativity," *Annual Review of Psychology* 61, no. 1 (January 2010): 570.

10. 1990년대 영국의 신노동당 정부가 주요 교육 및 경제 개발 정책 문서에 창의성을 포함시켰을 때, 한 학자 그룹은 이 용어에 대한 서로 다른 일곱 가지 개념, 즉 "담론"을 발견했다. 이 담론들은 고급 예술에서부터 도시 청소년의 스트리트 문화 그리고 학교 어린이들의 상상력 놀이에 이르는 행동을 포괄했으며, 창의성을 개인적 성향에서 사회적 현상까지 다양한 의미로 다룬 것들이었다. 다음을 보라, Shakuntala Banaji, Andrew Burn, and David Buckingham, *The Rhetorics of Creativity: A Review of the Literature*, revised edition (London: Creativity, Culture and Education, 2010); 창의성 개념에 대한 논의를 다룬 유용한 자료로 다음을 참고하라. Mark Readman, "What's in a Word? The Discursive Construction of 'Creativity'" (PhD diss., Bournemouth University, 2010); Rob Pope, *Creativity: Theory, History, Practice* (New York: Routledge, 2005); Keith Negus and Michael Pickering, *Creativity, Communication and Cultural Value* (London and Thousand Oaks, CA: Sage Publications, 2004).

11. "창의성"이라는 단어는 비교적 새로운 단어지만, "창의적인"이라는 단어는 수 세기 동안 흔히 사용되어왔다. 이로 인해 많은 학자는 창의성이라는 개념이 원시적인 형태로 존재해왔다고 추정했다. 하지만 과거의 "창의적인"이라는 단어는 오늘날의 의미와 같지 않았다. 만약 1900년에 누군가에게 "당신은 창의적이다"라고 말했다면, 그들은 아마도 "무엇을 창조한다는 뜻인가요?"라고 물었을 것이다. 이는 그 당시 "창의적인"이라는 말이 주로 "신의 창조 능력"과 같은 맥락을 지니는 "생성적"이라는 의미에 더 가까웠기 때문이다. 이는 오늘날의 상상력이나 기발함과는 거리가 있었다. 20세기 초에 들어서야 "창의적인"이라는 단어는 "예술적"이라는 의미로도 사용되기 시작했다. 19세기를 거치며 예술이 단순히 자연을 모방하는 수단에서 벗어나 새로운 아이디어를 창출하는 원천으로 점점 더 인식되었기 때문이다. 이로 인해 "창의적인 예술가"나 시인의 "창의적인 상상력"과 같은 표현이 등장하기 시작했지만, 그럼에도 불구하고 "창의적인"이라는 말은 여전히 "생성적"이라는 뜻에 가깝게 사용되었다. 예를 들어, 1890년에 발간된 한 경제학 교과서는 "창의적인 산업"의 목록에 농업, 건설, 제조업, 운송, 소매업 등 새로운 가치를 창출하는 거의 모든 산업을 포함시켰으며, 이 "창의적인 산업"에 종사하는 사람은 지

주와 금융업자를 제외한 모든 사람을 의미했다. 1940년대에도 조지프 슘페터는 "창의적 파괴"라는 용어를 사용했으며, 1950년대 마틴 루서 킹 주니어는 "창의적 시위"라는 표현을 썼다. 이 두 경우 모두 "창의적"이라는 예술적 상상력과는 무관한 의미로 사용되었다. 역사 기록에서 드물게 "창의성" 또는 "창의적임"이라는 말이 등장하는 경우, 이는 개인의 능력을 가리키기보다는 생성적 경향을 나타냈다. "신의 창의적임"이나 "르네상스의 창의성" 같은 표현이 그 예라고 할 수 있다. 이와는 대조적으로, 오늘날에는 우리가 누군가가 "창의적인 아이디어"를 가졌다고 말할 때, 이는 아이디어 자체가 무언가를 창조한다는 뜻이 아니라, 그 아이디어가 우리가 이제 "창의성"이라고 부르는 능력이나 과정의 산물이라는 뜻을 내포한다. R. W., Burchfield, ed., *A Supplement to the Oxford English Dictionary.* Vol. 1. (Oxford: Clarendon Press, 1972).

12. *The Random House Dictionary of the English Language*, ed. Jess M. Stein (New York: Random House, 1966).

13. Paul Oskar Kristeller, "'Creativity' and 'Tradition,'" *Journal of the History of Ideas* 44, no. 1 (1983): 105.

14. Jean-Baptiste Michel et al., "Quantitative Analysis of Culture Using Millions of Digitized Books," *Science* 331, no. 6014 (January 14, 2011): 176-82. 브리검영 대학교의 Corpus of Historical American English나 ProQuest Historical Newspapers 등 다양한 말뭉치 자료에서도 거의 동일한 양상이 나타난다. "creative(창의적인)", "creativeness(창의성)", "creativity(창의성)" 용어의 역사적 사용에 대한 좀 더 자세한 논의는 나의 박사 학위 논문을 보라. Samuel W. Franklin, "The Cult of Creativity in Postwar America" (PhD diss., Brown University, 2018).

15. 이에 대한 좋은 사례로 다음을 보라. Vlad Petre Glaveanu, ed., "Revisiting the Foundations of Creativity Studies," in *The Creativity Reader* (Oxford and New York: Oxford University Press, 2019), 5-12; Robert Weiner, *Creativity & Beyond: Cultures, Values, and Change* (Albany: State University of New York Press, 2000); John Hope Mason, *The Value of Creativity: The Origins and Emergence of a Modern Belief* (Aldershot, Hampshire, England, and Burlington, VT: Ashgate, 2003); Pope, *Creativity: Theory, History, Practice*; Mark A. Runco and Robert S. Albert, "Creativity Research," in *The Cambridge Handbook of Creativity*, Cambridge Handbooks in Psychology (Cambridge: Cambridge University Press, 2010); James Engell, *The Creative Imagination: Enlightenment to Romanticism* (Cambridge, MA: Harvard University Press, 1981).

16. Dorothy Parker, *The Portable Dorothy Parker*, ed. Marion Meade, deluxe edition (New York: Penguin Classics, 2006), 567. 물론 예술가들은 창의성이나 창의적 과정에 대한 견해를 자주 요청받았지만, 대개 거창한 이론에는 별로 관심이 없어 보였다. 제임스 볼드윈James Baldwin은 『창의적인 미국*Creative America*』이라는 책에 실릴 "창의적 과정"에 대한 에세이

를 써달라는 요청을 받았을 때, 주제를 바꾸어 예술가의 사회적 역할에 대해 썼다. 이 에세이에 "창의성"이나 "창의적 과정"이라는 표현은 거의 등장하지 않는다.

17. 전후 미국 예술은 여러 면에서 이 책에 등장하는 심리학자와 비즈니스 인사들이 공유한 관심사를 반영했다. 전후의 많은 예술가와 비평가는 자신의 이념적 이유뿐 아니라 냉전 시대의 자유주의적 후원자들(일부 경우 CIA를 포함)의 영향으로 1950년대에 개인주의적이고 비정치적인 방향으로의 전환을 경험했다.—cf. Frances Stoner Saunders, *The Cultural Cold War: The CIA and the World of Arts and Letters* (New York: New Press, 2000); Mark McGurl, *The Program Era: Postwar Fiction and the Rise of Creative Writing* (Cambridge, MA: Harvard University Press, 2009); Eric Bennet, *Workshops of Empire: Stegner, Engle, and American Creative Writing During the Cold War* (Iowa City: University of Iowa Press, 2015). 하지만 해럴드 로젠버그Harold Rosenberg가 그 시대의 예술을 묘사하며 사용한 유명한 표현인 "새로운 것의 전통"이나, 에즈라 파운드Ezra Pound가 그 이전에 사용한 "새롭게 만들어라"라는 말은 현대 예술가들에게 혁신을 그 자체로 목표로 삼는 것의 중요성을 과도하게 강조했을지도 모른다. 더욱이, 전후의 극단적으로 개인주의적인 순간이 정점에 도달하자마자, 1960년대에 들어 많은 예술가는 독창성 숭배를 다시 거부하기 시작하고, 대신 명백히 반(反)작가적인 프로젝트를 받아들였다. 이들은 더 이상 신과 같은 창조자가 아니라, 차례로 예술 노동자, 재생산자 혹은 촉진자로 자신을 인식했다.—Michael North, *Novelty: A History of the New* (Chicago: University of Chicago Press, 2013).

18. 전후 시대의 창의성 개념에 대해 연구한 학자는 많지 않다. 다음을 참조하라. Jamie Cohen-Cole, "The Creative American: Cold War Salons, Social Science, and the Cure for Modern Society," *Isis* 100 (2009): 219-62; Jamie Cohen-Cole, *The Open Mind: Cold War Politics and the Sciences of Human Nature* (Chicago and London: University of Chicago Press, 2014); Michael Bycroft , "Psychology, Psychologists, and the Creativity Movement: The Lives of Method Inside and Outside the Cold War," in *Cold War Social Science: Knowledge Production, Liberal Democracy, and Human Nature*, ed. Mark Solovey and Hamilton Cravens (New York: Palgrave Macmillan, 2014), 197-214; Amy Fumiko Ogata, *Designing the Creative Child: Playthings and Places in Midcentury America* (Minneapolis: University of Minnesota Press, 2013); Bregje F. van Eekelen, "Accounting for Ideas: Bringing a Knowledge Economy into the Picture," *Economy and Society* 44, no. 3 (2015): 445-79; Sarah Brouillette, *Literature and the Creative Economy* (Palo Alto, CA: Stanford University Press, 2014); Andres Reckwitz, *The Invention of Creativity* (Malden, MA: Polity Press, 2017); Camilla Nelson, "The Invention of Creativity: The Emergence of a Discourse," *Cultural Studies Review* 16, no. 2 (September 2010): 49-74. A valuable chronicle of creativity research from within the field is Runco and

Albert, "Creativity Research."

19. "유용성"이라는 기준이 예술을 배제한다고 생각하는 사람들은 예술이 정의상 쓸모없기 때문이라며, 이를 대신할 표현으로 "새롭고 적합한" 또는 혹은 테리사 애머빌이 제시한 "적합하거나, 유용하거나, 정확하거나, 가치 있는"이라는 기준을 제안한다. 모든 경우에서 의도는 동일하다. 창의성은 내적 현상에서 비롯되지만, 반드시 "표현"되어야 하며, 단순히 무작위적이거나 기괴하거나 운 좋은 결과물이 아니라, 창작자 외부의 공동체에 어떤 방식으로든 "작동"하는 무언가를 생산하는 것을 포함한다.

20. Rollo May, *The Courage to Create* (New York: W. W. Norton and Co., 1975), 40.

21. Carl R. Rogers, "Toward a Theory of Creativity," *ETC: A Review of General Semantics* 11, no. 4 (1954): 249-60.

22. William J. J. Gordon, Synectics: *The Development of Creative Capacity* (New York: Harper & Row, 1961).

23. Isaac Asimov, "Published for the First Time: A 1959 Essay by Isaac Asimov on Creativity," *MIT Technology Review*, October 20, 2014, http://www.technologyreview.com/view/531911/isaac-asimov-asks-how-do-people-get-new-ideas/.

24. Hugh Lytton, *Creativity and Education* (New York: Schocken Books, 1972), 2.

25. *Fortune* 43, no. 2 (February 1951).

26. Robert M. Collins, *More: The Politics of Economic Growth in Postwar America* (New York: Oxford University Press USA, 2002). 소비주의에 대해서는 다음을 참조하라. Lizabeth Cohen, *A Consumers' Republic: The Politics of Mass Consumption in Postwar America* (New York: Vintage Books, 2003); Charles McGovern, *Sold American: Consumption and Citizenship, 1890–1945* (Chapel Hill: University of North Carolina Press, 2006); Gary S Cross, *An All-Consuming Century: Why Commercialism Won in Modern America* (New York: Columbia University Press, 2000).

27. Warren Weaver, "The Encouragement of Science," *Scientific American*, September 1958, 172-73; Daniel Bell, *The Coming of Post-Industrial Society: A Venture in Social Forecasting* (New York: Basic Books, 1973), 17. 화이트칼라 계층에 대해서는 다음을 참조하라. C. Wright Mills, *White Collar: The American Middle Classes* (New York: Oxford University Press, 1951). 이 책에서 나는 "화이트칼라", "중산층", "전문직 종사자" 같은 용어를 문맥에 맞게 최대한 정확히 사용하려고 노력했지만, 결국 이 개념들은 서로 중첩되고 정확하지 않은 면이 있다. "중간", "새로운" 또는 "전문적인 관리 계층"에 대한 카를 마르크스 이후의 논의에 대해서는 다음을 참조하라. Jean- Christophe Agnew, "A Touch of Class," *Democracy* 3 (1983): quote on 61; Lawrence Peter King, *Theories of the New Class: Intellectuals and Power* (Minneapolis: University of Minnesota Press, 2004); Robert D. Johnston, *The*

Radical Middle Class (Princeton, NJ: Princeton University Press, 2003), esp. chapter 1; Barbara Ehrenreich and John Ehrenreich, "The Professional- Managerial Class," *Radical America* 11, no. 2 (April 1977): 7-31.

28. Theodore Roszak, *The Making of a Counter Culture: Reflections on the Technocratic Society and Its Youthful Opposition* (Garden City, NY: Anchor Books, 1969), 13. Key critiques of mass society include James Burnham, *The Managerial Revolution* (Westport, CT: Greenwood Press, 1972); Mills, White Collar David Riesman, Nathan Glazer, and Reuel Denney, *The Lonely Crowd: A Study of the Changing American Character* (Garden City, NY: Doubleday, 1953); William Whyte, *The Organization Man* (New York: Simon and Schuster, 1956); Paul Goodman, *Growing Up Absurd: Problems of Youth in the Organized System* (New York: Random House, 1960); David Riesman, *Abundance for What?* (New Brunswick, NJ: Transaction Publishers, 1993); Herbert Marcuse, *One-Dimensional Man* (Boston: Beacon Press, 1964); Jacques Ellul, *The Technological Society* (New York: Knopf, 1964). 진보라는 개념은 제1차 세계대전 이후 처음으로 이 개념을 역사화하려는 시도가 나타났다는 점에서 잘 드러나듯, 제1차 세계대전 직후 크게 흔들렸다. 다음을 참조하라. J. B. Bury, *The Idea of Progress: An Inquiry into Its Origin and Growth* (London: Macmillan, 1920); 그러나 그것은 전간기 동안 대중과 정치 담론에서 계속해서 핵심어로 남아 있었다. 자세한 내용은 다음을 참조하라. Christopher Lasch, *The True and Only Heaven: Progress and Its Critics* (New York: W. W. Norton, 1991).

29. O. Hobart Mowrer, quoted in William J. Clancey, "Introduction," in John E. Arnold, *Creative Engineering*, ed. William J. Clancey (n.p.: William J. Clancey, 2016), 43.

30. William H. Whyte, "Groupthink," *Fortune*, March 1952.

31. James Livingston, *Pragmatism, Feminism, and Democracy: Rethinking the Politics of American History* (New York: Routledge, 2001).

32. John J. Corson, "Innovation Challenges Conformity," *Harvard Business Review* 40, no. 3 (June 1962): 67. 질서와 조직의 이상에 대해서는 다음을 참조하라. Max Weber, *The Protestant Ethic and the Spirit of Capitalism* (New York: Routledge, 2001); Thorstein Veblen, *The Engineers and the Price System* (New Brunswick, NJ: Transaction Publishers, 1990); Adolf A. Berle and Gardiner C Means, *The Modern Corporation and Private Property* (New Brunswick, NJ: Transaction Publishers, 2009); Walter Lippmann, *Drift and Mastery: An Attempt to Diagnose the Current Unrest* (Madison: University of Wisconsin Press, 2015). 진보적 감수성에 대해서는 다음을 참조하라. Robert H. Wiebe, *The Search for Order, 1877–1920* (Westport, CT: Greenwood Press, 1980); Andrew Delano Abbott, *The System of Professions: An Essay on the Division of Expert Labor* (Chicago: University of

Chicago Press, 1988). 전문직과 전문성의 부상에 대해서는 다음을 참조하라. David F. Noble, *America by Design: Science, Technology, and the Rise of Corporate Capitalism* (New York: Knopf, 1977).

33. Rockefeller Brothers Fund, *Prospect for America: The Rockefeller Panel Reports* (Garden City, NY: Doubleday, 1961).

34. Jerome Bruner, "The Conditions of Creativity," in *Contemporary Approaches to Creative Thinking: A Symposium Held at the University of Colorado*, ed. H. E. Gruber, G. Terrell, and M. Wertheimer (New York: Atherton Press, 1962), 2-.

35. My understanding of the history of middle-class selfhood in America comes from Wilfred M. McClay, *The Masterless: Self and Society in Modern America* (Chapel Hill: University of North Carolina Press, 1993).

36. Betty Friedan, *The Feminine Mystique* (New York: W. W. Norton & Company, 2010), 472; 또한 참조하라. Daniel Horowitz, *Betty Friedan and the Making of the Feminine Mystique: The American Left , the Cold War, and Modern Feminism* (Amherst: University of Massachusetts Press, 2000).

37. Daniel Immerwahr, "Polanyi in the United States: Peter Drucker, Karl Polanyi, and the Midcentury Critique of Economic Society," *Journal of the History of Ideas* 70, no. 3 (2009): 446; Nelson Lichtenstein, *American Capitalism: Social Thought and Political Economy in the Twentieth Century* (Philadelphia: University of Pennsylvania Press, 2006); Howard Brick, *Transcending Capitalism: Visions of a New Society in Modern American Thought* (Ithaca, NY: Cornell University Press, 2006).

1장 천재성과 평범함 사이에서

1. Kenneth Rexroth, "Vivisection of a Poet," *Nation* 185, no. 20 (December 14, 1957): 450-53.

2. J. P. Guilford, "Creativity," *The American Psychologist* 5, no. 9 (1950): 444, 451; Sidney J. Parnes and Eugene A. Brunelle, "The Literature of Creativity (Part I)," *Journal of Creative Behavior* 1, no. 1 (1967): 52.

3. Calvin W. Taylor, *Creativity: Progress and Potential* (New York: McGraw-Hill, 1964), 3.

4. J. P. Guilford, "Creativity: Yesterday, Today, and Tomorrow," *Journal of Creative Behavior* 1, no. 1 (1967): 6.

5. Guilford, "Creativity," 444.

6. Taylor, *Creativity*, 6.

7.   Jamie Cohen-Cole, *The Open Mind: Cold War Politics and the Sciences of Human Nature* (Chicago: University of Chicago Press, 2014), 5-6; Ellen Herman, *The Romance of American Psychology: Political Culture in the Age of Experts* (Berkeley: University of California Press, 1995).

8.   Calvin W. Taylor and Frank Barron, eds., *Scientific Creativity: Its Recognition and Development* (New York: John Wiley, 1963), xiii.

9.   Liam Hudson, *Contrary Imaginations: A Psychological Study of the Young Student* (New York: Schocken Books, 1966), 220.

10.   Calvin W. Taylor, ed., *Widening Horizons in Creativity: The Proceedings of the Fifth Utah Creativity Research Conference* (New York: Wiley, 1964), preface.

11.   John Carson, *The Measure of Merit: Talents, Intelligence, and Inequality in the French and American Republics, 1750–1940* (Princeton, NJ: Princeton University Press, 2007).

12.   Guilford, "Creativity," 445.

13.   Irving A. Taylor, "The Nature of the Creative Process," in *Creativity: An Examination of the Creative Process*, ed. Paul Smith (New York: Communication Arts Books, 1959), 21.

14.   Quoted in Darrin M. McMahon, *Divine Fury: A History of Genius*, 1st edition (New York: Basic Books, 2013), 174.

15.   골턴은 실용적인 이유로 연구 대상을 영국인으로 제한했지만, 그는 이탈리아인과 유대인에게도 관심이 있었다. "두 집단 모두 지적 혈통이 뛰어난 가문이 많은 것으로 보였다." 반면, 그는 프랑스인 연구에는 관심이 덜했는데, 이는 "프랑스혁명과 단두대가 뛰어난 혈통의 후손들을 크게 파괴했기 때문"이었다. Francis Galton, *Hereditary Genius: An Inquiry into Its Laws and Consequences* (London: Macmillan and Co., 1869), quoted in Pierluigi Serraino, *The Creative Architect: Inside the Great Midcentury Personality Study* (New York: Monacelli Press, 2016), 100-101.

16.   Guilford, "Creativity," 447.

17.   Carson, *The Measure of Merit*, 260-63.

18.   다음을 참조하라. David A. Varel, *The Lost Black Scholar: Resurrecting Allison Davis in American Social Thought* (Chicago: University of Chicago Press, 2018).

19.   Calvin W. Taylor, ed., *Climate for Creativity: Report of the Seventh National Research Conference on Creativity* (New York: Pergamon Press, 1972), viii.

20.   Taylor and Barron, *Scientific Creativity: Its Recognition and Development*, 6.

21.   Guilford, "Creativity: Yesterday, Today, and Tomorrow," 3.

22.   Guilford, "Creativity," 445.

23.   Guilford, 446.

24. L. L. Thurstone, "Creative Talent," in *Testing Problems in Perspective*, ed. Anne Anastasi (Washington, DC: American Council on Education, 1966), 414.

25. Guilford, "Creativity," 446.

26. Howard E. Gruber, Glenn Terrell, and Michael Wertheimer, eds., *Contemporary Approaches to Creative Thinking: A Symposium Held at the University of Colorado* (New York: Atherton Press, 1962), x.

27. 길퍼드는 골턴보다 훨씬 더 보수적인 관점을 가졌으며, 진정으로 창의적인 성취를 이룬 사람은 200만 명 중 한 명에 불과하다고 추정했다. Guilford, "Creativity," 445.

28. Quoted in Herman, 46.

29. Serraino, *The Creative Architect*, 10.

30. Serraino, 100-101.

31. Serraino, 61.

32. Anne Roe, *A Psychological Study of Eminent Biologists* (Washington, DC: American Psychological Association, 1952); Anne Roe, *The Making of a Scientist* (New York: Dodd, Mead, 1953); Anne Roe, *A Psychological Study of Eminent Psychologists and Anthropologists, and a Comparison with Biological and Physical Scientists* (Washington, DC: American Psychological Association, 1953).

33. Taylor, *Creativity*, 13.

34. Serraino, *The Creative Architect*, 55.

35. Cohen-Cole, *The Open Mind*, 45.

36. 미국에서의 취향과 계급의 역사적 구성에 대해서는 다음을 참조하라. Lawrence Levine, *Highbrow/Lowbrow: The Emergence of Cultural Hierarchy in America* (Cambridge, MA: Harvard University Press, 1990); Michael Kammen, *American Culture, American Tastes: Social Change and the Twentieth Century* (New York: Knopf, 1999).

37. Frank Barron, *Creativity and Psychological Health* (Princeton, NJ: D. Van Nostrand Company, Inc., 1963), 2-3.

38. Cohen-Cole, *The Open Mind*.

39. X, "WOMAN's QUALITIES; Not Dependable for Creative, Judicial, and Executive Labors," *New York Times*, April 7, 1909; "핑크칼라" 또는 "화이트 블라우스" 노동에 대해서는 다음을 참조하라. Nikil Saval, *Cubed: A Secret History of the Workplace* (New York: Doubleday, 2014), chapter 3.

40. "Women in Business," *Fortune*, July 1935.

41. Nancy MacLean, *The American Women's Movement, 1945–2000: A Brief History with Documents, illustrated edition, The Bedford Series in History and Culture* (Boston:

Bedford/St. Martin's, 2009), 72.

42. McMahon, *Divine Fury*, 114.

43. McMahon, 22, 71.

44. Taylor, *Creativity*, 384.

45. Cohen-Cole, *The Open Mind*, 44.

46. John Riddick, "Boys Predominate in Creativity Beginning at Age of Puberty," *Tucson Daily Citizen*, May 26, 1962, 2.

47. Nathan Kogan, "Creativity and Sex Differences," *Journal of Creative Behavior* 8, no. 1 (1974): 1.

48. Kogan, 11.

49. Jerome Kagan, *Creativity and Learning* (Boston: Houghton Mifflin, 1967), ix.

50. Kogan, "Creativity and Sex Differences," 12.

51. Betty Friedan, *The Feminine Mystique* (New York: W. W. Norton & Company, 2010), 472.

52. Phyllis Schlafly, "What's Wrong with 'Equal Rights' for Women?" in *Debating the American Conservative Movement: 1945 to the Present*, ed. Donald T. Critchlow and Nancy MacLean, Debating 20th Century America (Lanham, MD: Rowman & Littlefield, 2009), 200.

53. Israel Shenker, "Spock Still Cares about Babies, Wishes More Women Did," *New York Times*, January 28, 1970, sec. Archives, https://www.nytimes.com/1970/01/28/archives/spock-still-cares-about-babies-wishes-more-women-did.html.

54. Paul Goodman, *Growing Up Absurd: Problems of Youth in the Organized System* (New York: Random House, 1960), 13.

55. Shulamith Firestone, *The Dialectic of Sex* (New York: Bantam Books, 1970), 91.

56. Friedan, *The Feminine Mystique*, 541.

57. Friedan, 479.

58. Friedan, 458.

59. Friedan, 436-37.

60. Hubert E. Brogden and Thomas B. Sprecher, "Criteria of Creativity," in *Creativity: Progress and Potential*, ed. Calvin W. Taylor (New York: McGraw-Hill Book Company, 1964), 162, 158.

61. Morris I. Stein, "Creativity and Culture," *The Journal of Psychology* 36 (1953): 311.

62. Harold H. Anderson, "Comments on Viktor Lowenfeld's 'What Is Creative Teaching?'" in *Creativity: Proceedings of the Second Minnesota Conference on Gifted Children, October 12–14, 1959*, ed. E. Paul Torrance (Minneapolis: University of

Minnesota Center for Continuation Study of the General Extension Division, 1959).

63. Taylor, *Creativity*, 6.

64. Anne Roe, "Psychological Approaches to Creativity in Science," in *Essays on Creativity in the Sciences*, ed. Myron A. Coler (New York: New York University Press, 1963), 153-82.

65. Brogden and Sprecher, "Criteria of Creativity," 176.

66. Abraham H. Maslow, "The Creative Attitude," in *The Farther Reaches of Human Nature, An Esalen Book* (New York: Viking Press, 1971), 58.

67. Brogden and Sprecher, "Criteria of Creativity," 156.

68. Brewster Ghiselin, "Ultimate Criteria for Two Levels of Creativity," in *Scientific Creativity: Its Recognition and Development*, ed. Calvin W. Taylor and Frank Barron (New York: John Wiley, 1963), 30-31.

69. Taher A. Razik, "Psychometric Measurement of Creativity," in Ross Lawler Mooney, *Explorations in Creativity* (New York: Harper & Row 1967), 302.

70. 2장. 산업과 창의성 연구 간의 연관성에 대해서는 또한 다음을 참조하라. Michael Bycroft, "Psychology, Psychologists, and the Creativity Movement: The Lives of Method Inside and Outside the Cold War," in *Cold War Social Science: Knowledge Production, Liberal Democracy, and Human Nature*, ed. Mark Solovey and Hamilton Cravens (New York: Palgrave Macmillan, 2012).

71. J. H. McPherson, "How to Use Creative People Effectively," paper presented at the American Management Association, Chicago, March 1958, cited in Calvin W. Taylor and Frank Barron, *Scientific Creativity: Its Recognition and Development* (New York: John Wiley, 1963). 이 사조의 더 많은 예시는 2장을 참조하라.

72. Gary A. Steiner, ed., *The Creative Organization* (Chicago: University of Chicago Press, 1965), Introduction.

73. Steiner, 10.

74. Steiner, 14.

75. Steiner, 21.

76. Ayn Rand, *The Fountainhead* (New York: Signet, 1943).

77. Steiner, *The Creative Organization*, 11-12.

78. Steiner, 13.

79. Eugene Von Fange, *Professional Creativity* (Hoboken, NJ: Prentice Hall, 1964), 2.

80. Von Fange, 218.

1. "BBDO Worldwide (Batten, Barton, Durstine & Osborn)," *AdAge Encyclopedia*, September 15, 2003, http://adage.com/article/adage-encyclopedia/bbdo-worldwide-batten-barton-durstine-osborn/98341/.

2. Alex F. Osborn, *How to Think Up* (New York: McGraw-Hill, 1942), 29.

3. Phillip E. Norton, "Thinking Unlimited: More Companies Adopt Unorthodox Techniques for Generating Ideas," *Wall Street Journal*, September 13, 1962.

4. Alex F. Osborn, *Your Creative Power: How to Use Imagination* (New York: C. Scribner's Sons, 1948); title brainstorm list from Box 1, Alexander F. Osborn Papers, 1948-1966, University Archives, State University of New York at Buffalo.

5. Alex F. Osborn, *Wake Up Your Mind: 101 Ways to Develop Creativeness* (New York: Scribner, 1952), front matter.

6. Alex F. Osborn, *The Gold Mine Between Your Ears* (New York: Ticonderoga Publishers, 1955), 4.

7. Alex F. Osborn, *Applied Imagination: Principles and Procedures of Creative Problem-Solving* (New York: Scribner, 1953), 36.

8. Osborn, *How to Think Up*, v, 3, 5.

9. Osborn, 5.

10. Harold A. Littledale, "Imagination Yea—Shyness Nay," *New York Times*, November 7, 1948, 131.

11. Osborn, *How to Think Up*.

12. Bregje F. Van Eekelen, "Uncle Sam Needs Your Ideas: A Brief History of Embodied Knowledge in American World War II Posters," *Public Culture* 30, no. 1 (January 1, 2018): 113-42, https://doi.org/10.1215/08992363-4189191.

13. 다음을 참조하라. Catherine L. Fisk, *Working Knowledge: Employee Innovation and the Rise of Corporate Intellectual Property, 1800–1930* (Chapel Hill: University of North Carolina Press, 2009); Harry Braverman, *Labor and Monopoly Capital: The Degradation of Work in the Twentieth Century* (New York: Monthly Review Press, 1975); David F. Noble, *America by Design: Science, Technology, and the Rise of Corporate Capitalism* (New York: Knopf, 1977); David F. Noble, *Forces of Production: A Social History of Industrial Automation* (New York: Knopf, 1984).

14. Osborn, *How to Think Up*, 32.

15. "Brainstorming: More Concerns Set Up Free-Wheeling 'Think Panels' to Mine

Ideas—Ethyl Gets 71 Ideas in 45 Minutes: Reynolds Metals Develops Marketing Plans," *Wall Street Journal*, New York, December 5, 1955, 1.

16. "Federal 'Brains' Brace for Storm: Apostle of Madison Avenue Technique to Try to Stir Up Sluggish Thinkers," *New York Times*, May 20, 1956; Jhan and June Robbins, "129 Ways to Get a Husband," *McCall's*, January 1958.

17. Alex F. Osborn, "Developments in the Creative Education Movement," Creative Education Foundation, 1962, 3, Box 13, Alexander F. Osborn Papers, 1948-1966, University Archives, State University of New York at Buffalo; C. M. Mullen, "G. & C. Merriam Company to Sidney J. Parnes," October 9, 1962 (unprocessed), Alex Osborn Creative Studies Collection, Archives & Special Collections Department, E. H. Butler Library, SUNY Buffalo State.

18. Dr. Daniel Pursuit to Alex Osborn, quoted in Alex F. Osborn, "Is Education Becoming More Creative?" Creative Education Foundation, 1961, Box 16, Alexander F. Osborn Papers, 1948-1966, University Archives, State University of New York at Buffalo.

19. Various letters, Box 11, Alexander F. Osborn Papers, 1948-1966, University Archives, State University of New York at Buffalo.

20. "The Third Year: Current Developments in the Movement for the Encouragement of a More Creative Trend in Education," Creative Education Foundation, 1958, Box 13, Alexander F. Osborn Papers, 1948-1966, University Archives, State University of New York at Buffalo.

21. Rosalie Deer Heart and Doris J. Shallcross, *Celebrating the Soul of CPSI* (Buffalo, NY: Creative Education Foundation, 2004), 10.

22. Heart and Shallcross, 10.

23. John E. Arnold, *Creative Engineering*, ed. William J. Clancey (n.p.: William Clancey, 2016), 20.

24. Whiting, *Creative Thinking*, 2.

25. Kyle VanHemert, "Creative Complex: Brainstorming in American Business in the 1950s" (unpublished paper, May 22, 2017), 15. For the story of brainstorming at Du Pont I am indebted to Kyle VanHemert, who generously allowed me to use material from an unpublished research paper.

26. Memorandum, "Pilot Brainstorming Session," July 13, 1956, Box 27, Folder 6, E. I. Du Pont de Nemours & Co. Advertising Department, Hagley Museum and Library, Wilmington, Delaware.

27. Memo from James H. McCormick to V. L. Simpson, March 5, 1956 [likely date from context March 5, 1957], Box 28, Folder 7, E. I. Du Pont de Nemours & Co. Advertising Department, Hagley Museum and Library, Wilmington, Delaware.

28. VanHemert, 5.

29. M. R. Hecht, "Brainstorming—Bunk or Benefit," *Canadian Chemical Process*, September 11, 1956; "Brainstorming: Cure or Curse?" *BusinessWeek*, December 29, 1956; Harry Stockman, "The Limits of Brainstorming," *Proceedings of the Institute of Radio Engineers*, October 1957; B. B. Goldner, "Why Doesn't Brainstorming Always Seem to Work?" *Sales Management*, October 5, 1956.

30. Donald W. Taylor, Paul C. Berry, and Clifford H. Block, "Does Group Participation When Using Brainstorming Facilitate or Inhibit Creative Thinking?" *Administrative Science Quarterly* 3, no. 1 (June 1, 1958): 42.

31. Heart and Shallcross, *Celebrating the Soul of CPSI*, 10. In 1958, probably due to criticism of brainstorming in the press, enrollment dropped to two hundred again, but by 1963 it was back up to a steady five hundred, which it held for the next three decades.

32. Taylor, Berry, and Block, "Does Group Participation When Using Brainstorming," 23-47; "'Brainstorming' for Ideas Criticized," *New York Herald Tribune*, January 20, 1958; Sidney J. Parnes, *A Source Book for Creative Thinking* (New York: Scribner, 1962).

33. W. A. Peterson, "Groups Don't Create: Individuals Do," *Printers' Ink*, October 26, 1956; Mildred Benton, *Creativity in Research and Invention in the Physical Sciences* (Washington, DC: US Naval Research Laboratory, 1961).

34. William Whyte, *The Organization Man* (New York: Simon and Schuster, 1956), 51.

35. Quoted in Stephen R. Fox, *The Mirror Makers: A History of American Advertising and Its Creators* (New York: Morrow, 1984), 181.

36. Paul Smith, ed., *Creativity: An Examination of the Creative Process* (New York: Communication Arts Books, 1959), 180.

37. Saul Bass, "Creativity in Visual Communication," in *Creativity: An Examination of the Creative Process*, ed. Paul Smith (New York: Communication Arts Books, 1959), 123.

38. Bass, 126.

39. Bass, 126-27.

40. Smith, *Creativity: An Examination of the Creative Process*, 198.

41. Osborn, *Your Creative Power*, 7.

42. "Report of Proceedings of the Second Annual Creative Problem Solving Institute,"

Creative Education Foundation, 1956, 6, Box 16, Alexander F. Osborn Papers, 1948-1966, University Archives, State University of New York at Buffalo.

43. Alex F. Osborn, *Applied Imagination*, 3rd revised edition (New York: Charles Scribner's Sons, 1963), 12.

44. Osborn, 10. 이것은 단순한 공상이 아니었던 것으로 보인다. 오즈번은 자신의 계획을 정부에 전달하기 위해 실제로 노력한 듯하다. 그는 1960년에 이렇게 보고했다. "우리는 대부분의 공공 문제 영역에서 진전을 이뤘다. 그러나 미국 정부가 우리의 창의적 절차를 외교 문제에 적용하도록 설득하려는 노력에서는 완전히 실패했다." Osborn, "Developments in Creative Education," 18.

45. Osborn, *Applied Imagination*, 28.

46. Alex F. Osborn, "High Lights of the First Five Months in My Endeavor to Encourage Education to Include Indoctrination in Creativity," 1954, Box 11, Alexander F. Osborn Papers, 1948-1966, University Archives, State University of New York at Buffalo.

47. Osborn, "Developments in the Creative Education Movement."

48. Osborn, "Is Education Becoming More Creative?"

49. 교양 교육 철학을 고전 교육이나 직업 교육과 비교하여 이렇게 특징지은 내용에 대해서는 다음을 참조하라. David F. Labaree, "Public Goods, Private Goods: The American Struggle over Educational Goals," *American Educational Research Journal* 34, no. 1 (1997): 39-81.

50. Osborn, "Is Education Becoming More Creative?"

51. Aaron Lecklider, *Inventing the Egghead: The Battle over Brainpower in American Culture* (Philadelphia: University of Pennsylvania Press, 2013); Richard Hofstadter, *Anti-Intellectualism in American Life* (New York: Knopf, 1963).

52. James Gilbert, *A Cycle of Outrage: America's Reaction to the Juvenile Delinquent in the 1950s* (New York: Oxford University Press, 1988).

53. Bregje van Eekelen has previously described brainstorming as carnivalesque (van Eekelen, "The Social Life of Ideas").

54. Richard P. Youtz, "Psychological Foundations of Applied Imagination," in *A Sourcebook for Creative Thinking*, ed. Sidney J. Parnes and Harold F. Harding (New York: Charles Scribner's Sons, 1962), 193-215.

55. Arnold Meadow and Sidney J. Parnes, "Evaluation of Training in Creative Problem-Solving," *Journal of Applied Psychology* 43, no. 3 (1959): 189-94; Arnold Meadow and Sidney J. Parnes, "Influence of Brainstorming Instructions and Problem Sequence on a Creative Problem-Solving Test," *Journal of Applied Psychology* 43 (1959): 413-16;

Sidney J. Parnes and Arnold Meadow, "Effects of 'Brain-Storming' Instructions on Creative Problem-Solving by Trained and Untrained Subjects," *Journal of Educational Psychology* 50, no. 4 (1959): 171-76; Sidney J. Parnes and Arnold Meadow, "Evaluation of Persistence of Effects Produced by a Creative Problem-Solving Course," *Psychological Reports* 7 (1960): 357-61; Sidney J. Parnes, "Effects of Extended Effort in Creative Problem-Solving," *Journal of Educational Psychology* 52, no. 3 (1961): 117-22.

56. Alex F. Osborn, "Developments in Creative Education, as Reported to the Sixth Annual Creative Problem- Solving Institute at the University of Buffalo," 1960, Box 13, Alexander F. Osborn Papers, 1948-1966, University Archives, State University of New York at Buffalo.

57. Osborn, 25.

58. Untitled document, c. 1963, Box 11, Alexander F. Osborn Papers, 1948-1966, University Archives, State University of New York at Buffalo.

59. J. P. Guilford, "Creativity: Yesterday, Today, and Tomorrow," *Journal of Creative Behavior* 1, no. 1 (1967): 12-13.

60. Osborn, *Applied Imagination*, 3rd revised edition.

3장   자기실현과 창의성의 결합

1. Carl R. Rogers, "Toward a Theory of Creativity," in *Creativity and Its Cultivation*, ed. Harold H. Anderson (New York: Harper & Brothers, 1959), 72.

2. Rogers, "Toward a Theory of Creativity," 69-70.

3. 전후 비즈니스와 문화에서 인문주의 심리학에 대한 최근의 논의는 다음을 참조하라. Jessica Grogan, Encountering America: *Sixties Psychology, Counterculture and the Movement that Shaped the Modern Self* (New York: Harper Perennial, 2012).

4. Harold H. Anderson, ed., *Creativity and Its Cultivation* (New York: Harper & Brothers, 1959); Carl R. Rogers, "Toward a Theory of Creativity," *ETC: A Review of General Semantics* 11, no. 4 (1954): 249-60; Rollo May, *The Courage to Create* (New York: W. W. Norton and Company, Inc., 1975); Abraham H. Maslow, "Emotional Blocks to Creativity," in *A Source Book for Creative Thinking*, ed. Sidney J. Parnes and Harold F. Harding (New York: Charles Scribner's Sons, 1962), 93; Abraham H. Maslow, "Creativity in Self-Actualizing People," in *Creativity and Its Cultivation*, ed. Harold H. Anderson (New York: Harper & Brothers, 1959), 83; Abraham H. Maslow, *The Maslow Business Reader*, ed. Deborah C. Stephens, 1st edition (New York: John Wiley & Sons, 2000), 21.

5. Abraham H. Maslow, "Emotional Blocks to Creativity," in *The Farther Reaches of Human Nature*, An Esalen Book (New York: Viking Press, 1971), 78.

6. "창의성"은 1943년 매슬로의 원래 "욕구의 위계"에는 포함되지 않았으나, 이후 버전에서 등장하게 된다.

7. Abraham H. Maslow, "A Holistic Approach to Creativity," in *The Farther Reaches of Human Nature*, An Esalen Book (New York: Viking Press, 1971), 69.

8. Abraham H. Maslow, "The Creative Attitude," in *The Farther Reaches of Human Nature*, An Esalen Book (New York: Viking Press, 1971), 66.

9. Maslow, "A Holistic Approach to Creativity," 71-73.

10. Quoted in Ian A. M. Nicholson, "'Giving Up Maleness': Abraham Maslow, Masculinity, and the Boundaries of Psychology," *History of Psychology* 4, no. 1 (2001): 82, https://doi.org/10.1037//1093-4510.4.1.79.

11. Quoted in Nicholson, 80.

12. Maslow, "Emotional Blocks to Creativity" (1971), 83.

13. Maslow, 80-81, 86, 90.

14. Darrin M. McMahon, *Divine Fury: A History of Genius*, 1st edition (New York: Basic Books, 2013), 165, 169.

15. Fred Turner, *From Counterculture to Cyberculture: Stewart Brand, the Whole Earth Network, and the Rise of Digital Utopianism* (Chicago: University of Chicago Press, 2006); Grogan, *Encountering America*.

16. Quoted in Alfonso Montuori, "Frank Barron: A Creator on Creating," *Journal of Humanistic Psychology* 43 (April 1, 2003): 8, https://doi.org/10.1177/00221678022 50582.

17. Frank Barron, *Creativity and Psychological Health* (Princeton, NJ: D. Van Nostrand Company, Inc., 1963), 1-2.

18. Donald W. MacKinnon, "The Highly Effective Individual," in *Explorations in Creativity*, ed. Ross Lawler Mooney, 1st edition (New York: Harper & Row, 1967), 65.

19. Frank Barron, "The Psychology of Imagination," *Scientific American* 199, no. 3 (1958): 150-56.

20. Barron, 164.

21. Barron, *Creativity and Psychological Health*, 5.

22. Maslow, "The Creative Attitude," 55.

23. Maslow, "Emotional Blocks to Creativity" (1971), 62.

24. Maslow, "The Creative Attitude," 59-65.

25. Frank Barron, "The Psychology of Imagination," 163.

26. Timothy Leary, "The Effects of Test Score Feedback on Creative Performance and of Drugs on Creative Experience," in *Widening Horizons in Creativity: The Proceedings of the Fifth Utah Creativity Research Conference*, ed. Calvin W. Taylor (New York: Wiley, 1964), 87-111.

27. Maslow, "Emotional Blocks to Creativity" (1962), 80.

28. Maslow, *The Maslow Business Reader*, 185.

29. Maslow, "A Holistic Approach to Creativity," 70.

30. quoted in Sarah Brouillette, *Literature and the Creative Economy* (Stanford, CA: Stanford University Press, 2014), 69, originally in "See No Evil, Hear No Evil: When Liberalism Fails," in Future Visions: The Unpublished Papers of Abraham Maslow, ed. Edward L. Hoffman (Th ousand Oaks, CA: Sage Publications, 1996).

31. Abraham H. Maslow, "The Need for Creative People," in *The Farther Reaches of Human Nature*, An Esalen Book (New York: Viking Press, 1971), 94-95.

32. Brewster Ghiselin, *The Creative Process: A Symposium* (New York: New American Library, 1955), 3.

33. May, *The Courage to Create*, 12.

34. Maslow, "The Need for Creative People," 94.

35. Maslow, "The Creative Attitude," 57.

36. Frank Barron, "The Disposition Toward Originality," in *Scientific Creativity: Its Recognition and Development*, ed. Frank Barron and Calvin W. Taylor (New York: John Wiley & Sons, 1963), 151.

37. Jamie Cohen-Cole, "The Creative American: Cold War Salons, Social Science, and the Cure for Modern Society," *Isis* 100 (2009): 226-30.

38. Barron, "The Disposition Toward Originality," 150.

39. 미국에서의 취향과 계급의 역사적 구성에 대해서는 다음을 참조하라. Lawrence Levine, *Highbrow/Lowbrow: The Emergence of Cultural Hierarchy in America* (Cambridge, MA: Harvard University Press, 1990); Michael Kammen, *American Culture, American Tastes: Social Change and the Twentieth Century* (New York: Knopf, 1999).

40. Barron, "The Disposition Toward Originality," 150.

41. Barron, 151.

42. Barron, "The Psychology of Imagination," 163.

43. Frank Barron, "The Needs for Order and for Disorder as Motives in Creative Activity," in *Scientific Creativity: Its Recognition and Development*, ed. Calvin W. Taylor

and Frank Barron (New York: John Wiley & Sons, 1963), 158, emphasis in original; Barron, "The Disposition Toward Originality," 151.

44. Maslow, "The Creative Attitude," 58-59.

45. Michael F. Andrews, ed., *Creativity and Psychological Health* (Syracuse, NY: Syracuse University Press, 1961).

46. Maslow, "Creativity in Self-Actualizing People," 94; Arthur Koestler, *The Act of Creation* (New York: Macmillan, 1964).

47. Victor Lowenfeld, "What Is Creative Teaching?" in *Creativity*, Second Minnesota Conference on Gift ed Children (Minneapolis: University of Minnesota Press, 1959), 43.

48. Maslow, "The Creative Attitude," 55.

49. Maslow, "Creativity in Self-Actualizing People."

50. Maslow, "The Creative Attitude," 59.

51. Maslow, "Emotional Blocks to Creativity" (1971), 83.

52. Donald W. MacKinnon, "The Nature and Nurture of Creative Talent," *American Psychologist* 17, no. 7 (1962): 484-95.

53. Nathan Kogan, "Creativity and Sex Differences," *Journal of Creative Behavior* 8, no. 1 (1974): 4-6.

54. Quoted in Nicholson, "'Giving Up Maleness,'" 80.

55. Nicholson, "'Giving Up Maleness.'"

56. Abraham H. Maslow, *Maslow on Management*, ed. Deborah C. Stephens and Gary Heil (New York: John Wiley, 1998).

57. Nadine Weidman, "Between the Counterculture and the Corporation: Abraham Maslow and Humanistic Psychology in the 1960s," in *Groovy Science: Knowledge, Innovation, and American Counterculture*, ed. David Kaiser and Patrick McCray (Chicago: University of Chicago Press, 2016), 109; 매슬로의 창의성 관련 사상의 기업적 측면에 대해서는 또한 다음을 참조하라. Brouillette, *Literature and the Creative Economy*.

58. Maslow, *Maslow on Management*, 243.

4장 기업 경영과 시넥틱스 기법

1. George M. Prince, *The Practice of Creativity: A Manual for Dynamic Group Problem Solving* (New York: Harper & Row, 1970), 3.

2. Dean Gitter, quoted in "Synectics' Art of Analogy Makes Creativity a Science," *Executive's Bulletin*, October 1965.

3. "Synectics' Art of Analogy Makes Creativity a Science," *Executive's Bulletin*, October 1965.

4. Prince, *The Practice of Creativity*.

5. Tom Alexander, "Invention by the Madness Method," *Fortune*, August 1965, 190.

6. "Synectics: A New Method for Developing Creative Potential," n.d., Box 29, Folder 8, United Shoe Machinery Corporation Records, Archives Center, National Museum of American History, Washington, DC.

7. DeWitt O. Tolly, "The Creativity Review," 1963, Box 11, Alexander F. Osborn Papers, 1948-1966, University Archives, State University of New York at Buffalo.

8. Gordon, quoted in Eugene Raudsepp, "Intuition in Engineering: Learn to Play," *Machine Design*, April 15, 1965.

9. William J. J. Gordon, "How to Get Your Imagination Off the Ground," *Think*, March 1963; Gordon, quoted in Raudsepp, "Intuition in Engineering."

10. 전후 시대 과학적 관리의 유산과 변화에 대해서는 다음을 참조하라. Stephen P. Waring, *Taylorism Transformed: Scientific Management Theory since 1945* (Chapel Hill: University of North Carolina Press, 1991); 테일러, 길브레스 부부, 그리고 과학적 관리에 대한 좋은 개요는 다음을 참조하라. Nikil Saval, *Cubed: A Secret History of the Workplace* (New York: Doubleday, 2014).

11. Carter to Abel, June 22, 1962, Box 29, Folder 8, United Shoe Machinery Corporation Records, Archives Center, National Museum of American History, Washington, DC.

12. "Reaction to Discussion on Synectics," Jackson to Goodchild, June 22, 1962, Box 29, Folder 8, United Shoe Machinery Corporation Records, Archives Center, National Museum of American History, Washington, DC.

13. Goodchild to Prince, March 8, 1963, Box 29, Folder 8, United Shoe Machinery Corporation Records, Archives Center, National Museum of American History, Washington, DC.

14. Tape transcript as reproduced in Tom Alexander, "Invention by the Madness Method," *Fortune*, August 1965.

15. Alexander, 165.

16. William J. J. Gordon, *Synectics: The Development of Creative Capacity* (New York: Harper & Row, 1961), 8.

17. *20/20*, date unknown.

18. Prince to Overly, June 21, 1962, Box 29, Folder 8, United Shoe Machinery

Corporation Records, Archives Center, National Museum of American History, Washington, DC.

19. "Synectics' Art of Analogy Makes Creativity a Science," *Executive's Bulletin*, October 1965.

20. Chris Argyris, *Personality and Organization: The Conflict between System and the Individual* (New York: Harper & Row, 1957); Douglas McGregor, *The Human Side of Enterprise* (New York: McGraw-Hill, 1960).

21. McGregor, *The Human Side of Enterprise*.

22. McGregor, 22.

23. Gordon, *Synectics: The Development of Creative Capacity*, 10.

24. Box 29, Folder 8, United Shoe Machinery Corporation Records, Archives Center, National Museum of American History, Washington, DC.

25. Prince to Overly June 21, 1962, Box 29, Folder 8, United Shoe Machinery Corporation Records, Archives Center, National Museum of American History, Washington, DC.

26. "'Synectics' Art of Analogy Makes Creativity a Science," *Executive's Bulletin*, October 30, 1965.

27. John E. Arnold, *Creative Engineering*, ed. William J. Clancey (n.p.: William J. Clancey, 2016), 115.

28. Peter Vanderwicken, "USM's Hard Life as an Ex-Monopoly," *Fortune*, October 1972, 124.

29. Pamphlet, "An Intensive Course on Creative Problem Solving," 1963, Box 29, Folder 8, United Shoe Machinery Corporation Records, Archives Center, National Museum of American History, Washington, DC.

30. Tolly, "The Creativity Review."

5장   창의적인 아이와 교육의 목적

1. Diane Ravitch, *The Troubled Crusade: American Education, 1945–1980* (New York: Basic Books, 1985), 231.

2. Quoted in Chandler Brossard, "The Creative Child," *Look*, November 7, 1961, 113.

3. Teresa Amabile, *Creativity in Context: Update to "The Social Psychology of Creativity"* (Boulder, CO: Westview Press, 1996), 24.

4. 전후 미국에서의 창의성과 아동기에 관한 더 많은 내용은 다음을 참조하라. Amy Ogata, *Designing the Creative Child* (Minneapolis: University of Minnesota Press, 2013).

5. 크리스티 L 스피어스 뉴마이스터Kristie L. Speirs Neumeister와 보니 크래먼드Bonnie Cramond의 논문 "E. Paul Torrance (1915-2003)"(『American Psychologist』 59권, 3호, 2004년 4월, 179쪽) 그리고 창의성 교육 재단과 관련된 미확인 인물들이 1989년경에 E. P. 토런스와 진행한 비디오 인터뷰(조지아 대학교 도서관의 E. Paul Torrance Papers MS 2344, Box 34 소장 자료)에서는 토런스가 "창의성"이라는 단어를 채택한 과정이 길퍼드 효과라 부를 수 있는 요소에 얼마나 영향을 받았는지는 명확하지 않다고 언급한다. 분명한 것은, 미국 심리학회 회장이 창의성을 연구할 가치가 있는 주제로 지목했다는 사실이 기존에 "상상력", "효과성", "기발한 재주", "지능" 등으로 분류되었을 연구를 "창의성"이라는 새로운 이름으로 이끌었다는 점이다. 토런스는 창의성에 대한 자신의 관심이 1930년대에 시작되었다고 반복 주장했으며, 후대 전기 작가들도 이 서사를 반복했다. 그는 1943년에 출간된 『둥근 구멍에 네모 못*Square Pegs in Round Holes*』 그리고 1945년에 출간된 심리학 학술서 『이데오포리아*Ideophoria*』에 큰 영향을 받았다고 주장했는데, 이들 저서는 부분적으로 "창의적 상상력"을 다루었다. 하지만 토런스가 "창의성"이라는 단어를 체계적으로 사용하기 시작한 것은 1950년대 후반에 이르러서였다.

6. Robert Genter, "Understanding the Pow Experience: Stress Research and the Implementation of the 1955 US Armed Forces Code of Conduct," *Journal of the History of the Behavioral Sciences* 51, no. 2 (2015): 158, https://doi.org/10.1002/jhbs.21696.

7. Brossard, "The Creative Child," 113.

8. E. Paul Torrance, ed., *Creativity: Proceedings of the Second Minnesota Conference on Gifted Children, October 12–14, 1959* (Minneapolis: University of Minnesota Center for Continuation Study of the General Extension Division, 1959), 25.

9. Harold H. Anderson, ed., *Creativity and Its Cultivation* (New York: Harper & Brothers, 1959), 181-82.

10. E. P. Torrance, *Norms-Technical Manual: Torrance Tests of Creative Thinking* (Lexington, MA: Ginn and Company, 1974), 8.

11. Unidentified persons affiliated with the Creative Education Foundation, interview with E. P. Torrance.

12. 이 테스트는 원래 미네소타 창의성 사고 테스트라고 불렸으나, 토런스가 미네소타를 떠나 조지아 대학교로 옮긴 1966년에 이름이 바뀌었다. 이후로 이 테스트는 토런스 창의적 사고 테스트라는 이름으로 알려져왔기 때문에, 간결함을 위해 더 잘 알려진 이 이름을 사용하기로 했다.

13. Philip E Vernon, *Creativity: Selected Readings* (Harmondsworth, UK: Penguin, 1970), 339.

14. Calvin W. Taylor, *Creativity: Progress and Potential* (New York: McGraw-Hill, 1964), 178.

15. Arthur M. Schlesinger, *The Vital Center: The Politics of Freedom* (Boston: Houghton Mifflin Company, 1962).

16. Rockefeller Brothers Fund, *The Pursuit of Excellence: Education and the Future of America* (Garden City, NY: Doubleday & Company, Inc., 1958), 205.

17. John W. Gardner, *Excellence: Can We Be Equal and Excellent Too?* (New York: Harper & Brothers, 1961), 35.

18. David F. Labaree, "Public Goods, Private Goods: The American Struggle over Educational Goals," *American Educational Research Journal* 34, no. 1 (1997): 42.

19. Rockefeller Brothers Fund, *The Pursuit of Excellence*, v.

20. E. Paul Torrance, "Towards a More Humane Kind of Education," paper presented at the Annual Statewide Meeting of the Florida Association for Childhood Education, Tampa, Florida, October 5, 1963.

21. E. Paul Torrance, ed., *Education and the Creative Potential* (Minneapolis: University of Minnesota Press, 1963), 3-4.

22. Torrance, 3.

23. Torrance, 4.

24. E. Paul Torrance, "Is Creativity Research in Education Dead?" paper presented at the conference Creativity: A Quarter Century Later, Center for Creative Leadership, Greensboro, North Carolina, 1973.

25. M. K. Raina, *The Creativity Passion: E. Paul Torrance's Voyages of Discovering Creativity* (Westport, CT: Greenwood Publishing Group, 2000), 12.

26. "Various Parent Letters," n.d., MS3723—Torrance Personal Papers, Carton 4, University of Georgia Special Collections.

6장 광고업계의 이미지 쇄신

1. *Printers' Ink*, January 2, 1959, 17-19.

2. *Printers' Ink*, January 2, 1959, cover, 17-19.

3. "How to Keep a Creative Man Creative," *Printers' Ink*, April 11, 1958, 51.

4. *Printers' Ink*, January 2, 1959, 18-19.

5. Th omas Frank, *The Conquest of Cool: Business Culture, Counterculture, and the Rise of Hip Consumerism* (Chicago: University of Chicago Press, 1998), 35-36.

6. Draper Daniels, "Don't Talk Creativity—Practice It," *Printers' Ink*, May 26, 1961, 52.

7. Daniels, 52.

8. "Printers' Ink Predicts for 1959: More Creativity, Agency-Client Rapport, New Products and Marketing Pressures," *Printers' Ink*, January 2, 1959, 31-32.

9. Paul Smith, ed., *Creativity: An Examination of the Creative Process* (New York: Communication Arts Books, 1959), 16.

10. Smith, 17-18.

11. Pierre D. Martineau, "The World Can Be Added to Me," *Printers' Ink*, April 2, 1961, 46.

12. "Report of Proceedings of the Second Annual Creative Problem Solving Institute," Creative Education Foundation, 1956, Box 16, Alexander F. Osborn Papers, 1948-1966, University Archives, State University of New York at Buffalo.

13. "How to Keep a Creative Man Creative," 51.

14. "The Creative Man: His Moods and Needs," *Printers' Ink*, June 13, 1958.

15. Paul Smith, "What Science Knows about Creative People," *Printers' Ink*, April 14, 1961.

16. *Printers' Ink*, January 2, 1959, 17.

17. Quoted in Frank, *The Conquest of Cool*, 40.

18. Stephen R. Fox, *The Mirror Makers: A History of American Advertising and Its Creators* (New York: Morrow, 1984), 182.

19. Quoted in Frank, *The Conquest of Cool*, 56.

20. Carl Ally, a PKL defector, in 1966, quoted in Frank, 99.

21. Earnest Elmo Calkins, "My Creative Philosophy," *Printers' Ink*, March 18, 1960, 54.

22. Quoted in Frank, *The Conquest of Cool*, 96.

23. Frank, 57.

24. *Printers' Ink*, January 2, 1959, 7.

25. Quoted in Fox, *The Mirror Makers*, 222.

26. "The Creative Man: His Moods and Needs," 31.

27. Robert Alden, "Advertising: 'Cult of Creativity' Is Scored by Harper," *New York Times*, October 28, 1960.

28. Alfred Politz, "The Dilemma of Creative Advertising," *Journal of Marketing*, October 1960, 1-6.

29. Politz. 1950년대에 "이유 설명" 접근법을 옹호한 가장 유명한 사람은 로서 리브스Rosser Reeves였다. 그는 폴리츠와 마찬가지로 광고는 예술이 아니라 "공학처럼 일종의 과학"이라고 믿었다. 그는 "광고에서 가장 위험한 단어"가 "독창성"이라고 생각했다(quoted in Fox, *The Mirror Makers*, 193).

30. "Display Ad 38," *Wall Street Journal*, May 6, 1963.

31. "The Creative Man: His Moods and Needs," 32.

32. *Printers' Ink*, February 5, 1960, inside cover.

33. John Kenneth Galbraith, *The Affluent Society* (Boston: Houghton Mifflin, 1958), 129.

34. Daniel Horowitz, *The Anxieties of Affluence: Critiques of American Consumer Culture, 1939–1979* (Amherst: University of Massachusetts Press, 2004), 52-53.

35. Betty Friedan, *The Feminine Mystique* (New York: W. W. Norton & Company, 2010), 300-301.

36. 드러커는 어린 시절 디히터와 함께 축구를 했던 기억이 있다고 말한 적이 있다.

37. Ernest Dichter, "Motivations," Newsletter, July-August 1957, Box 127, Ernest Dichter Papers, Hagley Museum & Library, Wilmington, Delaware.

38. Ernest Dichter, "Creativity: A Credo for the Sixties," unpublished manuscript, March 25, 1960, Box 173, Ernest Dichter Papers, Hagley Museum & Library, Wilmington, Delaware.

39. Box 175, Folder 8, Ernest Dichter Papers, Hagley Museum & Library, Wilmington, Delaware.

40. "Advertising's Creative Explosion," *Newsweek*, August 18, 1969. (The cover read "Advertising's Creative Revolution.")

41. Frank, *The Conquest of Cool*, 53-73.

42. Frank, 60.

43. Frank, 67.

44. Frank, 31.

45. Frank, 8.

7장   창의성은 죽었다

1. *Machine Design*, May 27 and June 10, 1965.

2. "Putting Creativity to Work," in *The Nature of Creativity: Contemporary Psychological Perspectives* (Cambridge and New York: Cambridge University Press, 1988), 79.

3. Frank X. Barron, *Creativity and Personal Freedom* (New York: Van Nostrand, 1968), 7, quoted in Amy Ogata, *Designing the Creative Child* (Minneapolis: University of Minnesota Press, 2013), 19.

4. Calvin W. Taylor and Frank Barron, eds., *Scientific Creativity: Its Recognition and Development* (New York: John Wiley & Sons, 1963); Calvin W. Taylor, *Creativity: Progress and Potential* (New York: McGraw-Hill, 1964); Frank Barron, *Creativity and Psychological Health* (Princeton, NJ: D. Van Nostrand Company, Inc., 1963); E. Paul Torrance, *Guiding Creative Talent* (Englewood Cliffs, NJ: Prentice-Hall, Inc., 1962); Calvin W. Taylor, ed., *Widening Horizons in Creativity: The Proceedings of the Fifth Utah Creativity Research Conference* (New York: Wiley, 1964).

5. Taylor, *Creativity*, 10.

6. Quinn McNemar, "Lost: Our Intelligence? Why?" *American Psychologist* 19, no. 12 (1964): 876.

7. R. L. Ebel, "The Future of Measurements of Abilities II," *Educational Researcher* 2, no. 3 (1973): 2.

8. Liam Hudson, *Contrary Imaginations: A Psychological Study of the Young Student* (New York: Schocken Books, 1966).

9. McNemar, 880.

10. Ray Hyman, "Creativity," *International Science and Technology*, August 1963, 52.

11. Robert L. Thorndike, "Some Methodological Issues in the Study of Creativity," in *Testing Problems in Perspective*, ed. Anne Anastasi (Washington, DC: American Council on Education, 1966), 448.

12. McNemar, "Lost: Our Intelligence?"; Michael A. Wallach and Nathan Kogan, *Modes of Thinking in Young Children: A Study of the Creativity- Intelligence Distinction* (New York: Holt, Rinehart and Winston, 1965); Michael A. Wallach and Nathan Kogan, "A New Look at the Creativity- Intelligence Distinction," *Journal of Personality* 33 (1965): 348-69.

13. Taylor, *Creativity*, 7.

14. Unidentified persons affiliated with the Creative Education Foundation, interview with E. P. Torrance.

15. Jerome Kagan, *Creativity and Learning* (Boston: Houghton Mifflin, 1967), vii.

16. Catharine M. Cox, *The Early Mental Traits of Three Hundred Geniuses* (Stanford, CA: Stanford University Press, 1926), quoted in Robert J. Sternberg, *Wisdom, Intelligence, and Creativity Synthesized* (Cambridge: Cambridge University Press, 2003).

17. John Baer, "Domain Specificity and the Limits of Creativity Theory," *Journal of Creative Behavior* 46, no. 1 (2012): 16.

18. Baer, 16.

19. Hudson, *Contrary Imaginations*.

20. Library of Congress, Nicholas E. Golovin Papers, Box 26, NYU Creative Science Program—Book Project—Chapter drafts by Blade, Coler, and Fox, 1961-1963.

21. Stephen Cole, "Review of *Essays on Creativity in the Sciences*, by Myron A. Coler," *Technology and Culture* 6, no. 1 (1965): 158-59, https://doi.org/10.2307/3100984.

22. Taylor, *Creativity*, 7.

23. Paul Smith, ed., *Creativity: An Examination of the Creative Process* (New York: Communication Arts Books, 1959), 54-55.

24. Mel Rhodes, "An Analysis of Creativity," *Phi Delta Kappan* 42, no.7 (1961): 305-10; Calvin Taylor and Robert L. Ellison, "Moving Toward Working Models in Creativity: Utah Experiences and Insights," in *Perspectives in Creativity*, ed. Irving A. Taylor and J. W. Getzels (Chicago: Aldine Publishing Co., 1975), 191.

25. Taylor, *Creativity*, 7.

26. Chambers, "Creative Scientists of Today."

27. Cox, *The Early Mental Traits of Three Hundred Geniuses*, quoted in Sternberg, *Wisdom, Intelligence, and Creativity Synthesized*, 95.

28. Taylor and Barron, eds., *Scientific Creativity: Its Recognition and Development*, 372.

29. Frank Barron, *Creative Person and Creative Process* (New York: Holt, Rinehart and Winston, 1969), 2.

30. 이 이유는 여러 응답자가 제안해준 것이지만, 기존 학술지에 게재된 창의성 연구의 감소 정도를 추적하려면 추가 연구가 필요하다.

31. Rosalie Deer Heart and Doris J. Shallcross, *Celebrating the Soul of CPSI* (Buffalo, NY: Creative Education Foundation, 2004), 143-54.

32. Gruber, Terrell, and Wertheimer, *Contemporary Approaches to Creative Thinking*, x.

33. Hudson, *Contrary Imaginations*.

8장   예술가를 닮은 엔지니어?

1. Carl R. Rogers, "Toward a Theory of Creativity," in *Creativity and Its Cultivation*, ed. Harold H. Anderson (New York: Harper & Brothers, 1959).

2. "You and Creativity," *Kaiser Aluminum News* 25, no. 3 (January 1968): 17.

3. Abraham H. Maslow, "Emotional Blocks to Creativity," in *The Farther Reaches of Human Nature*, An Esalen Book (New York: Viking Press, 1971), 85.

4. Jacques Ellul, *The Technological Society* (New York: Knopf, 1964).

5. Matthew H. Wisnioski, "How the Industrial Scientist Got His Groove: Entrepreneurial Journalism and the Fashioning of TechnoScientific Innovators," in *Groovy Science: Knowledge, Innovation, and American Counterculture*, ed. David Kaiser and Patrick McCray (Chicago: University of Chicago Press, 2016), 341-42.

6. William G. Maas, quoted in Wisnioski, 342.

7. Steven Shapin, *The Scientific Life: A Moral History of a Late Modern Vocation* (Chicago: University of Chicago Press, 2008), 96.

8. William Whyte, *The Organization Man* (New York: Simon and Schuster, 1956), 8.

9. "Transcript of President Dwight D. Eisenhower's Farewell Address (1961)," National Archives, accessed July 14, 2020, https://www.archives.gov/milestone-documents/president-dwight-d-eisenhowers-farewell-address.

10. Fred Turner, *From Counterculture to Cyberculture: Stewart Brand, the Whole Earth Network, and the Rise of Digital Utopianism* (Chicago: University of Chicago Press, 2006); David Kaiser and Patrick McCray, eds., *Groovy Science: Knowledge, Innovation, and American Counterculture* (Chicago: University of Chicago Press, 2016).

11. John F. Sargent Jr., "The Office of Technology Assessment: History, Authorities, Issues, and Options," Congressional Research Service, April 14-19, 2020, https://www.everycrsreport.com/reports/R46327.html#Toc38965552.

12. E. Finley Carter, "Creativity in Research," in *Creativity: An Examination of the Creative Process*, ed. Paul Smith (New York: Communication Arts Books, 1959), 113.

13. Carter, 119.

14. Carter, 115.

15. John E. Arnold, "Creativity in Engineering," in *Creativity: An Examination of the Creative Process*, ed. Paul Smith (New York: Communication Arts Books, 1959), 34.

16. John E. Arnold, *Creative Engineering*, ed. William J. Clancey (n.p.: William J. Clancey, 2016), 128.

17. Quoted in Wisnioski, "How the Industrial Scientist Got His Groove," 342.

18. J. J. O'Connor and E. F. Robertson, "Jacob Bronowski Biography," Mac-Tutor, last update October 2003, accessed May 24, 2017, http://www-history.mcs.st-and.ac.uk/Biographies/Bronowski.html

19. Saul Bass, "Creativity in Visual Communication," in *Creativity: An Examination of the Creative Process*, ed. Paul Smith (New York: Communication Arts Books, 1959), 130.

20. Jacob Bronowski, "The Creative Process," *Scientific American* 199, no. 3 (1958): 63.

21. Frank Barron, "The Psychology of Imagination," *Scientific American* 199, no. 3 (1958): 150-56.

22. Bronowski, "The Creative Process," 60.

23. David F. Noble, *America by Design: Science, Technology, and the Rise of Corporate Capitalism* (New York: Knopf, 1977), part 1; Steven Shapin, *The Scientific Life: A Moral History of a Late Modern Vocation* (Chicago: University of Chicago Press, 2008).

24. Dennis Flannagan, "Creativity in Science," in *Creativity: An Examination of the Creative Process*, ed. Paul Smith (New York: Communication Arts Books, 1959), 104.

25. Flannagan, 105.

26. Flannagan, 105.

27. Flannagan, 108.

28. 미국 기업들은 오랫동안 자신들과 자본주의를 표현하기 위해 순수예술을 받아들여왔다. 다음을 참조하라. Roland Marchand, *Advertising the American Dream: Making Way for Modernity, 1920–1940* (Berkeley: University of California Press, 1985); Neil Harris, *Art, Design, and the Modern Corporation: The Collection of Container Corporation of America* (Washington, DC: Smithsonian Institution Press, 1985); 군산복합 기술과학에 비판적인 엔지니어들이 창의성이라는 언어를 자주 활용하며 예술을 어떻게 수용했는지에 대해서는 다음을 참조하라. Matthew H. Wisnioski, *Engineers for Change: Competing Visions of Technology in 1960s America* (Cambridge, MA: MIT Press, 2012), esp. chapter 6.

29. 더 많은 사례가 있었다. 아곤 국립 연구소: "문명과 문화의 지속적 발전은 창의성의 결과다. (……) 적절한 환경, 장비의 가용성, 다른 과학자들의 자극, 사고의 도전 그리고 흥미로운 문제를 다룰 기회—이 모든 것이 창의적 과정을 육성한다." 휴스 항공: "조사에 대한 자유 (……) 타의 추종을 불허하는 실험실 시설 (……) 고급 학위 취득을 위한 재정 지원 (……) 이것들이 휴스 연구 개발 실험실이 말하는 창의적 공학의 초석이다." 라디오 코퍼레이션 오브 아메리카(RCA): "창의적 능력이 RCA 엔지니어를 차별화한다. (……) 오늘날 방위 시스템 공학에는 새로운 접근 방식이 필요하다는 점을 인식한 RCA 경영진은 꾸준히 창의성에 가치를 두어왔다. (……) 당신의 독창적인 사고를 환영한다. 반대로, 당신은 RCA의 창의적 분위기에 의해 자극을 받을 것이다."

9장　창의성이여, 영원하라

1. Andreas Reckwitz, *The Invention of Creativity: Modern Society and the Culture of the New* (Malden, MA: Polity, 2017).

2. Mark A. Runco and Steven R. Pritzker, *Encyclopedia of Creativity*, 2nd edition (Amsterdam: Academic Press/Elsevier, 2011), xxi.

3. Zigmunt Bauman, *Liquid Modernity* (Cambridge: Polity, 2000).

4. Luc Boltanski and Eve Chiapello, *The New Spirit of Capitalism*, trans. G. Elliot (London: Verso, 2005); Richard Sennett, *The Culture of the New Capitalism* (New Haven, CT: Yale University Press, 2006).

5. David Harvey, *The Condition of Postmodernity* (Cambridge, MA: Blackwell, 1989); Andrew Ross, *No-Collar: The Humane Workplace and Its Hidden Costs* (New York: Basic Books, 2003); Andrew Ross, *Nice Work If You Can Get It: Life and Labor in Precarious Times* (New York: NYU Press, 2009).

6. Cf. Teresa Amabile, *The Social Psychology of Creativity* (New York: Springer-Verlag,

1983). 앞서 살펴보았듯이, 창의성 연구자들은 오랫동안 창의성의 사회적·환경적 측면을 인식해왔으며, 이는 관리자와 교육자들에게 명백히 중요한 요소였다. 1960년대 후반까지 창의성 연구는 이미 더 사회적 지향성을 가진 방향으로 나아가고 있었다. 예를 들어, 1966년에 열린 일곱 번째이자 마지막 유타 회의는 "창의성을 위한 환경"이라는 주제를 중심으로 진행되었다. 또한, 모리스 스타인의 연구도 참고할 만하다.

7. Amabile, *The Social Psychology of Creativity.*

8. Charles J. Limb and Allen R. Braun, "Neural Substrates of Spontaneous Musical Performance: An FMRI Study of Jazz Improvisation," *PLOS ONE* 3, no. 2 (February 27, 2008): e1679.

9. 인터뷰 대상자 목록에는 다음의 인물들을 포함해 수십 명이 있었다. Mortimer Adler, Ed Asner, John Hope Franklin, John Gardner (familiar from chapter 3 as the supporter and popularizer of the IPAR creativity research, and the author of the influential Rockefeller Brothers report on education), Robert Galvin (the CEO of Motorola and an Alex Osborn devotee), Steven Jay Gould, Kitty Carlisle Hart, Eugene McCarthy, Oscar Peterson, David Riesman, Jonas Salk, Ravi Shankar, Benjamin Spock, Mark Strand, E. O. Wilson, and C. Vann Woodward. Mihaly Csikszent mihalyi, *Creativity: Flow and the Psychology of Discovery and Invention* (New York: Harper Perennial, 1997), 373-91.

10. Csikszentmihalyi, 1.

11. Csikszentmihalyi, 1-10.

12. Beth A. Hennessey and Teresa M. Amabile, "Creativity," *Annual Review of Psychology* 61, no. 1 (January 2010): 570, https://doi.org/10.1146/annurev. psych.093008.100416.

13. Csikszentmihalyi, *Creativity*, 7.

14. Hennessey and Amabile, "Creativity," 590.

15. Hennessey and Amabile, 571.

16. Hennessey and Amabile, 582.

17. Bruce Nussbaum, *Creative Intelligence: Harnessing the Power to Create, Connect, and Inspire* (New York: HarperBusiness, 2013), 6-7.

18. Robert J. Sternberg and Todd I. Lubart, *Defying the Crowd* (New York: The Free Press, 1995), vii.

19. 단순히 실용서들만이 이런 방식을 사용하는 것은 아니다. 창의성 분야의 선구자인 마거릿 보든Margaret Boden의 저서 『창의적 마음: 신화와 메커니즘 The Creative Mind』은 천재들의 목록으로 시작한다. 첫 문장은 이렇게 시작된다. "셰익스피어, 바흐, 피카소, 뉴턴, 다윈, 배비지, 샤넬, 사치 형제the Saatchis, 그라우초 막스Groucho Marx, 비틀스 (……) 시인과 과학자에서

광고인과 패션 디자이너에 이르기까지 창의성은 어디에나 존재한다." 이 책은 곧바로 자동차 수리 같은 "일상적인" 활동도 창의성을 포함한다고 분명히 밝힌다. Margaret A. Boden, *The Creative Mind: Myths & Mechanisms* (New York: Basic Books, 1991).

20. Keith Negus and Michael J. Pickering, *Creativity, Communication, and Cultural Value* (London: SAGE Publications, Inc., 2004), 49.

21. Nicholas Garnham, "From Cultural to Creative Industries," *International Journal of Cultural Policy* 11, no. 1 (2005): 16; Ross, 15-2.

22. Sean Nixon, "The Pursuit of Newness," *Cultural Studies* 20, no. 1 (2006): 89-106, https://doi.org/10.1080/09502380500494877.

23. Richard Florida, *The Rise of the Creative Class: And How It's Transforming Work, Leisure, Community and Everyday Life* (New York: Basic Books, 2002), 8.

24. Florida, 6.

25. Christopher Dreher, "Be Creative—or Die," Salon, June 7, 2002, https://www.salon.com/2002/06/06/florida22/.

26. 다음을 참조하라. John Hartley, *Creative Industries* (Malden, MA: Blackwell, 2005); Kate Oakley, "Not So Cool Britannia: The Role of the Creative Industries in Economic Development," *International Journal of Cultural Studies* 7, no. 1 (2004): 67-77; Geert Lovink, *My Creativity Reader: A Critique of Creative Industries* (Amsterdam: Institute of Network Cultures, 2007); Gerald Raunig, Gene Ray, and Ulf Wuggenig, *Critique of Creativity: Precarity, Subjectivity and Resistance in the "Creative Industries"* (London: MayFlyBooks, 2011); Terry Flew, *The Creative Industries: Culture and Policy* (Newbury Park, CA: Sage Publications, 2012). An example of arguments for the economic impact of the arts is New England Foundation for the Arts, "New England's Creative Economy: Nonprofit Sector Impact," September 2011, https://www.nefa.org/sites/default/files/documents/NEFANonprofitStudy_3-2010.pdf 소호에 대해서는 다음을 참조하라. Sharon Zukin, *Loft Living: Culture and Capital in Urban Change*, Johns Hopkins Studies in Urban Affairs (Baltimore, MD: Johns Hopkins University Press, 1982).

27. Doug Henwood, "Behind the News," May 10, 2018, http://shout.lbo-talk.org/lbo/RadioArchive/2018/18_05_10.mp3.

28. Garnham, "From Cultural to Creative Industries," 16.

29. Johannes Novy and Claire Colomb, "Struggling for the Right to the (Creative) City in Berlin and Hamburg: New Urban Social Movements, New 'Spaces of Hope'? Debates and Developments," *International Journal of Urban and Regional Research* 37, no. 5 (September 2013): 1816-38, https://doi.org/10.1111/j.1468-2427.2012.01115.x.

30. Angela McRobbie, *Be Creative: Making a Living in the New Culture Industries* (Cambridge: Polity Press, 2016); Tyler Denmead, *The Creative Underclass: Youth, Race, and the Gentrifying City*, illustrated edition (Durham, NC: Duke University Press, 2019).

31. "Mission," *Creative Class Struggle* (blog), accessed November 7, 2011, http://creativeclassstruggle.wordpress.com/mission.

32. Samuel Franklin, "'I'm Still an Outsider': An Interview with Richard Florida," 2022, https://arcade.stanford.edu/content/im-still-outsider-interview-richard-florida.

33. Oli Mould, *Against Creativity* (London: Verso, 2018), 11-2, 16.

34. Steven Poole, "*Against Creativity* by Oli Mould Review," *Guardian*, September 28, 2018, https://www.theguardian.com/books/2018/sep/26/against-creativity-oli-mould-review.

35. 1962년 민주 사회를 위한 학생 연합이 발표한 포트휴런 선언문은 이렇게 촉구한다. "소유, 특권 또는 환경에 뿌리를 둔 권력을 사랑, 성찰, 이성 그리고 창의성에 뿌리를 둔 권력과 고유함으로 대체하자."

36. Kirin Narayan, *Everyday Creativity: Singing Goddesses in the Himalayan Foothills* (Chicago: University of Chicago Press, 2016), 29; Richard H. King, *Race, Culture, and the Intellectuals, 1940–1970* (Washington, DC: Woodrow Wilson Center Press, 2004), 125, 156; 다음을 참조하라. Craig Lundy, *History and Becoming: Deleuze's Philosophy of Creativity* (Edinburgh: Edinburgh University Press, 2012).

결론 이제 무엇을 할 것인가

1. Thomas Osborne, "Against 'Creativity': A Philistine Rant," *Economy and Society* 32, no. 4 (November 1, 2003): 507-25, https://doi.org/10.1080/0308514032000141684.

2. Evgeny Morozov, *To Save Everything, Click Here: The Folly of Technological Solutionism* (New York: Public Affairs, 2013).

3. Jenny Odell, *How to Do Nothing: Resisting the Attention Economy* (Brooklyn, NY: Melville House, 2019), 25.

4. Andrew Russel and Lee Vinsel, "Innovation is Overvalued. Maintenance Often Matters More," *Aeon*, April 7, 2016, https://aeon.co/essays/innovation-is-overvalued-maintenance-often-matters-more; Andrew Russel and Lee Vinsel, *The Innovation Delusion: How Our Obsession With the New Has Disrupted the Work That Matters Most* (New York: Currency, 2020); Giorgos Kallis, Susan Paulson, Giacomo D'Alisa, and Federico Demaria, *The Case for Degrowth* (Cambridge, UK: Polity, 2020).

찾아보기

옮긴이 고현석

연세대학교 생화학과를 졸업하고 『서울신문』 과학부, 『경향신문』 생활과학부, 국제부, 사회부 등에서 기자로 일했다. 과학기술처와 정보통신부를 출입하면서 과학 정책, IT 관련 기사를 전문적으로 다루었다. 현재는 과학을 비롯해 문화와 역사 등 다양한 분야의 책을 기획하고 우리말로 옮기고 있다. 옮긴 책으로 『우리는 어떻게 움직이는가』, 『수학 머리는 어떻게 만들어지는가』, 『느끼고 아끼는 존재』, 『느낌의 진화』, 『느낌의 발견』, 『전쟁이 만든 세계』 등이 있다.

창의성에 집착하는 시대

초판 발행 2025년 6월 10일

지은이 새뮤얼 W. 프랭클린
옮긴이 고현석

책임편집 조은화 | **편집** 최고라
디자인 이강효
마케팅 이보민 손아영

펴낸곳 (주)북하우스 퍼블리셔스 | **펴낸이** 김정순
출판등록 1997년 9월 23일 제406-2003-055호
주소 04043 서울시 마포구 양화로 12길 16-9(서교동 북앤빌딩)
전화 02-3144-3123 | **팩스** 02-3144-3121
전자우편 henamu@hotmail.com | **홈페이지** www.bookhouse.co.kr
인스타그램 @henamu_official

ISBN 979-11-6405-320-9 03900

해나무는 (주)북하우스 퍼블리셔스의 과학·인문 브랜드입니다.